未成年人权益保护丛书

编著
共青团北京市丰台区委员会

我的权益我做主

中国民主法制出版社
全国百佳图书出版单位

2015·北京

图书在版编目(CIP)数据

我的权益我做主 / 共青团北京市丰台区委员会编著.
—北京：中国民主法制出版社，2015.9

ISBN 978-7-5162-0930-1

Ⅰ.①我… Ⅱ.①丰… Ⅲ.①法律 – 中国 – 青少年读

物 Ⅳ.①D920.5

中国版本图书馆 CIP 数据核字(2015)第 179932 号

图书出品人：刘海涛
全 案 统 筹：陈晗雨
责 任 编 辑：胡玉莹

书 名／我的权益我做主
编 著／共青团北京市丰台区委员会
出 版·发 行／中国民主法制出版社
地 址／北京市丰台区玉林里 7 号（100069）
电 话／63055259（总编室） 63057714（发行部）
传 真／63056975 63056983
http：//www.npcpub.com
E-mail：mzfz@ npcpub.com
经 销／新华书店
开 本／16 开 710 毫米 × 1000 毫米
印 张／16 字 数／207 千字
版 本／2015 年 9 月第 1 版 2020 年 11 月第 5 次印刷
印 刷／永清县晔盛亚胶印有限公司
书 号／ISBN 978-7-5162-0930-1
定 价／36.00 元
出版声明／版权所有,侵权必究。

（如有缺页或倒装,本社负责退换）

序 言

　　青少年就像初升的太阳，承载着祖国的未来，肩负着民族的希望。关心爱护青少年是任何时期的永恒主题，也是时代赋予我们的历史使命。维护青少年合法权益、保障青少年健康成长，既离不开家庭和学校的努力，更离不开社会各界的关心和爱护。增强青少年法律意识，丰富青少年自我保护知识，提升青少年维权能力，让青少年在法律的保护下健康快乐成长是党和人民最热切的期盼。

　　为进一步深化全区青少年权益保护工作，提升青少年法制教育水平，丰台区综治委预防青少年违法犯罪专项组组织编写了未成年人权益保护丛书——《为你的青春撑把伞》和《我的权益我做主》两本姊妹丛书。丛书结合当前社会热点问题，以法律知识为主线，以真实案例为素材，分别从青少年权益保护、青少年自我保护等不同方面进行了阐述和解读。希望此书能够为法制校长、教师、家长以及关心青少年成长的各界人士提供参考和借鉴，帮助广大青少年朋友增强自护意识、丰富自护知识、提升自护能力。

青少年健康成长，是全社会的共同心愿，也是全社会的共同责任。借此书出版之际，向一直以来关爱青少年健康成长的各界人士，致以崇高的敬意和衷心的感谢。同时，我们殷切希望社会各界积极行动起来，努力营造全社会携手同心、共同助推青少年健康成长的良好氛围，为孩子们打造温馨清朗的生活、学习和成长环境。

少年智则国智，少年强则国强。最后，祝愿广大青少年朋友学习顺利，健康快乐，生活幸福，早日成长成才，早日成就梦想，早日成为时代的主人！

中共北京市丰台区委员会

丰台区综治委预防青少年违法犯罪专项组

丰台区未成年人保护委员会

二〇一五年九月

目　录

一、未成年人人身权益的自我保护

1. 面对老师的骚扰与侵害，未成年人应当如何保护自己？

面对老师的骚扰与侵害，未成年人应当采取以下积极措施保护自己的合法权益：一是向司法机关要求对已失去灵魂的老师进行制裁；二是向教育行政主管部门提出正当要求，要求加强对学校管理人员以及老师的教育和管理力度；三是了解国家法律法规给予自己的保护，运用法律武器来保护自己。

典型案例一

2012 年 10 月某日下午，某小学一名 35 岁的未婚男教师竟趁着酒劲，在课堂上利用帮学生调试电脑的机会，对 13 名女生进行了猥亵。她们中最大的 11 岁，最小的只有 9 岁。这名无德教师刘某已被检察院依法提起公诉。

典型案例二

2010 年 6 月至 2013 年 8 月间，某小学 49 岁的教师陈某利用担任三、四、五年级数学课、社会课老师的身份，以辅导功课、改错题为名，对多名不满 14 岁的女生多次进行奸淫。陈某被人民法院依法判处无期徒刑，剥夺政治权利终身。

典型案例三

某小学教师罗某，强迫学生冯某吞吃大便。事件发生后，在社会上引起强烈反响，学生冯某及其全家身心受到了极大的伤害。事后，学生家长以冯某的名义一纸诉状将罗某告到法庭，法庭立即受理此案。根据《刑法》的规定，罗某的行为是在公众场合下对学生进行侮辱并采用威胁的办法，给冯某的身心健康造成严重的伤害，已构成侮辱罪，人民法院在公开审理后，判处罗某有期徒刑3年，剥夺政治权利3年。

案例评析

发生在教师身上的上述行为确实令人难以置信。社会公共场所是未成年人最容易受到伤害的地方，但没想到的是，"一方净土"的校园亦有如此不法现象。这些事件从另一方面也说明了我们未成年的学生们一定要有自我保护的意识，应该告诉广大未成年人朋友，没有所谓的"人间净土"。

针对未成年学生的性侵害案件在农村和小城镇初中、小学之中的女学生身上比较多发，往往具有持续时间长、受害人数多的特点。因为低龄的女孩子害怕老师的权威，并且不懂所受伤害的性质和后果是什么，更不懂得保存受侵害的证据，所以针对女童的性侵害往往很难暴露出来。这样，受害者在受到侵害之后很容易造成精神上的疾病。

此外，体罚学生的情况在农村和小城镇的中小学中也比较常见。通常受到这种侵害的学生都是比较调皮的学生。严重体罚会对学生的身体产生终身影响，对学生的精神也有相当大的负面作用。很多时候，家长并不重视孩子受到的轻微体罚，很多孩子也怕家长责备自己在学校犯错而不敢把受到的侵害向家长反映。往往等到发生了无法掩盖的严重后果，家长才开始意识到事情的严重性。

其实，性侵害和体罚都归于身体侵害，包括老师体罚或者变相体罚学生、老师以及校内管理人员针对女学生的性侵害、老师侮辱学生的人格尊严，如要求学生当众做出一些有损人格尊严的动作、辱骂学生等。无论是性侵害还是体罚，都给受害中小学生的身心造成了严重伤害。由于受到暴力侵害，有的学生身体受伤要住院治疗；有的学生精神失常；有的学生性格发生变化，沉默寡言、孤僻古怪等。这种伤害对于他们的影响是终生的。

从上述情况可以看出，未成年学生增强自我保护意识和能力，十分必要。当这种严重伤害的情况发生时，广大未成年人要采取以下积极措施保护自己的合法权益：

1. 向司法机关要求对已失去灵魂的所谓的"工程师"们进行制裁。未成年学生在受到侵害之后要马上向有关部门或家长举报，不让侵害自己权益的人逍遥法外。《未成年人保护法》第 21 条规定："学校、幼儿园、托儿所的教职员工应当尊重未成年人的人格尊严，不得对未成年人实施体罚、变相体罚或者其他侮辱人格尊严的行为。"第 63 条第 1 款规定："学校、幼儿园、托儿所侵害未成年人合法权益的，由教育行政部门或者其他有关部门责令改正；情节严重的，对直接负责的主管人员和其他直接责任人员依法给予处分。"法律是无情的，并不因为不法分子披有"灵魂工程师"的外衣就可以逃脱，就像例子中的教师一样。《学生伤害事故处理办法》第 9 条规定，因下列情形造成的学生伤害事故，学校应当依法承担相应的责任：学校教师或者其他工作人员体罚或者变相体罚学生，或者在履行职责过程中违反工作要求、操作规程、职业道德。在来自教师的不法侵害发生后，除了追究当事人的责任，被侵害的学生还可以依法要求学校承担相应的责任。

2. 向教育行政主管部门提出正当要求，要求加强对学校管理人员以及老师的教育和管理力度。虽然老师以及学校管理人员不是校园暴力的最主要实施者，但这类伤害也占了很大比重，并且影响极为恶劣。教育行政主管部门应该加强对于学校领导、管理人员以及老师的教育、培训和管理力度。对于那些实施暴力侵害的老师以及管理人员，应该态度鲜明地予以处理，使老师以及学校管理人员真正成为预防和减少校园暴力的积极因素，而不是侵害学生合法权益的不法分子。

3. 广大未成年朋友应该了解国家法律、法规给予自己的保护。我国《未成年人保护法》以法律形式，对未成年人的"家庭保护""学校保护""社会保护""司法保护"等作了明确规定。《未成年人保护法》中提出了

"教育与保护相结合，国家、社会、学校和家庭应当教育和帮助未成年人运用法律手段，维护自己的合法权益"。未成年人及其家长都应当认真学习《未成年人保护法》，共同提高法律意识，共同维护好未成年人的合法权益。当然，未成年人自我保护的问题，有的不是法律方面的问题，但在现实生活中必须重视的，家长也应进行认真细致的教育，以防患于未然。未成年人也应当积极培养自我保护意识和能力，抵御不法侵害。

◉ 2. 学校劝退差生和教师索要财物，未成年人应当如何处理？

学校劝退差生和教师索要财物，未成年学生可以拨打 12358 价格举报电话，向当地价格主管部门投诉或向教师所在学校或教育行政主管部门举报，必要时可以向司法机关起诉。未成年学生要相信法律，不要因为害怕影响自己以后的学习生活而纵容这种侵权行为。

某中学为提高升学率，让初三班主任劝退班上学习成绩差、升学无望的学生，每劝退一名奖励 150 元。结果一些老师为了得到奖励，千方百计挑差生的毛病，还经常"好心"劝说他们："反正考不上高中，不如早点儿回家找个出路。"这些老师还采取了一个办法，即月考成绩出来后，班主任就把全班排名后 15 名的同学的座位安排在一起，让他们坐在班里最后几排，还让他们与前面同学的座位间留出一个过道。为了把差生赶走，有的老师还总是找各种借口挑差生的毛病，哪怕你踩着上课铃声进教室，也会被罚站一天。结果，一些不想退学的学生也不得不忍痛离开学校。

某中学的一位教师在区级三好生评选中，以"疏通关系"为由对高一

学生候选人赵某的家长索要 1000 元钱和四条香烟来"搞定"三好学生评选。后经学校作出处理，开除索要钱财的教师和退还了相应的财物。

某中学初三（四）班由 7 名该班学生的家长组成的"家长委员会"，2013 年年末时向该班 80 多名学生以"老师奖励费"的名目，每人收取了至少 50 元的费用，用于奖励该班代课老师的"出色工作"。这种变相收费引起了众多学生和家长的不满。

案例一中，"劝退"差生，该学校的决心不可谓不大，可以说，为了达到提高"升学率"目的，他们甚至不择手段。从整个国民教育的目标来看，这种做法与提高全民素质的教育目的是背道而驰的。这种做法严重侵害了学生平等接受教育的权利。我国实行九年义务教育制度，接受义务教育是宪法和教育法赋予每个公民的权利，国家、社会和学校都应当依法保障适龄学生接受义务教育的权利，任何人不得以任何形式剥夺学生的受教育权。但所有这些规定，在"升学率"的诱惑下，却被学校漠视，学生的权利自然也成了一句空话。不知学校和老师会不会想到，被如此"劝退"的学生，他们心理将会受到怎样的摧残。学校的这一举措，除了使他们自卑外，严重的还会产生抵触社会，甚至仇视社会的情绪。这绝不是我们所希望的教育"成果"。

对学生经济利益的侵害是社会上不正之风在学校中的体现，表现形式通常为各种教育乱收费，甚至发展到出现了教师以外的其他主体，如案例三中的"家长委员会"直接向学生收取费用等。手段不同，具体表现形式不同，但都侵害了学生的自身利益。针对这样的事实，我们应告诉未成年学生：学校的任何收费都应该出具正式发票，在缴费时不要忘记索要，这是维护自己权益的凭证。此外，任何单位或个人发现教育乱收费或者教师向学生及其家长索要财物的行为，均可拨打 12358 价格举报电话向当地价格主管部门投诉或者向教师所在学校或教育行政主管部门举报。接到投诉，主管部门应派专人进行调查，并协调有关部门进行处理。对于某些教师对个别学生的勒索，要依照《未成年人保护法》的有关规定依法处理，必要时可以向司法机关起诉。未成年学生要相信法律，不要因为害怕影响自己以后的学习生活而纵容这种侵权行为。有关规定已经明确要求：禁止学校、教师违反国家规定向学生滥收费用和以罚款手段惩处违反校规的学生。所以，广大未成年学生面对侵害自己合法权益的行为，应当勇敢地起来斗争，因为有法律给你撑腰。

◎ 3. 未成年人应当如何实施正当防卫？

为了本人或者他人的人身、财产和其他权利以及社会公共利益免受正在进行的不法侵害，未成年人可以采取正当防卫，制止不法侵害。正当防卫有四个条件：一是必须是针对不法侵害行为；二是必须是针对正在进行的不法侵害行为；三是必须是针对实施不法侵害行为的人；四是防卫不能超过必要的限度。

王某（16 岁，某中学学生），是班里的体育委员。前不久，王某的好友李某在看足球比赛时与邻座的一个学生发生了争吵，李某感到自己受到了欺负。回来后，李某把这件事告诉了王某，王某主动提出要为李某出这口气。第二天下午放学，王某带了几个小兄弟来到那个学生所在的学校，等候在校门口。当那个学生放学出来，王某走上前去，找借口要那个同学到马路对面的巷子里去。刚走进巷子，王某就一把抓住那个同学的衣领，严厉地责问道："你认识不认识李某？"当那个同学回答说自己根本不知道谁是李某时，王某伸手朝那个同学的头上就是一巴掌，那个同学刚想喊叫，王某又连续打了几巴掌，并要那个同学不许把今天发生的事告诉家长和老师，否则以后看到一次打一次。那个同学回家后，感到自己的眼睛视物模糊，就把白天发生的事告诉了父亲。第二天父亲带着他到医院诊治，经医生诊断，这名同学的一只眼睛因受外力打击，视网膜脱落，几近失明。后来，王某因故意伤害罪，被法院判处有期徒刑2年，缓期2年执行，同时，还赔偿了那个学生的各种损失13683元。李某和其他几个小兄弟也受到了不同处理。

李某为某中学高一年级学生。夏天的一个夜晚，在晚自习后回家的路上，当她走到一个拐弯处时，突然从黑暗中窜出一个身材魁梧的男青年，捂住李某的嘴巴，扭住她的双手，将她往附近的巷子里拖。到巷子深处，男青年将她按在地上，欲行非礼。此时她十分恐惧，拼命挣扎，碰巧右手在挣扎时碰上一块石头，她随手将这块锐利的尖石头向那男子头上砸去，只听见那男子"哼"了一声，随即松开双手。李某赶快爬起来，急匆匆逃回家中。父母见女儿脸色苍白，身上染有大块血迹，非常吃惊。经询问，方知女儿遇到了强暴。父母立即打电话向公安机关报告，公安人员赶到现场后发现那个倒在地上的男青年头上有一个口子，人已经死亡。经公安机关调查，情况与李某所讲的完全一致。因为李某是在反抗侵害过程中将男青年杀死的，属于法律上规定的正当防卫，所以不仅不负刑事责任，还受到了有关方面的表扬。

我们常讲，借债还钱，杀人偿命，但上述两个案例中，一名学生因伤害他人被判刑，而另一名学生将人杀死反而受到表扬，这是怎么一回事呢？王某平时讲江湖义气，发现自己的好朋友受到别人的"欺负"，就不分青红皂白，出面为朋友打抱不平，这样的行为是法律严格禁止的。王某将同学的眼睛打伤了，当然要负刑事责任。而李某的行为与一般的杀人、伤害行为有本质的区别。因为我国的法律赋予了每个公民面对正在进行的不法侵害进行正当防卫的权利，这种正当防卫不仅没有任何社会危害性，相反，它对于制止和减少违法犯罪，维护社会治安，保护国家和每个公民的合法权益，都是有好处的。刑法第 20 条第 1 款明确规定："为了使国家、公共利益、本人或者他人的人身、财产和其他权利免受正在进行的不法侵害，而采取的制止不法侵害的行为，对不法侵害人造成损害的，属于正当防卫，不负刑事责任。"根据上述法律规定，所谓正当防卫，是指为了本人或者他人的人身、财产和其他权利以及社会公共利益免受正在进行的不法侵害，而采取的制止不法侵害的行为。正当防卫有四个条件：一是必须是针对不法侵害行为；二是必须是针对正在进行的不法侵害行为；三是必须是针对实施不法侵害行为的人；四是防卫不能超过必要的限度。李某面对罪犯的侵害奋起反抗，在行使正当防卫权利时，将罪犯砸死，不仅不负刑事责任，而且还受到了表扬，就是最典型的事例。这说明：法律对制止不法侵害的正当防卫行为是予以保护的。

现实生活当中，人们经常遇到这样的情况：双方打了架，后动手的一方总说自己是在正当防卫；学生打了架，家长参加调解的时候，也总是说自家的孩子后动手，是正当防卫。那么，双方打架后动手的一方真是正当防卫吗？不一定，要具体分析。关键在于，你是否是针对的不法行为而动手。不法侵害行为包括有社会危害性的一般违法行为和犯罪行为，但主要是指犯罪行为，如杀人、强奸、抢劫、放火等。对这些行为，如果不果断采取防卫行动，使其停止非法侵害，将会对人身和财产等造成重大危害。打架还手就不同了，甲动手打了乙，乙完全可以通过合法途径，比如报告民警。还有学生完全可以报告老师解决，没有必要一定要动手还击。动手还击引起互殴，不利于社会秩序的稳定。但并不是说任何情况下都不能还手，如果对方是恶霸，是罪犯，或者其动手已经危及你的生命安全，是应该采取有效措施进行防卫的。

◉ 4. 遇到老师的侮辱，未成年人应当如何处理？

人民教师承担着教书育人的使命，如果侮辱学生，则违背了人民教师

最基本的道德规范，违反了教育法和未成年人保护法等法律法规，如果情节严重则可能触犯国家刑法，应当受到法律制裁。

2013 年 8 月 6 日，天气热得像个闷热的蒸笼，动一动就让人汗流浃背。中午时分，某学校响起了下课铃声，老师和学生们纷纷涌出教室，开始到食堂或校园外饭店吃午餐。12 时 30 分左右，该校初二年级学生李某（女，15 岁）抹着伤心的眼泪，爬上了学校的教学大楼的顶楼，跃上顶楼护栏，一头扎下去，重重地摔在 8 楼楼底的水泥地上，殷红的鲜血从她的口鼻、身下喷涌而出……

"有人跳楼了，有人跳楼了！"在楼底下玩耍的同学们惊得目瞪口呆，慌乱地呼叫着，向跳楼的女生跑了过去。一位老师听到呼救声，急忙赶到现场。"这不是李某吗？天呐，她怎么跳楼了呀！"老师看到血肉模糊的李某，心都碎了。她赶忙上前，把血泊中的李某抱在怀里，嘴里不住地呼唤着她的名字，大声喊同学们快打 120 急救，并打 110 报警。命悬一线的李某被紧急送到市急救中心进行抢救，由于伤势过重，年仅 15 岁的李某还没有送到医院，就永远闭上了眼睛。如花似玉的生命就这样骤然凋零了。

李某跳楼的当天，早上 7 点 10 分，班主任张老师赶到学校备课、检查同学的早自习。8 点 40 分第一节课都上了好久了，李某还没有到校。张老师不禁火冒三丈，气冲冲地给李某家打电话，当时，李某正准备出门上学，接到老师措辞严厉的催促电话，她惶恐不安地应承道："对不起，老师，我起床晚了，今天闹钟没响，我马上到校上课！"

李某赶到学校后，被恼羞成怒的张老师叫到了办公室，整整训斥了近 1 小时。她先是数落李某成绩越来越差，恨铁不成钢的张老师竟用木板敲打了李某的手臂、腿部，然后又用侮辱人格的语言骂道："你看你这个样子，长得又矮又胖，又不漂亮，以后出去坐台都没有资格！"这是一个只有 15 岁的少女啊！老师愤怒的敲打，恶毒的辱骂，当面诋毁，使她的自尊心受到了极大伤害，精神受到极大的创伤，她当场痛哭流涕、神情恍惚。她悄悄地从 5 楼的教室上了 8 楼楼顶。绝望的她要以死抗争老师的侮辱！

用生命来唤醒冷漠而粗暴的老师！

在8楼档案室外，绝望的李某含着凄楚的热泪，悲愤而倔强地写下了一页纸的遗书："张老师您说得很对，我做什么都没资格，学习不好，长得也不漂亮，连坐台都没有资格。您放心，我不会再给您惹事，因为这个世界上不会再有我这个人，我对您的承诺说到做到。"遗书写好后，她揣进牛仔裤包里，然后，把委屈的泪水咽进肚里，纵身从楼顶上跳了下去……

李某跳楼自杀身亡后，区公安分局很快进行立案侦查，查明了原因。区教委正式下文，给予张老师撤销教师资格的行政处罚，并收缴了其教师资格证书。悲剧发生的原因查清后，李某的父母强忍悲痛，决意要为女儿讨回公道。他们写好起诉书，决定将侮辱自己女儿的老师告上法庭，要求法院追究其刑事责任。

法院公开审理了此案。由于此案系当地首起学生因为反抗教师粗暴教育而在校跳楼自杀的事件，引起了各界的广泛关注。法院经审理后认为，被告人张某作为一名从教多年的教师，应当明知体罚学生和对学生使用侮辱性语言会使学生的人格尊严及名誉受到贬损，仍实施该行为，足见其主观故意。客观方面，被告人张某当着第三人的面，实施侮辱行为，具有法律所规定的"公然"性，且引发的后果严重，属"情节严重"。因此，被告人张某的行为符合侮辱罪的主客观构成要件。被告人张某的行为不仅贬损了李某的人格尊严和名誉，而且产生了严重的后果，具有严重的社会危害性，应当受到刑事制裁。法院在公开审理后对此案作出一审判决，以侮辱罪判处被告人张某有期徒刑1年，缓刑1年。

遵守宪法和法律是公民的基本义务，人民教师作为"人类灵魂工程师"，社会主义精神文明的建设者，承担着教书育人，培养社会主义事业建设者和接班人，提高民族素质的义务。老师就更应该了解遵守《教育法》和《未成年人保护法》的必要性与重要性。而在本案中，我们遗憾地看到，作为一个多年从教的老教师，竟对一个年仅15岁的女学生使用尖酸、肮脏的语言进行侮辱、丑化，其行为完全背离了人民教师教书育人的使命，违背了人民教师最基本的道德规范，违反了《教育法》和《未成年人保护法》等法律、法规，触犯了国家《刑法》，应当受到法律制裁。本案判决后，在人们特别是教师中引起极大的反响，一些人认为，张某的行为，出发点是好的，完全是为让被害人好好学习，老师再怎么错，也只是教育方式方法问题，与侵犯人身权利，触犯法律无关。这种观念是极其荒谬的。作为教师，严格要求学生是正确的和必要的，但对待学生的缺点和错误，应在尊重学生的人格，保护学生的身心健康的前提下，循循善诱，诲人不倦，语言文明，采取与人为善的态度，真心实意地去关心和帮助学生，而决不能采用贬低、丑化他人人格的方式。

目前，我国的就业竞争及生存压力加大，从而带给学生的学习压力也增大，正如李某在遗书中所说："无论我再怎么努力，成绩就是上不来，而你们就没有看到我的努力……"家庭、学校、社会带给她的压力，让她实在难堪重负，所以，只有选择逃避。同时，这些因素也给每一位负责任的教师增加了无形的压力，对学生负责就必须出成绩，要出成绩就只有通过严格管理。而在管理中，一些老师忽略了孩子的内心变化，叛逆心理，喜欢采用打、骂、罚等传统教育方式，结果既背离了教育的目的，又危害了学生的身心健康发育，甚至出现了违法犯罪的严重情况。

我们希望所有未成年人都能做生活中的强者，无论遇到多大压力和挫折，都不要轻生！对于各种不法侵害，要勇敢地拿起法律武器来捍卫自己的正当权益。

● 5. 未成年人应当如何面对非法同居？

未成年人同居属于我国《预防未成年人犯罪法》规定的不良行为，未成年人的父母或者其他监护人以及学校应当承担起教育职责，预防和制止未成年人的同居行为。

方某生于 1996 年，由于家庭环境不好，经常外出过夜，慢慢地认识了一个男生王某，并成为好朋友。王某生于 1995 年，因对家庭不满，也经常外出过夜。后来，二人辍学了，因无工作而到处游荡。2012 年 5 月，二人正式开始同居生活。1 年后，刚满 17 岁的方某就做了妈妈。可是由于年龄太小，两人不能相互谅解对方的缺点，不断发生矛盾，终于无法将这个家再维持下去了。到法院签字分手的时候，两人都还不到法定的结婚年龄。方某怀抱两岁的孩子来到法院，她从法官手中接过和男友解除同居关系的判决书后，流下了悔恨的眼泪，她说："要是早懂得法律的话，也不会有今天的结果。"

我国《预防未成年人犯罪法》第 14 条规定："未成年人的父母或者其他监护人和学校应当教育未成年人不得有下列不良行为：（一）旷课、夜不归宿；（二）携带管制刀具；（三）打架斗殴、辱骂他人；（四）强行向他人索要财物；（五）偷窃、故意毁坏财物；（六）参与赌博或者变相赌博；（七）观看、收听色情、淫秽的音像制品、读物等；（八）进入法律、法规规定未成年人不适宜进入的营业性歌舞厅等场所；（九）其他严重违背社会公德的不良行为。"未成年人同居显然属于上述不良行为之列。未成年人的父母或者其他监护人以及学校应当承担起教育职责，预防和制止未成年人的同居行为。

据了解，目前到法院办理解除同居关系的当事人有年龄越来越小的趋势。这些低龄同居者大多数都出自离异家庭，他们缺乏家庭的温暖，又缺乏良好的教育，过早地混迹于社会，比同龄人早熟，他们把得到温暖和关怀的希望寄托于异性的爱情，但是一步走错，悔恨一生。所以我们希望这些孩子的亲人、学校、社区能够多关注他们的生活状况，使他们也拥有像其他孩子一样的花季。更希望广大未成年朋友要认识到自己的生理、心理都还未成熟和稳定，同居并不能保证铺平未来幸福之路。

此外，目前社会上还存在一种未成年人是被迫同居的情况，如果是这样，未成年人朋友要懂得依照法律向有关部门要求保护。《未成年人保护法》第60条规定："违反本法规定，侵害未成年人的合法权益，其他法律、法规已规定行政处罚的，从其规定；造成人身财产损失或者其他损害的，依法承担民事责任；构成犯罪的，依法追究刑事责任。"法律是自我保护的必备武器。依靠法律，必须学法、知法。要学习《宪法》《刑法》《治安管理处罚法》《义务教育法》《未成年人保护法》等有关法律，掌握必要的法律知识。要弄清什么是合法，什么是违法；什么是无罪，什么是犯罪；什么是自己的义务、权利和合法权益，什么是受到侵害。依靠法律，必须用法。要依法履行自己的义务和行使权利，并在违法犯罪行为对自己形成侵害时，能够依靠法律手段进行自我保护。

6. 未成年人如何正确地认识和远离毒品？

毒品危害无穷。广大未成年人为了保护自己，应团结起来，坚决抵制毒品。（1）坚决拒绝吸毒，坚决不吸第一口。（2）依法同教唆吸毒的违法犯罪分子作斗争。（3）克服不良的兴趣爱好。兴趣爱好一定要有益于身心健康发育，有益于自己形成高尚的人格，有益于自己学习成才，有益于社会。（4）交友要慎重。

16岁的男孩王某虽然从小爱玩好动，但学习成绩还算不错。这个年纪的孩子，爱打游戏机的挺多，王某也不例外。一次，在游戏机房里，王某认识了一群"哥们"。他们掏出一种白色粉末，围坐在那里吸，一副"飘飘欲仙"的样子，一下子就引起了王某的好奇。当"哥们"怂恿他尝一口时，王某毫不犹豫地伸出了手。有了第一次，就有了第二次、第三次。后来，为了弄钱吸毒，王某开始学会说谎，也没心思上学了，甚至骗取低级同学的钱。最后走上了犯罪的道路。

案例评析

科学告诉我们：无论是哪一种毒品，都可以使人体免疫力下降，血红蛋白减少，各种生理机能遭到严重破坏。特别是当前，吸毒人员向低龄化、吸毒方式向静脉注射、毒品原料向4号海洛因蔓延，对吸毒者的危害更为剧烈。毒品经吸食或注射到人体后，能破坏人体的消化系统，使消化系统功能失调；能破坏人的内分泌系统，使人反应迟钝，神经衰弱、失眠；能破坏人的生殖系统，导致畸胎、死胎、流产……吸毒过量还会使人中毒死亡。有确凿的资料表明：静脉注射毒品是艾滋病在我国产生和传播的主要渠道。海洛因依赖者的平均寿命一般在30岁左右，吸毒者一般在长期吸毒后8至12年死亡，平均死亡率高于正常人群的15倍。可见，让人能"飘飘欲仙"的"白粉"，实际是严重损伤人体、毁灭生命的"白色恶魔"，是扼杀人类的杀手，是世界性的公害。中小学生是祖国的未来和希望，是社会主义事业的建设者和接班人。如果吸毒，连自己生命都难以保证，何以搞好学习，成为国家的栋梁之材？不仅不能成为有用之材，而且还会成为害群之马！

贩毒分子或吸毒人员诱骗未成年人吸毒的手段各种各样：（1）初吸"免费"。贩毒分子第一个手段就是设法和未成年人特别是那些逃学、辍学的学生套近乎，进而"免费"送给毒品，引诱他们吸毒。（2）宣称吸毒"快乐"。当前毒贩子拉拢未成年人吸毒时，说什么吸毒感觉好，吸毒快乐，他们手中的毒品种类非常多，其外表与普通的药丸、药片、胶囊、药剂、药粉极相像，未成年人千万莫被误导而上当。（3）"朋友"引诱。无论在校内或校外结交的朋友，只要在交往甚密的人中有一个吸毒，其他人往往很容易受到感染而吸毒。因此，未成年人应坚决不与吸毒人交友。（4）宣称吸毒能"解乏提神"。这是毒贩子的一种比较常用的欺骗手段。未成年人不可轻信，以免上当。（5）宣称吸毒能"治病"。所谓的"治病"，正是毒贩子的一个卑鄙手段，许多未成年人就是被这些鬼话拉下水的。（6）宣称吸毒是当前时髦时尚，炫耀身份和财富的形式。（7）宣称吸

毒能"减肥"。"减肥"说法完全是错误的，是不法分子拉拢未成年人下水的罪恶借口，切莫相信所谓"减肥"等鬼话。（8）乘人之危，拉人下水。

毒品危害无穷，广大未成年人为了保护自己，应团结起来，坚决抵制毒品。（1）坚决拒绝吸毒，坚决不吸第一口。因为吸毒是社会的毒瘤，是违法行为，严重危害人的身心健康，最终致吸毒者死亡。还会导致各种犯罪，使人堕落，丧尽天良，同时危害社会秩序。所以，未成年人绝不能迈出这危险的一步。（2）依法同教唆吸毒的违法犯罪分子作斗争。要依据法律，自觉地与教唆未成年人吸毒的违法犯罪分子作斗争。当发现有贩毒、吸毒分子教唆你吸毒时，或在你的周围有贩毒、吸毒的丑恶现象，应该及时地向有关部门或学校老师报告。（3）克服不良的兴趣爱好。兴趣爱好一定要有益于身心健康发育，有益于自己形成高尚的人格，有益于自己学习成材，有益于社会。（4）交友要慎重。能互相学习、共同进步；与恶人交友，就很容易被诱惑而参与偷、抢、吸毒等违法活动。所以，交朋友一定要慎重！

◉ 7. 面对家庭成员的虐待，未成年人应当如何保护自己？

父母或者其他监护人应当创造良好、和睦的家庭环境，依法履行对未成年人的监护职责和抚养义务。禁止对未成年人实施家庭暴力，禁止虐待、遗弃未成年人，禁止溺婴和其他残害婴儿的行为，不得歧视女性未成年人或者有残疾的未成年人。虐待家庭成员，情节恶劣的，处 2 年以下有期徒刑、拘役或管制。

郭某本来有一个幸福的家，但自从父亲有了外遇之后，这个家便不再安宁了。2010 年 10 月，父母因感情破裂而离婚，郭某随父亲共同生活。很快，父亲再婚了。从此，12 岁的郭某的噩运就开始了，不但一天三顿饭不能保证，并且在干了大量的家务活儿后，还要穿羊肉串一直到深夜。父母经常为了一些小事打他，用穿羊肉串的竹扦扎，用筷子打头，用手拧大腿，用塑料管抽胳膊，跪洗衣板，用火钩子烫等，他的身上到处都是伤痕。郭某就是在这样的噩梦中生活了 1 年。2011 年 12 月 15 日，父母怀疑他偷别人的手机，便把他捆在一棵树上，用弹簧锁和树枝抽打，使他的腰、腿、背部大面积受伤。郭某忍无可忍，终于拿起了法律的武器，以虐待罪把父亲和继母告上了法庭。

我国《未成年人保护法》第 10 条规定："父母或者其他监护人应当创造良好、和睦的家庭环境，依法履行对未成年人的监护职责和抚养义务。禁止对未成年人实施家庭暴力，禁止虐待、遗弃未成年人，禁止溺婴和其他残害婴儿的行为，不得歧视女性未成年人或者有残疾的未成年人。"《婚姻法》第 3 条规定："禁止家庭成员间的虐待和遗弃。"郭某的生父和继母用不给饭吃、强迫劳动、肉体摧残等方式虐待郭某，既违反了伦理道德，应当受到社会舆论的谴责，也违反了上述法律规定，应当受到法律的制裁。郭某勇于拿起法律的武器，保护自己的合法权益，是正确的。《刑法》第 260 条第 1 款规定："虐待家庭成员，情节恶劣的，处二年以下有期徒刑、拘役或者管制。"郭某的生父和继母长期虐待郭某，使其身心受到了极大摧残，手段残忍、情节恶劣、令人发指。对他们，应当依照《刑法》的上述规定追究其刑事责任。

◎ 8. 未成年人应当如何保护自己的肖像权？

隐私权作为一项重要的民事权利，既为成年人所享有，也为未成年人所享有。儿童的隐私、家庭、住宅或通信不受任意或非法干涉，其荣誉和名誉不受非法攻击。任何组织和个人不得披露未成年人的个人隐私。

　　未成年人保护委员会接到14岁的未成年人李某的投诉，她的母亲经常偷看她的日记、信件，有时还偷听她的电话，使她的心理受到极大伤害。李某是一个很漂亮的女孩，学习成绩优异，母亲对她管教很严，担心她和男同学接触多了会学坏，因此，总是趁李某不在家的时候，翻看她的日记，遇有来信时，母亲总是第一个打开，看完后再给李某，不仅如此，母亲还总是用电话分机偷听李某打电话或接电话。有时，如果有同学打电话来找李某，母亲一听是男的，就说李某不在家。母亲的这些行为让李某很反感，但又无处诉说。因此，她常常跟母亲发生激烈冲突。母亲说这样做是为她好，可是李某认为母亲这样是侵犯她的隐私权，认为母亲没有权利这样做。最终李某忍无可忍，投诉其母。

　　我国《民法通则》第10条规定："公民的民事权利能力一律平等。"从这一规定可以看出，未成年人与成年人在享有民事权利的能力方面一律平等，未成年人享有与成年人一样的权利。隐私权作为一项重要的民事权利，既为成年人所享有，也为未成年人所享有。我国《未成年人保护法》第39条规定："任何组织或者个人不得披露未成年人的个人隐私。对未成年人的信件、日记、电子邮件，任何组织或者个人不得隐匿、毁弃；除因追查犯罪的需要，由公安机关或者人民检察院依法进行检查，或者对无行为能力的未成年人的信件、日记、电子邮件由其父母或者其他监护人代为开拆、查阅外，任何组织或者个人不得开拆、查阅。"第58条规定："对未成年人犯罪案件，新闻报道、影视节目、公开出版物、网络等不得披露该未成年人的姓名、住所、照片、图像以及可能推断出该未成年人的资料。"《预防未成年人犯罪法》也有相应的规定。可以看出，未成年人享有隐私权，任何人不得侵犯。有些父母就如李母一样为了了解子女的情况，常常未经子女允许就私拆子女的信件、偷看子女的日记，或者偷听子女的电话，以为这样可以更加了解子女的想法，其实这种行为不仅伤害了子女的感情，增加子女对父母的不信任感，而且已经侵害了子女的隐私权。

隐私，是指与个人的私生活密切相关的不愿为人所知的秘密；隐私权，是指自然人所享有的对自己的个人秘密和个人私生活进行支配并排除他人干涉的一种权利。随着社会文明的进步和发展，人们越来越重视对他人隐私的尊重和保护，但对于未成年人是否享有隐私权这点上却存在争议，有人认为未成年人年龄尚小，谈不上有什么隐私权，未成年人的父母及其他监护人完全可以支配未成年人的私事。在这种错误想法的支配下，出现了许多侵害未成年人权益的现象，例如父母私拆未成年人的信件，偷看未成年人的日记，报纸擅自披露未成年被告人的情况等，这对于涉世未深的未成年人造成了深深的伤害，导致他们心灵上的苦闷，甚至引发其做出一些反社会的行为或离家出走、自杀等。事实上，未成年人与成年人一样享有隐私权，任何人不得侵犯。

当未成年人发现父母窥探自己的秘密或者有以上行为时，应该有礼貌地告诉父母这是自己的秘密，自己有权保守这些秘密。如果父母不经过自己允许擅自窥探，那么就违反了法律的规定，应该承担相应的法律责任。如果父母不听劝阻，仍旧窥探自己的秘密，未成年人可以向未成年人保护委员会等机构反映，请求这些机构对父母进行批评教育。如果父母侵害自己秘密的行为给自己造成了很大伤害，未成年人也可以直接向法院起诉，要求父母停止侵害、赔礼道歉甚至赔偿损失。

需要注意的是，未成年人的隐私权受到特殊的保障，同时在家庭中又受到某种局限。《婚姻法》第23条规定："父母有保护和教育未成年子女的权利和义务。"《民法通则》第18条第2款规定："监护人依法履行监护的权利，受法律保护。"《未成年人保护法》第11条也明确规定："父母或者其他监护人应当关注未成年人的生理、心理状况和行为习惯，以健康的思想、良好的品行和适当的方法教育和影响未成年人，引导未成年人进行有益身心健康的活动，预防和制止未成年人吸烟、酗酒、流浪、沉迷网络以及赌博、吸毒、卖淫等行为。"从这些法律规定中可以看出，监护人有教育、管理被监护的未成年人的义务，如果父母不履行上述法定义务，需要承担责任。所以在监护人面前为未成年人设置一道严格的隐私权保护屏障是不可能的，也是不公平的，同时也不利于对未成年人的保护。监护人有权利也有义务了解未成年人的思想和生活情况，以便及时发现问题，进行教育和引导，不能用未成年子女的隐私权来抗拒、架空父母的监护权。所以对于监护人而言，为了不违反法律的规定，同时又能及时了解未成年人的情况，一方面应该注意培养未成年人独立的人格，锻炼其明辨是非的能力，另一方面要避免与孩子之间形成代沟，要尽量以平等的身份多与孩子交流，这样孩子就会对父母产生信任感，愿意将心中的秘密告诉父母。另外，应该说明的是，只有父母在有充足的理由认为子女有不良行为时，才能以承担监护职责而非侵权为由采用有效方式来了解未成年人的思想和行为，如跟踪、看日记等，但是对此应该严格掌握两个界限：第一，要有充足的理由，如子女总是晚归而没有正当理由，或夜不归宿；子女与一些社会上有不良行为的人交往过密等。父母绝对不能以简单的怀疑或好奇等为理由来了解孩子的隐私，理由是否充足要以社会标准而非单纯个人标准来判断。第二，应以社会标准来判断不良行为，而不能以自己的主观标准判断。如两个异性朋友之间的通信行为，父母可能认为是不良行为，但从社会的角度来看，这是未成年人成长过程中的正常现象，如果父母私拆信件偷看，那么就是侵害了未成年人的隐私权。而如果父母有充足理由认为13岁或14岁的子女有与异性发生性行为的情况时，在与子女沟通失败的情况下，就应该采取有效方式了解子女是否存在这一问题。也就是说，基于监护人责任的法律规定，监护人责任与被监护的未成年人的权利发生冲突是无法避免的现象，从这一概念上说，未成年人的隐私权相对监护人而言是受到某些限制的。

◉ 9. 教室坍塌造成学生伤亡，应当由谁承担责任？

学校、幼儿园、托儿所应当建立安全制度，加强对未成年人的安全教育，采取措施保障未成年人的人身安全。学校、幼儿园、托儿所不得在危

及未成年人人身安全、健康的校舍和其他设施、场所中进行教育教学活动。未成年人自身也应当增强安全意识，加强自我保护。一旦发现所在学校的校舍或其他教育教学设施存在安全隐患，应当及时向家长、学校和有关部门反映；发生安全事故后，未成年人可以通过其家长，请求教育行政主管部门解决，也可以向人民法院提起诉讼，追究学校和有关责任人员的法律责任。

某小学上课期间，一间教室局部屋顶突然塌落，正在上课的学生和一名教师被埋在废墟中，当地村民闻讯后迅速救援，将受伤师生全部送往医院救治。一名8岁女生因伤势过重，在被送往医院途中死亡。调查结果表明，房屋坍塌的原因系钢梁变形所致。

《未成年人保护法》第22条规定："学校、幼儿园、托儿所应当建立安全制度，加强对未成年人的安全教育，采取措施保障未成年人的人身安全。学校、幼儿园、托儿所不得在危及未成年人人身安全、健康的校舍和其他设施、场所中进行教育教学活动。学校、幼儿园安排未成年人参加集会、文化娱乐、社会实践等集体活动，应当有利于未成年人的健康成长，防止发生人身安全事故。"在本案中，某小学在正常教学时间内，由于教室坍塌造成学生伤亡，显然违反了上述法律规定。某小学首先应当承担赔偿责任。教室的承建者也应按照有关规定承担民事赔偿责任。《刑法》第137条规定："建设单位、设计单位、施工单位、工程监理单位违反国家规定，降低工程质量标准，造成重大安全事故的，对直接责任人员，处五年以下有期徒刑或者拘役，并处罚金；后果特别严重的，处五年以上十年以下有期徒刑，并处罚金。"第138条规定："明知校舍或者教育教学设施有危险，而不采取措施或者不及时报告，致使发生重大伤亡事故的，对直接责任人员，处三年以下有期徒刑或者拘役；后果特别严重的，处三年以上七年以下有期徒刑。"某小学和教室的承建者如果存在法律规定的上述情形，还应当依法追究直接责任人员的刑事责任。

近些年，因校舍坍塌或其他教育教学设施发生安全事故，造成学生伤亡的事件屡屡见诸报端。未成年人缺乏自我保护能力，是最容易受到伤害的群体。因此，尤其应当受到特殊的保护。面对严峻的校园安全形势，除了有关部门应当加强学校安全工作的监督和管理外，学校应当切实承担起保护在校未成年学生人身和财产安全的责任外，未成年人自身也应当增强安全意识，加强自我保护。一旦发现所在学校的校舍或其他教育教学设施存在安全隐患，应当及时向家长、学校和有关部门反映；发生安全事故后，未成年人可以通过其家长，请求教育行政主管部门解决，也可以向人民法院提起诉讼，追究学校和有关责任人员的法律责任。

◉ 10. 宿舍发生火灾致未成年人财产损害，学校应否承担赔偿责任？

自我保护要点

在寄宿制学校，未成年人都是在学校提供的集体宿舍居住生活。学习用品和生活用品以及现金或存折等，都放在集体宿舍，在火灾事故中造成财产损失，学校是否应当承担赔偿责任，应当视具体情况而定。

典型案例

程某系某寄宿制中学高三（二）班的未成年人，住该校女生宿舍3号楼405室。2013年6月的一个晚上，由于临近高考，程某学习非常用功，下了晚自习回到宿舍以后，宿舍楼在11点准时熄灯，可程某还想抓紧时间再复习一会儿功课，便私自点了一根蜡烛，在床上学习。学了一阵后，由于过度疲劳，程某便迷迷糊糊地睡着了。过了一会儿，忽然听见一声惊呼，程某醒了过来，只见宿舍里一片火光，程某床上及邻铺均被火势包围，同宿舍同学被惊醒后赶紧起床灭火，经过一阵扑打，火焰被扑灭，幸无人员伤亡，只是程某及邻铺严某床上物品被烧毁，给严某造成经济损失约 500 元。严某将程某及学校告上法庭，要求二被告赔偿损失。

在寄宿制学校，未成年人都是在学校提供的集体宿舍居住生活。学习用品和生活用品以及现金或存折等，都放在集体宿舍，在火灾事故中造成财产损失，学校是否承担赔偿责任，应当视具体情况而定。

火灾事故的防范，是事关公共安全的重大问题。学校在为未成年人提供集体住宿的同时，必须提供符合国家公安部和各地方公安消防部门有关规定的安全保障服务。这不仅关系到未成年人的财产安全，更关系到未成年人的人身安全问题。一旦发生火灾事故，应当由当地公安部门进行调查处理，公安部门就火灾发生的原因及责任人的确定作出结论。如果公安部门的结论认定火灾事故的原因是学校的安全设施及消防设施存在缺陷，在这种情况下，学校应当就事故给未成年人造成的财产损失承担全部赔偿责任。学校承担赔偿责任的法律依据是《民法通则》第 106 条第 2 款的规定："公民、法人由于过错侵害国家的、集体的财产，侵害他人财产、人身的，应当承担民事责任。"同时，我国《未成年人保护法》第 60 条规定："违反本法规定，侵害未成年人的合法权益，其他法律、法规已规定行政处罚的，从其规定；造成人身财产损失或者其他损害的，依法承担民事责任；构成犯罪的，依法追究刑事责任。"如果公安部门的结论认定火灾事故发生的原因是个别未成年人违反学校管理规定，擅自接拉电线使用电器产品、在宿舍点蜡烛看书等行为，学校在安全管理制度及实际效果检查方面没有疏忽的，则应当由引起火灾事故发生的未成年人及其监护人承担赔偿责任。如果认定未成年人在集体宿舍使用明火是引起火灾的原因之一，而学校在安全管理方面存在严重过失也是导致事故发生的原因之一，则引起火灾的未成年人及其家长和学校应当对受害未成年人的财产损失等承担连带赔偿责任。

本案中学校不应当承担连带责任。我国《民法通则》第 130 条规定承担连带责任的条件是"二人以上共同侵权造成他人损害的"。而在本案中，造成严某财产损害的唯一原因，是被告程某违反学校的规章制度，熄灯后在床上点蜡烛看书失火所致。该侵权行为是独立的，不存在与校方的相互联合，学校与致害行为既不构成同一致害原因，亦无共同过失，与学校的教育管理不存在着必然、直接的因果关系，故学校对严某的财产损失不承担赔偿责任，而应由被告的监护人承担赔偿责任。

● 11. 在宿舍存放的财产被盗，学校应否承担赔偿责任？

对于学校宿舍盗窃犯罪案件的发生，不是学校所能够预见并控制的，只要学校根据自身的情况，在安全管理方面采取了基本的防范措施，就不应当为违法犯罪行为承担民事责任。

典型案例

曹某、刘某、郭某、何某是某中学高三（四）班的未成年人，某中学是一所全封闭的寄宿制学校，曹某、刘某、郭某、何某住在一个宿舍里。一天晚上，4 名同学下课回到宿舍里，发现宿舍的门被撬开了，赶紧进去一看，均有一定财物丢失，共损失价值约 600 元。4 名同学赶紧报告班主任，并要求学校赔偿。

案例评析

本案是关于未成年人在学校宿舍存放的财产被盗与学校的责任问题。

首先，宿舍财产被盗，属于刑事案件或治安案件，应当由当地公安机关依法处理。从法律上讲，盗窃属于违法犯罪的行为，应当由当地公安部门负责侦查并追回赃物。实施盗窃行为构成犯罪的，依照《最高人民法院关于刑事附带民事诉讼范围问题的规定》第 5 条规定："犯罪分子非法占有、处分被害人财产而使其遭受物质损失的，人民法院应当依法予以追缴或者责令退赔。被追缴、退赔的情况，人民法院可以作为量刑情节予以考虑。经过追缴或者退赔仍不能弥补损失，被害人向人民法院民事审判庭另行提起民事诉讼的，人民法院可以受理。"实施盗窃行为不构成犯罪的，属于治安案件，应当由公安机关负责追查、追缴或者责令退赔。对于盗窃犯罪等案件的发生，不是学校所能够预见并控制的，只要学校根据自身的情况，在安全管理方面采取了基本的防范措施，就不应当为违法犯罪行为承担民事责任。

其次，学校对未成年人宿舍的安全负有一定的管理责任。从保障未成年人人身、财产安全的角度考虑，凡是向未成年人提供住宿的学校都应当建立保卫机构和相应的制度。目前，国家教育部对有住宿未成年人的中学、小学是否应当设立学校保卫部门以及学校保卫部门的工作职责等，没有明确的规定，只有 1997 年 2 月 13 日国家教育委员会颁布的《高等学校内部保卫工作规定（试行）》。从该规定的内容看，我们可以得出以下结论：（1）学校保卫部门的性质是依照法律、法规、规章和学校的管理制度，对校园实施治安及安全管理的学校的职能部门。在地方公安机关的指导和监督之下开展工作。因此，学校保卫部门不是公安机关，对非法占有未成年人财产的盗窃案件没有侦查权力。如果学校保卫部门不及时报告公安机关侦查案件，仅凭学校的一般性调查，很难追回未成年人的财产损失；如果学校自行调查盗窃案件，则属于超越职责的行为；如果学校保卫部门在调查盗窃案件时，采取违法的方式，侵犯了嫌疑人的人身权利，还会导致学校承担侵权的民事责任。（2）学校保卫部门的主要任务是：①对学校未成年人、教师进行法制、安全防范基本知识的宣传教育。②防范校外犯罪分子针对学校的破坏活动，及时处置各种突发性事件，协助国家安全、公安机关制止危害国家公共安全的行为。③采取安全技术防范措施，防止盗窃、破坏财物和治安灾害事故的发生。④调解处理学校内部治安纠纷，维护校园治安秩序。⑤对校内有轻微违法但尚未构成犯罪的人员进行帮助、教育。⑥及时向公安机关报告校内发生的刑事、治安案件、治安灾害事故和其他严重危及治安的情况；保护发案现场并协助公安机关侦破校内发生的刑事案件和治安案件。⑦管理校园内的暂住人口和流动人口。⑧依据有关规定对扰乱校园秩序的人员进行处理。可见，学校保卫部门有义务提请学校采取必要的防范盗窃的措施，保护未成年人的财产安全，减少盗窃、火灾等刑事案件和治安案件发生的可能，但这并不意味着学校对未成年人的财产承担保管人的责任。（3）学校保卫部门不履行职责的处理。其一，行政处罚。指对因不重视治安保卫工作，制度不健全，防范不力，导致发生盗窃、破坏财物和治安灾害事故或刑事、治安案件及因教育管理不力，本单位人员违法违纪情况严重的，学校应对有关单位和责任人进行行政处理。其二，追究法律责任。对违反国家法律、法规、规章及校内有关规定，不依法履行职责和实施违法乱纪行为的有关责任人员，依法追究其法律责任或给予纪律处分。这里的法律责任主要是指因保卫部门的严重渎职行为而发生重大人员伤亡或者重大财产损失事件，有关责任人员的行为构成重大责任事故犯罪，应当承担的刑事责任。

最后，虽然在教育部的文件中没有明确规定学校对未成年人宿舍财物丢失承担一定的赔偿责任，但也没有完全否定学校承担赔偿责任的可能性。现实中的情况是，即使未成年人贵重财产在宿舍中被盗，而且案件没有及时侦破或者盗窃行为人无赔偿能力，一般情况下，学校是不会承担赔偿责任的。理由很简单：其一，学校向未成年人提供宿舍不是以营利为目的的商业行为；其二，学校仅向未成年人提供住宿场地，并不提供宿舍内的卫生服务和财物保管服务。这样的理由越来越受到未成年人的质疑。从民法理论上分析，学校向未成年人提供住宿场所，无论收费高低，事实上存在一种民事法律关系，属于民法中的合同法律关系。尽管学校向未成年人提供住宿服务与旅店向顾客提供的服务相比较，存在一定的差别，但是"不营利"能否成为免除安全管理责任的理由呢？根据我国《合同法》第53条的规定："合同中的下列免责条款无效：（一）造成对方人身伤害的；（二）因故意或者重大过失造成对方财产损失的。"这说明，如果因为合同一方当事人的重大过失，导致对方当事人的财产损失的，法律责任是不能免除的。比如，在物业管理关系中，业主如果能够证明其财产被盗与物业管理公司在安全防范措施方面存在重大过错之间存在一定的因果关系，法院一般会判决物业管理公司承担一定的赔偿责任。在旅馆与顾客的合同关系中，如果顾客能够证明旅馆在安全管理方面存在重大过错，导致自己住宿的房间内的财产被盗而无法追回损失的，法院也会判决旅馆承担一定的赔偿责任。那么，《合同法》第53条的规定是否适用于学校与未成年人之间的住宿关系呢？从法律上看，该条规定没有任何除外规定。因此，学校对未成年人宿舍的财产被盗事件，不承担民事责任的唯一理由是学校在宿舍安全管理方面没有重大的过失。如果学校不能证明这一点，那么学校承担连带责任的可能性就是存在的。随着学校对未成年人生活方面的服务和管理逐渐向市场化转化，由无偿提供使用向有偿提供服务转变，这种可能性会增大。所以，学校在未成年人宿舍的安全管理方面，应当给予高度的重视，特别是对未成年人住宿的地方，应采取必要的保卫措施。例如，依法履行必要的安全教育；提示未成年人注意妥善保管自己的物品，贵重物品不应当存放在宿舍；采取必要的防范技术措施；一旦发生盗窃案件，积极协助当地公安部门侦破案件等。

如果学校认真履行了上述义务，就是尽到了应尽的义务，即使不能完全阻止盗窃案件的发生，至少学校会因为在安全管理方面没有重大过错而免除法律责任。

◉ 12. 面对同伴的侵害，未成年人应当如何保护自己？

未成年人受到同伴的侵害时，应当立即向同学、老师、家长和其他人求助，必要时可以报警。可以通过其父母，要求学校和有关部门进行处理，也可以与对方协商解决，必要时可以到人民法院起诉，追究有关人员的法律责任。

许某（9岁，某试验小学三年级学生）在上课时，被同学段某用针头先在她的胳膊上刺了一个字，并抹上蓝墨水。当时她想告诉老师，但段某威胁说，如果她将此事说出来，就打她。

许某的父母获悉此事后，立即向学校作了反映，并带女儿到医院诊治。校方听说后也马上找到段某。段某则说,字是许某让他帮忙刺的。当被问及为何要刺字时,段某回答说"好玩"。医院的诊断结果更让许某的父母伤心:女儿臂上所刺的字已留下疤痕,很难除去。

就如何处理此事,学校及双方家长发生了争执。许某的父母坚决要求段家承担许某以后用于祛除疤痕的 60% 的费用;其余 40% 由学校支付。校方则认为,学校只负责孩子的教育,学生之间发生的事应由双方家长负责,此事与他们无关。最终,段家答应,将独自承担许某祛除疤痕的全部费用。

在中小学中,因未成年人之间的相互侵害而引发的纠纷比较常见。来自同伴的侵害,往往使尚处在生长发育阶段的未成年人的身心承受极大的创伤,对他们的健康成长造成威胁。例如在本案中,许某的胳膊被同学刺字并留下了很难祛除的疤痕。人的胳膊是仅次于脸、手,是裸露在外最多的部位。许某作为一个未成年女孩,如果胳膊上的疤痕不能完全祛除,今后她在求学、求职、恋爱、婚姻以及夏季着装时,都有可能遭到嘲笑、猜疑、误解甚至鄙视,孩子的心灵也将因此而受到伤害。

面对同伴的侵害,未成年人绝不能忍气吞声、得过且过。这样,只会让侵害愈演愈烈,变本加厉。未成年人受到同伴的侵害时,应当立即向同学、老师、家长和其他人求助,必要时可以报警。那么一旦侵害发生,未成年人该如何维护自己的合法权益呢?未成年人可以通过其父母,要求学校和有关部门进行处理,也可以与对方协商解决,必要时可以到人民法院起诉,追究有关人员的法律责任。

在本案中,许某的父母要求段家和学校共同承担责任。根据《最高人民法院关于贯彻执行〈中华人民共和国民法通则〉若干问题的意见(试行)》第 160 条的规定:"在幼儿园、学校生活、学习的无民事行为能力的人或者在精神病院治疗的精神病人,受到伤害或者给他人造成损害,单位有过错的,可以责令这些单位适当给予赔偿。"许某是在学校和老师完全不知情的情况下被同学刺字的,在刺字的过程中,许某也没有及时向老师求助,学校和老师对这种同学之间的意外伤害的发生也是无法预见和无法避免的。因此，学校没有过错，不应当承担责任。许某的损失应当由段家承担。

⦿ 13. 面对非法婚约，未成年人应当如何保护自己？

依据我国法律规定，父母或者其他监护人不得允许或者迫使未成年人结婚，不得为未成年人订立婚约。面对非法婚约，未成年人可以向各级人民政府（如政府的民政部门）求助，也可以向共青团组织、妇联、工会、青年联合会、学生联合会、少年先锋队等社会团体和城市居民委员会、农村村民委员会、父母所在单位、学校要求帮助。必要的时候，可以在亲属、学校和有关部门及组织的帮助下，向人民法院提起诉讼，保护自己的合法权益。

陈某是一个农村姑娘，13 岁时由父母做主，同一个 16 岁的男青年订立了婚约。男方给了陈某的母亲 5000 元礼金。陈某 16 岁时，提出要与男方解除婚约。男方不肯，坚持"要人不要钱"。陈某为了保护自己的权益，便到法院起诉，要求解除婚约。法院经过调查，在做好疏导工作的基础上，依法裁决由陈某的父母退还男方 5000 元礼金，陈某与男方解除非法婚约。

我国《未成年人保护法》第 15 条规定："父母或者其他监护人不得允许或者迫使未成年人结婚，不得为未成年人订立婚约。"未成年人应该懂得，父母强迫自己结婚或者为自己订立婚约都是违法行为，侵犯了自己的合法权益。面对父母的这种行为，未成年人可以直接向父母指出这种行为的性质。由于未成年人身心尚处在发育阶段，过早地结婚、发生性行为和生育子女，不利于未成年人身心的健康发育，也不利于婚姻关系的和谐稳定。如果父母或者其他监护人能正确认识到自己行为的违法性质和对未成年人造成的危害，相信他们会放弃自己的错误做法。在劝说父母为自己退婚无效的情况下，未成年人可以向政府或社会团体等求助。《未成年人保护法》第6条规定："保护未成年人，是国家机关、武装力量、政党、社会团体、企业事业组织、城乡基层群众性自治组织、未成年人的监护人和其他成年公民的共同责任。对侵犯未成年人合法权益的行为，任何组织和个人都有权予以劝阻、制止或者向有关部门提出检举或者控告。国家、社会、学校和家庭应当教育和帮助未成年人维护自己的合法权益，增强自我保护的意识和能力，增强社会责任感。"未成年人可以向各级人民政府（如政府的民政部门）求助，也可以向共青团组织、妇联、工会、青年联合会、学生联合会、少年先锋队等社会团体和城市居民委员会、农村村民委员会、父母所在单位学校要求帮助。必要的时候，可以在亲属、学校和有关部门及组织的帮助下，向人民法院提起诉讼，保护自己的合法权益。

◉ 14. 面对性侵犯，未成年人应当如何保护自己？

面对性侵犯，未成年人应当战胜懦弱和无知，勇敢地与犯罪分子作斗争。同时，应及时向家长或公安机关告发，严厉打击犯罪分子。

张某（18岁）高中没读完就辍学了。离开学校后无所事事，整日在街上瞎混，渐渐接触了一些黄色录像和色情刊物并深深沉迷其中。2013年8月13日，张某百无聊赖地独自一人在家看电视，邻居家年仅10岁的小女孩王某来他家看电视。张某见王某只身一人，家里又没有其他人在，顿时起了邪念，他用花言巧语哄骗王某躺在沙发上，对其肆意玩弄。后因王某高声哭喊，张某担心被人发现而终止了兽行，给了王某5角钱放她离去。

过了几天见没有什么动静，张某知道王某并没有把事情说出去，便禁不住色心复萌，又把王某诱骗至其家中将其奸淫，事后他又给了王某5角钱买糖吃，还威胁她不要对大人说。此后，张某便一次又一次地如法炮制，多次奸淫王某，而王某因年幼无知，又惧怕张某的威胁也一直没向大人说。

2014年1月7日，王某随母亲回爷爷家玩耍，当晚其婶娘为她洗澡时惊讶地发现王某下身有异物流出，连忙带她到医院检查。经医生检查，王某有多次受性侵犯的迹象。最后在医生与家长的耐心询问下，王某这才把事情的真相说了出来。家长得知后连忙向警方报案，警方随后将张某抓获。检察院以涉嫌强奸罪对张某提起公诉。

案例评析

在本案中，张某奸淫幼女的行为令人发指，理应受到法律的严惩。我国《刑法》第236条第2款规定："奸淫不满十四周岁的幼女的，以强奸论，从重处罚。"对张某可以判处3年以上10年以下有期徒刑，并且由于其是奸淫幼女，应当从重量刑。

从另一个角度看，不论法律怎样惩处张某，他的行为给王某的身心造成的巨大伤害都是无法弥补的，势必对年幼的王某今后的成长从身、心两方面造成极为恶劣的影响。这起悲剧的发生有两方面原因值得我们反思。一方面，社会上的不良风气，像色情刊物、黄色录像等极大地腐蚀着青少年的心灵，张某正是在其毒害下走上了犯罪道路。青少年犯罪率的上升与社会环境的影响有直接的关系，净化社会风气，为青少年，特别是广大未成年人创造一个健康的成长环境，显得尤为迫切。另一方面，张某之所以多次奸淫王某而未被及时发现，与王某本身缺乏自我保护意识有直接的关系。作为一名10岁的女孩，王某应当有一定的认识和判断能力，面对张某的性侵犯，她本应及时向家长告发，使张某的罪行得到制止。但正是由于她的懦弱和无知，才给了张某机会，让他屡屡得手，变本加厉地蹂躏王某。在我国，对未成年人的性教育一直处于空白状态，家长、学校、社会都在不同程度上受到封建思想的束缚，对性讳莫如深。广大未成年人对性缺乏了解，在受到性侵犯时缺乏判断能力，在很大程度上削弱了未成年人的自我保护意识。对未成年人进行性的启蒙教育，增强未成年人的性自我保护意识和能力，是摆在我们面前的一个重大课题。

◉ 15. 未成年人如何维护自己获得劳动报酬的权利？

年满 16 岁、未满 18 岁的未成年人，如果完成了规定年限的义务教育，不再继续升学的，依法可以从事有经济收入的劳动或者个体劳动。符合法律规定条件的未成年人工作后，有权从用人单位获取劳动报酬。

毛某（男，16 岁）出生在一个普通的工人家庭。家里有 4 个兄弟姐妹，毛某是老大。由于企业效益不好，毛某的父母都下了岗，靠着领取政府的最低生活保障金和做点儿小买卖养活全家。毛某眼看着父母艰辛地支撑着这个家，几个弟弟、妹妹吃不好、穿不好，心里异常地焦急，他觉得自己是家里的老大，应该承担起责任来，为父母分担家庭的重担，让弟弟、妹妹们生活得更好些。高中毕业后，毛某坚持不再读书，要求参加劳动。一开始，毛某的父母不忍心让自己的孩子就这样放弃学业，因为毛某在学校里的成绩十分优异，是个十分受老师喜欢的好学生，但毛某的态度十分坚决。父母看着家里的情况，觉得毛某的想法也有道理，这个家仅靠他们实在是支撑不下去了。经父母同意，毛某外出寻找工作，并在一家私人汽车修配厂找到了一份临时工作。老板让毛某在修配厂里干些零活，答应一个月给毛某 500 元钱。毛某考虑到自己刚刚参加工作，没有什么工作经验和手艺，这里的钱虽然少，但毕竟有些经济收入，而且还可以借这个机会学些手艺。就这样，毛某在汽车修配厂开始了他的劳动生涯。

毛某吃苦耐劳，工作十分勤奋，每天一大早就来到厂里，什么活都抢着干，再苦、再累也没有一句怨言。工厂里的师傅和徒工都十分喜欢他，有些师傅还有意教毛某一些手艺，毛某很认真地学着。转眼 1 个月过去了，别人都领到了工资,老板却对毛某绝口不提工资的事。毛某找到老板要工资,老板推说下个月一块儿给他,让他好好干。毛某信以为真,没再说什么。第二个月结束了,到了领工资那一天,还是没有毛某的份,毛某十分气愤,找到老板论理。老板拉下了脸说:"你还要工资,你到我们这是学手艺来的,没让你交学费就不错了。"毛某据理力争,说老板亲口答应,一个月给自己 500 元钱。老板一声冷笑:"我什么时候答应你了,有什么证据,合同呢?"毛某傻了眼,当时确实没和老板签任何书面的协议,老板仅仅是口头答应自己。毛某垂头丧气地回了家,父母听说了这个情况,也只是唉声叹气,说毛某这次就当长个教训吧,社会远远不像学校那么单纯。毛某的工友们对老板的做法十分气愤,都为毛某打抱不平。一个工友偷偷找到了毛某,让他到法院去告老板,大家都愿意为他作证,一定帮他把工钱讨回来。毛某一开始还有点儿犹豫,但在工友的热心鼓励下,他终于鼓起勇气,决定用法律的武器来保护自己的合法权益。第二天,毛某就到人民法院起诉,并提交了工友们出具的书面证言,经人民法院核实后,证实毛某在某汽车修配厂按约定劳动两个月,应当获得 1000 元劳动报酬。汽车修配厂的经营者应当按照约定,履行支付劳动报酬的义务。人民法院依法判决,汽车修配厂老板自判决生效之日起 15 日内,支付毛某的报酬1000 元。面对人民法院的判决,老板乖乖地付给了毛某工资。毛某感到特别的高兴,因为他不但讨回了劳动报酬,更重要的是他学会了在自己的权益受到侵犯时,不能忍气吞声,而是应用法律的武器保护自己。面对未来,毛某充满了信心,因为他知道,不论什么时候,法律都是自己的守护神。

案例评析

我国的《未成年人保护法》和《禁止使用童工规定》均有明确规定:禁止使用童工。即任何单位和个人不得招用未满 16 周岁的未成年人从事有经济收入的劳动。依上述规定,在我们国家,一般不允许招用未满 16 周岁的未成年人做工。但有些单位,如文艺、体育和特种工艺单位,由于行业的需要,确需招用未满 16 周岁的文艺工作者、运动员和艺徒,经县级以上

（含县级）劳动行政部门批准后可招用。尚不具备实施初级中等义务教育条件的农村贫困地区，未升入初中的13周岁至15周岁的少年，如确实需要，可以从事有经济收入的、力所能及的辅助性劳动，但其范围和行业应按省、自治区和直辖市人民政府的规定，严加限制。16周岁至18周岁的未成年人可以就业，但在劳动中应受到特殊保护。任何组织和个人依照国家有关规定招收已满16周岁未满18周岁的未成年人的，应当在工种、劳动时间、劳动强度和保护措施等方面执行国家有关规定，不得安排其从事过重、有毒、有害的劳动或危险作业。

在我国，年满16周岁、未满18周岁的未成年人，如果完成了规定年限的义务教育，不再继续升学的，依法可以从事有经济收入的劳动或者个体劳动。依照我国《劳动法》第3条的规定，未成年人享有如下劳动权利：（1）就业的权利。年满16周岁的未成年人享有就业的权利。未成年人已经受完规定年限的义务教育不再升学的，政府有关部门和社会团体、企事业单位应当根据实际情况，对他们进行职业技术培训，为他们创造劳动就业条件。（2）选择职业的权利。在法律允许的范围内，未成年人有权依照自己的意愿选择自己从事的职业。（3）取得劳动报酬的权利。未成年工在向用人单位付出劳动的同时，有权获得相应的劳动报酬。（4）休息休假的权利。未成年人有权在法定工作时间之外享受法定的休息时间和法定节假日。（5）获得劳动安全卫生保护的权利。未成年工有权获得特殊的劳动保护。不得安排未成年工从事矿山井下、有毒有害、国家规定的第四级体力劳动强度的劳动和其他禁忌从事的劳动。用人单位应当对未成年工定期进行健康检查。（6）接受职业技能培训的权利。未成年人有权获得必要的职业培训。职业培训的内容包括职业道德、职业技术、法律知识、预防犯罪教育等。（7）享受社会保险和福利的权利。未成年工在患病、负伤、失业等情形下，有权获得社会保险待遇，有权享受国家和用人单位提供的各项福利待遇。（8）提请劳动争议处理的权利。未成年人与用人单位发生劳动争议时，有权依法申请调解、仲裁或者提起诉讼。（9）其他劳动权利。例如依法参加和组织工会的权利；以合法方式参与民主管理的权利；就保护自身合法权益与用人单位进行平等协商的权利等。

综上所述，符合法律规定条件的未成年人工作后，有权从用人单位获取劳动报酬，即工资。依《劳动法》的有关规定，用人单位分配工资应遵循按劳分配原则，实行同工同酬。国家实行最低工资保障制度。最低工资的具体标准由省、自治区、直辖市人民政府规定。用人单位支付未成年人的工资不得低于当地最低工资标准。用人单位可以根据本单位的生产经营特点和经济效益，依法自主确定本单位的工资分配方式和工资水平，但不能克扣或无故拖欠未成年劳动者的工资。在本案中，汽车修配厂老板拒不支付给毛某约定的工资，显然侵犯了未成年工的合法权益，人民法院依法判决其履行支付劳动报酬的义务，有力地维护了未成年人的合法权益，是正确的，体现了保护未成年人的法律精神。

在本案中，毛某在到某汽车修配厂工作时，未与老板签订劳动合同，是一大失误。劳动合同是劳动者与用人单位确立劳动关系、明确双方权利和义务的协议。未成年人一旦与单位建立劳动关系，就应当订立劳动合同。只有订立了劳动合同，未成年人的劳动权益才能得到可靠的保障。在发生劳动争议时，才能有据可凭，自己的合法权益才能得到法律及时、有效的保护。劳动合同应当以书面形式订立，依照《劳动法》的规定，劳动合同中必须具备下列条款：（1）劳动合同期限；（2）工作内容；（3）劳动保护和劳动条件；（4）劳动报酬；（5）劳动纪律；（6）劳动合同终止的条件；（7）违反劳动合同的责任。上述7项条款为劳动合同的必备条款，除此之外，未成年人与用人单位还可以协商约定其他内容，如试用期、保守用人单位商业秘密等。

用人单位与未成年人订立劳动合同时，应当遵循平等自愿、协商一致的原则，不得违反国家法律和行政法规的规定。劳动合同依法订立即具有法律约束力，双方应当严格按照合同的规定履行各自应尽的义务。用人单位在与未成年人订立劳动合同时，不得以任何形式向未成年人收取定金、保证金（物）或抵押金（物）。下列劳动合同为无效劳动合同：（1）违反法律、行政法规的劳动合同。例如，餐厅、旅馆招用未满16周岁的未成年人做工而订立的劳动合同；含有要求未成年人从事矿山井下、有毒有害、易燃易爆等禁忌性劳动内容的劳动合同。（2）采取欺诈、威胁等手段订立的劳动合同。用人单位谎称高薪、高福利，诱骗未成年人与之订立的劳动合同或以暴力等手段迫使未成年人订立的劳动合同。无效的劳动合同，从订立的时候起，就没有法律约束力。未成年人如果认为自己与用人单位订立的合同有违法内容，或者自己是在受欺诈、威胁的情况下订立的劳动合同，可以通过两种方法确认劳动合同无效：一种是向当地的劳动争议仲裁委员会申请仲裁；另一种是到当地人民法院提起诉讼。劳动合同是否无效，由劳动争议仲裁委员会或者人民法院确认。

根据我国《劳动法》的规定，劳动争议可以通过调解、仲裁、诉讼三种手段加以解决：（1）调解。用人单位可以设立劳动争议调解委员会，在自愿的基础上，调解本单位内部发生的劳动争议。劳动争议调解委员会由单位的职工代表、用人单位代表和工会代表组成。劳动争议发生后，未成年人可以申请调解。申请调解，应当自知道或应当知道其权利被侵害之日起 30 日内。以口头或书面形式向调解委员会提出调解申请。调解委员会调解劳动争议，应当自当事人申请调解之日起 30 日内结束，到期未结束的，视为调解不成。经调解，用人单位与未成年工双方达成协议的，应当按照协议履行；调解不成的，未成年人可以申请仲裁。（2）仲裁。仲裁是劳动争议处理程序中的第二个环节。我国的县、市、市辖区设立劳动争议仲裁委员会，负责处理本地区发生的劳动争议。劳动争议仲裁委员会由劳动行政部门代表、同级工会代表、用人单位代表组成。劳动争议调解不成，当事人一方要求仲裁的，可以向劳动争议仲裁委员会申请仲裁。未成年工一方也可以不经调解，直接向劳动争议仲裁委员会申请仲裁。提出仲裁要求的一方应当自劳动争议发生之日起 60 日内向劳动争议仲裁委员会提出书面申请。仲裁裁决一般应当在收到仲裁申请的 60 日内作出。当事人对仲裁裁决没有异议的，必须履行。未成年工对仲裁裁决不服的，可以自收到仲裁裁决书之日起 15 日内向人民法院提起诉讼。如果用人单位在法定期限内不起诉又不履行仲裁裁决的，未成年工可以凭仲裁裁决书到人民法院申请强制执行。（3）诉讼。人民法院依照民事诉讼程序对劳动争议案件进行审理，并以调解或判决方式结案，这是劳动争议案件的最终处理方式。人民法院受理劳动争议案件的条件是：第一，案件经过劳动争议仲裁委员会的仲裁；第二，争议当事人不服裁决，在规定期限内起诉；第三，属于受诉人民法院管辖。但在本案中，毛某直接向人民法院提起诉讼，要求保护自己获得劳动报酬的权利。虽然毛某与某汽车修配厂的劳动争议未先经过劳动争议仲裁委员会的仲裁程序，人民法院直接受理本案，在程序上似乎有缺陷，与法不符，但人民法院出于给予未成年人劳动权益以特殊保护的考虑，希望尽快解决未成年工与用人单位的纠纷，其出发点是好的。人民法院在经过调查核实的情况下，迅速判决某汽车修配厂履行支付劳动报酬的义务，支付毛某的工资，有利于对未成年人合法权益的及时保护，不应该在程序上求全责备。如果人民法院驳回毛某的起诉，让毛某先向劳动争议仲裁委员会申请仲裁，对仲裁裁决不服再起诉，一方面可能会打击毛某运用法律武器保护自己合法权益的积极性；另一方面，随着程序的复杂化和时间的延长，情况可能发生意外的变化，丧失解决问题的最佳时机，最终使毛某的合法权益无法得到法律的救济。这是我们大家都不希望看到的。

◉ 16. 企业招用未满 16 周岁的未成年人是否违法？

我国有关法律和招工政策，将最低就业年龄定为 16 周岁，并明令禁止使用童工。任何组织和个人不得招用未满 16 周岁的未成年人，国家另有规定的除外。

典型案例

董某（男），某中学未成年人，由于厌学情绪十分严重，多次严重违反校规，2012 年 5 月，最终被学校作劝退处理。董某的父亲是某机械厂工人，为了不让儿子整天游手好闲，在其再三恳求下，厂里招用了董某，此时董某只有 14 周岁，工厂与董某没有签订正式的用工合同。2013 年 2 月，某机械厂与某轴承厂合资成立了某机械有限公司，董某被调去任冲压操作工，由于没有进行必要的岗前安全技术培训，同时董某所用机器已经 3 年没有彻底检修且没有安装安全防护装置，在超负荷运转下，最终导致机器失控，董某左手3根手指被机器切下。事后，在董某劳动关系的归属和工伤待遇及伤残治疗上，出现了机械厂与机械有限公司相互推诿的现象。于是董某向该市劳动仲裁委员会提起申诉。

所谓童工，是指不满16周岁与单位或个人发生劳动关系、从事有经济收入的劳动或者从事个体劳动的未成年人。为了保护未成年人的身心健康，促进义务教育的实施，我国有关法律和招工政策，将最低就业年龄定为16周岁，并明令禁止使用童工。《未成年人保护法》第38条第1款规定："任何组织或者个人不得招用未满十六周岁的未成年人，国家另有规定的除外。""国家另有规定的除外"是指文艺、体育和特种工艺单位可以招用未满16周岁的未成年人。但在招用的同时必须依照国家有关规定，履行审批手续，并保障其接受义务教育的权利。同时《义务教育法》第14条第1款规定："禁止用人单位招用应当接受义务教育的适龄儿童、少年。"还有《妇女权益保障法》第22条特别规定禁止招收未满16周岁的女工。而对于年满16周岁、未满18周岁的未成年人，如果完成了规定年限的义务教育，不再继续升学的，依法可以从事有经济收入的劳动或者个体劳动，即年满16周岁后，才具有劳动权利。

为了保护未成年人的合法权益，对于已经招用童工或者发生劳动纠纷后的责任认定都有明确的规定。《禁止使用童工规定》第10条规定："童工患病或者受伤的，用人单位应当负责送到医疗机构治疗，并负担治疗期间的全部医疗和生活费用。童工伤残或者死亡的，用人单位由工商行政管理部门吊销营业执照或者由民政部门撤销民办非企业单位登记；用人单位是国家机关、事业单位的，由有关单位依法对直接负责的主管人员和其他直接责任人员给予降级或者撤职的行政处分或者纪律处分；用人单位还应当一次性地对伤残的童工、死亡童工的直系亲属给予赔偿，赔偿金额按照国家工伤保险的有关规定计算。"如果使用童工的单位或者个人不承担童工患病伤残的医疗费、生活费或是抚恤费以及童工死亡不给予经济赔偿的，童工的监护人可作为其代理人提出调解、仲裁、诉讼的请求。

依据上述这些规定，在本案中，某机械厂明知董某未满 16 周岁但在董某的父亲一再坚持和恳求下，出于照顾老工人的考虑，招用了董某，虽然有一定的客观原因，但是其招用童工已经构成事实，违反了国家禁止招用童工的规定，因此对于董某在工作中因意外事故而致残负有责任。同时董某是在某机械有限公司的工作之中发生工伤事故，虽然是某机械厂调派的，但是他与机械有限公司之间存在用工与被用工关系，所以，某机械有限公司同样对董某因工致残负有责任。综上所述，机械厂和机械有限公司必须对董某因工致残共同承担赔偿责任，其中包括董某的医疗费、药费、住院费等一切治疗费用。同时董某医疗终结后，机械厂应依据董某的工伤致残情况，报请劳动鉴定委员会确定其伤残程度并发给董某伤残抚恤费。另外，董某与某机械有限公司的劳务关系必须终止。

二、未成年人面对灾险的自我保护

1. 发生火灾时，未成年人应当如何自救？

一旦发生火灾，未成年人在自保和自救时，应当注意掌握以下方法：（1）不入险地，不贪财物；（2）简易防护，不可缺少；（3）缓降逃生，滑绳自救；（4）当机立断，快速撤离；（5）善用通道，莫入电梯；（6）大火袭来，固守待援；（7）火已烧身，切勿惊跑。

因父母外出，只有 10 岁的小女孩李某被反锁在家里，突然家里电线短路引起客厅失火，情况十分危急。李某跑到远离着火处的父母卧室，先是打电话给爸爸，又打给 110，然后关紧了通向客厅的门，隔绝火场。在等待救援的时候，李某把卧室的枕巾弄湿，捂住自己的嘴，又拼力踢破通向外面的窗玻璃，让外面的空气进来。李某终于安全地等到爸爸和 110 民警、消防队员赶到，扑灭大火，救出了自己。

俗话说"水火无情"。火灾对人们的生命、财产安全造成了巨大威胁。而对于缺乏自我保护能力的广大未成年人来说，一旦遭遇火灾，情况将更加危急。在本案中，李某凭着她的机智和冷静，安全脱险。这并非出于一时的侥幸，而是与家长和学校平时的教育分不开的。加强对未成年人的安全自救教育，增强他们在灾难和危险情况下的自救能力是十分必要的，也是家庭、学校和社会共同的职责。那么，一旦发生火灾，未成年人该如何自保和自救呢？

第一，不入险地，不贪财物。生命是最重要的，一旦火灾发生，首先要迅速逃离危险区。不要因为害羞及顾及贵重物品，而把宝贵的逃生时间浪费在穿衣或寻找、拿走贵重物品上。

第二，简易防护，不可缺少。发生火灾时，最简易的方法是用毛巾、口罩蒙鼻，用水浇身，匍匐前进。因为烟气较空气轻而飘于上部，贴近地面逃离是避免烟气吸入的最佳方法。

第三，缓降逃生，滑绳自救。千万不要盲目跳楼，可利用疏散楼梯、阳台、落水管等逃生自救。也可用身边的绳索、床单、窗帘、衣服自制简易救生绳，并用水打湿，紧拴在窗框、暖气管、铁栏杆等固定物上，用毛巾、布条等保护手心，顺绳滑下，或下到未着火的楼层脱离险境。

第四，当机立断，快速撤离。受到火势威胁时，要当机立断披上浸湿的衣物、被褥等向安全出口方向冲出去，千万不要盲目地跟从人流相互拥挤、乱冲乱撞。撤离时，要注意朝明亮处或外面空旷地方跑。当火势不大时，要尽量往楼层下面跑，若通道被烟火封阻，则应背向烟火方向离开，逃到天台、阳台处。

第五，善用通道，莫入电梯。遇火灾不可乘坐电梯或扶梯，要向安全出口方向逃生。

第六，大火袭来，固守待援。大火袭来，假如用手摸到房门已感发烫，此时开门，火焰和浓烟将扑来，这时，可采取关紧门窗，用湿毛巾、湿布塞堵门缝，或用水浸湿棉被，蒙上门窗，防止烟火渗入，等待救援人员到来。

第七，火已烧身，切勿惊跑。身上着火，千万不要奔跑，可就地打滚或用厚重的衣物压灭火苗。

第八，发出信号，寻求救援。若所有逃生线路被大火封锁，要立即退回室内，用打手电筒、挥舞衣物、呼叫等方式向外发送求救信号，引起救援人员的注意。

第九，熟悉环境，暗记出口。无论是居家，还是到酒店、商场时，务必留心疏散通道、安全出口及楼梯方位等，当大火燃起、浓烟密布时，便可以摸清道路，尽快逃离现场。

同时，家长们要特别注意教育小孩不要玩火。研究认为：喜欢玩火的小孩，一般年龄多在5—12岁，主要表现在学大人做"假烧饭"游戏；在床下或其他黑暗角落划火柴，模仿大人吸烟；在炉灶旁烤、烧食物，随意焚烧废纸。因此，家长、学校要注意对孩子的防火教育：（1）家长应对孩子加强管教，使他们认识到玩火的危险性，做到不玩火。要把火柴、打火机等放在孩子拿不到的地方，家中的煤气炉灶（液化气炉灶）等不要让孩子随意开启。对孩子模仿大人吸烟的行为要制止，不准孩子在柴草堆旁或野外玩火。室内、可燃建筑、柴草堆等场所禁止孩子燃放烟花、爆竹，更不准孩子摆弄鞭炮中的火药。家长外出时不能将孩子独自留在家中或反锁在室内，应托人照看。（2）幼儿园、学校的老师，应对少年儿童进行防火教育，讲授防火安全知识，引导他们从小就树立防火观念。还可组织少年儿童参观消防队表演，观看防火教育影片等，使防火教育形象化、具体化。（3）社会上有关部门和单位也应创造条件，特别是在寒假、暑假及农忙季节，把少年儿童组织起来，开展一些有益的活动，以减少小孩玩火的机会。

● 2. 发生火灾时，未成年人应当怎么灭火？

在发生火灾时，要掌握正确的灭火方法。（1）用水灭火。木材、纸张等着火都可以用水扑灭。把水直接泼洒在可燃物上，熄灭火焰。用水把着火点附近的可燃物浇湿，使之降温。（2）用其他工具灭火。将沙石、淋湿的棉被、衣服等捂盖在燃烧物表面，使之隔绝空气而中止燃烧。同时，筶帚、衣服还可以用来当作灭小火的工具。（3）隔离灭火。把着火点附近的可燃物搬开，防止火势蔓延。同时要学会使用常用的灭火器。

某学校的校办工厂生产学生作业本，严禁烟火。由于经常停电，看门大爷在值班室旁边不远处放了一盏用来照明的煤油灯。一次，一个临时工不小心引燃了下脚料，纸张一下子就烧了起来。王老师和小明同学在校门口看到了学校的平房里冒起的浓烟，赶快到旁边的值班室拨打火警"119"。过去以后发现看门的李大爷已经在拨"119"，只听李大爷喊了一声"我们这儿着火了"！就慌慌张张地挂了电话。王老师见到此情形后，又赶紧拿起了电话，重新拨通了"119"，然后详细地说明了学校所在的位置。此时，小明同学看见墙脚有一盏煤油灯，觉得这儿离着火点不远，怕火星飞过来引起火灾，于是随手拿起架上盛水的脸盆朝煤油灯泼去，王老师一看，说"这样不行"，铲起泥土盖上它们。不一会儿，消防车迅速赶到，及时将火扑灭了，没有造成太大的损失。小明同学感觉上了非常重要的一课。

在本案中，李大爷的失误之处在于他拨打电话时没有说清失火的具体位置；小明同学的失误在于用水浇煤油灯是不行的，因为油是浮在水上的，仍然有可能着火，王老师的做法是正确的。本案告诉我们，失火时，要掌握正确的灭火方法。

常用灭火方法有哪些呢？（1）用水灭火。木材、纸张等着火都可以用水扑灭。把水直接泼洒在可燃物上，熄灭火焰。用水把着火点附近的可燃物浇湿，使之降温。（2）用其他工具灭火。将沙土、淋湿的棉被、衣服等捂盖在燃烧物表面，使之隔绝空气而中止燃烧。同时，笤帚、衣服还可以用来当作灭小火的工具。（3）隔离灭火。把着火点附近的可燃物搬开，防止火势蔓延。

扑灭着火的燃气灶具的正确方法是：（1）立即关闭进气阀门，切断气源；（2）液化石油气气瓶起火，可用湿毛巾或湿抹布盖住着火点，同时迅速关闭气瓶上的角阀；（3）关闭角阀时要防止烫伤；（4）灭火过程中不要把气瓶弄倒，以免造成更大危险；（5）可使用干粉灭火剂灭火。

此外还要学会使用常用灭火器，它们是：（1）干粉灭火器。这种灭火器因筒体中充满干粉灭火剂而得名。它主要适用于扑救液体火灾、带电设备火灾、特别适用于扑救气体火灾，不宜用于扑救精密仪器火灾。（2）泡沫灭火器。用喷射泡沫进行灭火的灭火器，主要适用于扑救油品火灾，如汽油、煤油、植物油等引起的火灾；也可用于扑救一般固体物质火灾，如木、棉、麻、竹等火灾及飞机、汽车事故引发的火灾；不适于扑救带电设备火灾及气体火灾。（3）二氧化碳灭火器。利用液化了的二氧化碳气体进行灭火。适用于扑灭图书档案资料、精密仪器、贵重设备火灾。由于其不导电，可扑救带电设备火灾。

◉ 3. 发生地震时，应当如何自救？

自我保护要点

在发生地震时，应该区分不同情景，采取不同的自救措施。（1）在楼房里时，要迅速远离外墙及门窗，可选择厨房、浴室、厕所等开间小、不易塌落的空间避震，千万不要跳楼，也不能使用电梯。（2）在户外时，要避开高大的建筑物，远离高压线及化学、煤气等有毒工厂或设施；过桥时应紧紧抓住桥栏杆，待晃动过后立即下桥；正在行驶的车辆应当紧急停车。（3）在公共场所时，要保持镇静，就地择物（排椅、柜架、桌凳等）躲藏，然后听从指挥，有序地撤离，切忌乱逃生。

典型案例

某小学学生集体到电影院观看教育影片。在放映过程中，发生了地震。虽然震级较低，但在学生中引起了混乱。学生们尖叫着竞相逃生，老师拼命呼喊、阻止，也无济于事。由于学生相互拥挤、踩踏，造成多人受伤。事后，学校的老师们回忆说："那场面太可怕了，现在想起来还心有余悸。本来是一场小地震，却造成这么多学生受伤，如果真的是大地震，后果不堪设想。"

一场本来没有危险的小地震却造成了这么大的损失，让人感到痛心。学生们之所以在发生地震时恐慌、混乱，与平时缺乏地震知识和防灾避险教育有直接的关系。如果学校平时注意开展相关的教育，让学生了解地震及其危害、发生地震时如何进行自我保护和自救，相信完全可以消除学生对地震的恐惧感，并在发生地震时进行有效的自护、自救。典型案例中混乱的一幕也就能够避免了。

发生地震时，应该注意哪些事项呢？

在楼房里时，要迅速远离外墙及门窗，可选择厨房、浴室、厕所等开间小、不易塌落的空间避震，千万不要跳楼，也不能使用电梯。在平房内来不及跑出户外时，可迅速躲在桌下、床下和坚固的家具旁或紧挨墙根，注意保护要害部位，并用衣物捂住口鼻，隔挡呛人的灰尘。正在用火时，应随手关掉煤气或电源，然后迅速躲避。

在户外时，要避开高大的建筑物，远离高压线及化学、煤气等有毒工厂或设施；过桥时应紧紧抓住桥栏杆，待晃动过后立即下桥；正在行驶的车辆应当紧急停车。

在公共场所时，如在车站、剧院、教室、商店、地铁等场所时，要保持镇静，就地择物（排椅、柜架、桌凳等）躲藏，然后听从指挥，有序地撤离，切忌乱逃生。

一旦被震倒建筑物压埋应克服恐惧心理，坚定生存信念，自谋策略，尽快脱离险地。如不能自行脱险时，应做到：（1）保持镇静，挣脱开手脚，捂住口鼻，防止倒塌建筑物的灰尘吸入而窒息。（2）清除压在身上的物体，设法支撑可能坠落的重物，创造生存空间。（3）不要大声呼叫，可用身边的石块等敲击物体与外界联系，以减少体力消耗。（4）搜寻饮水和食品，延续生命，静待救援。

◎ 4. 未成年人在做饭时，应当注意哪些事项？

未成年人在走进厨房学做家务时，要注意以下安全事项：（1）用刀削皮、切菜时精神必须集中，不要拿刀比划着说笑。（2）放刀时，刀口不要对着人手活动的方向，以防划伤；刀暂时不用，要放置在安全位置。（3）摆放东西要讲究，漂白、洗涤、去污粉之类有毒，要与食品、调料分隔开放置。（4）预防烫伤。（5）炒菜、煎炸东西时，要在大人指导下进行。

"三八"妇女节这天，卢某（10岁，某小学四年级学生）所在的少先队中队布置同学们回家做一件让妈妈高兴的事。卢某一进家门，见妈妈正洗黄瓜，便主动说："我来做个鸡蛋炒黄瓜片给您尝尝。"说罢，她拿起刀切起黄瓜来。卢某主动做事，妈妈自然高兴，但是看她做起事来毛手毛脚，不免有些担心。"小心，不要切手！""知道啦，在学校'比巧手'时，我还露过一手呢！"卢某边回答边切。切完黄瓜，她又拿来鸡蛋，在碗里打起来。她打得正开心，忽然想起来，"哎呀，忘放盐了"。卢某放下筷子，转身抬手取盐，正在这时，她胳膊碰到了案板上的刀把，刀顺势掉下来。卢某慌忙向后一闪身，只听"铛锒"一声，刀落地又弹起，刀尖碰到了卢某的脚趾头上，鲜血立即染红了白袜子。卢某的脸煞白，妈妈见状赶忙跑过来，却不料碰倒了案板上的热汤，把自己也烫伤了。妈妈不顾疼痛，为卢某处理起伤口。幸好伤口不深也不大，用创可贴就解决了。本想让妈妈笑，却连累妈妈也受伤了。卢某非常懊悔。

卢某是个好学生，响应中队的号召，为妈妈分担家务，这是我们少年朋友应该学习的好榜样。但是，当你走进厨房学做家务时，一定要注意以下安全事项，以免好心办坏事。

（1）用刀削皮、切菜时精神必须集中，不要拿刀比划着说笑。（2）放刀时，刀口不要对着人手活动的方向，以防划伤；刀暂时不用，要放置在安全位置，特别注意不要突出在案板或灶台外面，万一碰落，很容易出事故。（3）摆放东西要讲究，漂白、洗涤、去污粉之类有毒，要与食品、调料分隔开放置。（4）防烫伤。开水壶、热锅容易烫伤人，从火上端下要垫布或戴防烫手套，端下后放在不易碰到的地方。（5）炒菜、煎炸东西时，要在大人指导下学着做，油遇水，容易飞溅烫伤，自己不要贸然去做。

一旦烫伤，应该如何处理呢？（1）判断烫伤情况，如受伤面积的大小，伤处是否疼痛，伤处的颜色等。（2）在伤处未发现红肿之前要脱下伤处周围的衣物和饰品。（3）如果伤处很疼痛，说明这是轻度烫伤，可以用流动的水缓慢冲洗10分钟左右，不必包扎。如果伤处皮肤呈深红色，且感觉不太疼，多数属重度烫伤，此时不要自行采取任何措施，应敷上干净的布去医院治疗。（4）如果伤处有破损，不能用棉花或带毛绒的布包扎。

◎ 5. 吃饭时被鱼刺卡住，应当怎么办？

当被鱼刺卡住时，要采取正确的方法进行处理：较小的鱼剌，有时随着吞咽，自然就可滑下去了。如果发现刺不大，扎得不深，可用长镊子夹出。较大的或扎得较深的鱼刺，无论怎样做吞咽动作，疼痛不减，喉咙的入口两边及四周如果均不见鱼刺，就应去医院治疗。

小明到乡下的姥姥家玩，姥爷高兴极了，从池塘中打来几尾大鱼，烧好了款待小明。香喷喷的红烧鱼让小明在灶台旁就直流口水。可是，饭桌上，小明一高兴，大口吞咽时，鱼刺卡在喉咙里了！姥姥急了，但姥爷却不慌不忙，他用手电筒照亮口咽部，用小勺将舌背压低，用小镊子把鱼刺取出来了。全家人都松了一口气。

吃鱼时，不慎将鱼刺卡在喉咙里，也会引起很多麻烦，如果引起炎症，说不定要长期求医。特别是未成年人，一旦发生这种意外，容易慌乱，后果更为严重。所以，当你被鱼刺卡住时，一定要采取正确的方法进行处理：较小的鱼刺，有时随着吞咽，自然就可滑下去了。如果感觉刺痛，可用手电筒照亮口咽部，用小勺将舌背压低。仔细检查咽峡部，主要是喉咽的入口两边，因为这是鱼刺最容易卡住的地方，如果发现刺不大，扎得不深，就可用长镊子夹出。较大的或扎得较深的鱼刺，无论怎样做吞咽动作，疼痛不减，喉咙的入口两边及四周如果均不见鱼刺，就应去医院治疗。

当鱼刺卡在嗓子里时，千万不能让患者囫囵吞咽大块馒头、烙饼等食物。虽然有时这样做可以把鱼刺除掉，但有时这样不恰当的处理，不仅没把鱼刺除掉，反而使其刺得更深，更不宜取出，严重时感染发炎就更麻烦了。如果大口咽饭鱼刺仍不掉时，自己就不要再动手。有时鱼刺已掉，但还遗留有刺的感觉。所以要等待观察一下，如果仍感到不适时，一定要到医院请医生诊治。

◎ 6. 发生小外伤，应当如何处理？

在发生外伤时，未成年人可以求救于家长、老师、同学和医生。同时也应掌握一些及时处理小外伤的本领。（1）鼻出血：头向后仰，用手指捏住鼻头，再用毛巾冷敷；（2）骨折：静止不动，找两块平整的板将受伤的部位夹住，冷敷止痛，并把患部抬起高于心脏，立刻送医院治疗；（3）撞伤、碰伤：不要服止疼药，不要用手揉肿起的部位，以免增加内出血的机会；（4）实验室烧伤：如轻度微红，注意保持伤处干燥与干净，覆盖薄纱以免磨擦；（5）割伤、划伤：压住伤口止血，如果伤口很大很深，就要把受伤部位抬高，高于心脏，冷敷止血；（6）眼部受伤：闭上眼让泪水自动分泌、冲洗眼睛。如受到重击，采取冷敷。

在一个天气炎热的下午，同学们在兴高采烈地上手工课，每个人都在认真地摆弄着眼前的模型工具。小光正专心致志地做一架"茅以升桥"，忽然，他叫了一声，原来手指被割破了。正当同学们围过来时，不知是疼痛还是紧张，小光的鼻子又流血了，同学们都吓坏了，有几位女同学还吓得哭起来了。这是怎么回事呀？班长小林是个懂事的孩子，他对大家喊到"不要慌！让我来"，说着他跳过一张椅子，不料却扑通一下跪下去了，他的脚扭伤了。班上顿时乱成了一团。

在校园里，在课堂上，在楼道，在实验室，当我们稍不注意，都会发生摔倒、擦伤、扭伤以至于划伤等小外伤。对受伤能及时自救、自护，可以避免造成感染，减轻伤势。所以，未成年人应学会及时处理小外伤的本领。在本案中，我们当然是先去打电话给校医，然后报告老师了。其实对于生活中的小外伤，可以采取下列措施：

1. 鼻出血：头向后仰，用手指捏住鼻头，再用毛巾冷敷。

2. 骨折：静止不动，找两块平整的板将受伤的部位夹住，冷敷止痛，并把患部抬起高于心脏，立刻送医院治疗。

3. 撞伤、碰伤：不要服止疼药，不要用手揉肿起的部位，以免增加内出血的机会。

4. 实验室烧伤：如轻度微红，注意保持伤处干燥与干净，覆盖薄纱以免磨擦。

5. 割伤、划伤：压住伤口止血，如果伤口很大很深，就要把受伤部位抬高，高于心脏，冷敷止血。洗干净伤口（用温水、肥皂），搽药或贴上创可贴。如杂物不好清除或血流不止，就必须上医院。

6. 眼部受伤：闭上眼让泪水自动分泌、冲洗眼睛。如受到重击，采取冷敷。

⊙ 7. 未成年人应当如何正确使用电器?

未成年人在使用家电产品时，需要注意下面几件事：（1）先阅读使用说明书，读懂注意事项；（2）弄清所有按钮的用处及具体操作程序再接通电源；（3）手脚和身体湿的时候不摸电器；（4）电器使用完毕，要关闭总开关，切断电源。

爸爸买回来一台微波炉，星星高兴极了。同学家早就有了微波炉，星星做梦都希望自己家也有一台。现在，梦想终于实现了。星星围着微波炉转来转去，真想亲自试一试。爸爸说："小孩子不许动!"星星心里有些不服气，噘着嘴不吭声。第二天，趁着家里没人，星星从冰箱里取出两个鸡蛋，放在微波炉的盘子上，然后关上门儿，一按键盘，微波炉开始加热了。星星美滋滋地回到房间里，静静地等着吃鸡蛋。"嘭"的一声巨响，吓了星星一跳，赶忙跑到厨房去看。原来，微波炉里的鸡蛋炸开了，把门儿也炸坏了。碎鸡蛋从炉子里飞出来，还崩碎了厨房里的一面大镜子。

看了这个典型案例，相信每个人都会在心底说一声：好危险呐！虽然造成了一定的财产损失，但毕竟没有伤到人。特别是未成年人，应当以星星的教训为戒，正确地使用家用电器。在未经父母允许和教授正确的使用方法的情况下，不要擅自使用，以免造成危险。

现代家庭的重要标志之一，就是电器化程度越来越高。冰箱、电视、洗衣机、洗碗机、电饭锅、电熨斗、电吹风、空调、电脑这些东西多了，给人们的生活带来了方便，同时也带来了危险。因此，未成年人学习安全使用家电产品是极为必要的。

首先是防辐射。在现代生活中，我们要想避免电磁辐射是很困难的。可以毫不夸张地说，城市居家已经"电器化"，电视机、电脑、微波炉、电磁灶等电器，都会使人暴露在电磁辐射之中。辐射对于未成年人的损害特别大。因此，未成年人学会采取适当的措施加以防护，就显得极为重要。防护的措施包括：一是尽量远离电磁辐射源，一般离开1.5米以上就基本安全了；二是每一次接触家用电器，要尽量缩短时间；三是针对不同的家用电器，还可以采取必要的、有针对性的防护措施。

对于微波炉与电磁灶：开机后，人员离开0.5米以上，不要停留在微波炉附近；穿屏蔽围裙；使用时将防护罩直接盖在微波炉顶部与前部即可。

对于家用电脑：最好将其放置于书房或家人活动较少的房间中，这样在使用电脑时，其他人就会处于安全距离外，减少受到危害的可能；选用防护屏、防辐射罩或防护目镜。质量合格或经过国家有关机构检测认定的防护屏，具有防辐射、防静电、防强光等多种作用。选用电磁辐射复合型抑制织物制成的防护屏，或选用不锈钢纤维织物制成的防辐射罩，同样也可达到良好的防护效果。

对于电热毯：防止电热毯、电褥子对人体危害，最好的办法是不用老式电热毯、电褥子，可选用低辐射的电褥子、电热毯。使用老式电热用品者可以买一块屏蔽布，铺在老式电热用品上面，并将其包严也可以防止过量电磁辐射。

未成年人在使用家电产品时，还要注意下面几件事：（1）先阅读使用说明书，尤其要读懂注意事项；（2）弄清所有按钮的用处及具体操作程序再接通电源；（3）有些电器（如电熨斗）在使用时不能远离，以免引起火灾；（4）手脚和身体湿的时候不摸电器；（5）电器使用完毕，要关闭总开关，切断电源；（6）雷雨天，有些电器不宜使用。当然，最好的方法是在大人的指导下，学会正确使用家用电器，以免犯星星那样的错误。

◉ 8. 被食物噎着气管，未成年人如何自救？

如果气管内不慎吸入异物，有三种方法可以自救：一是背部拍击法；二是环抱压腹法；三是腹部推压法。

在某中学，曾发生过这样的悲剧。一个女学生边吃着包子边往校园里走，不巧，正遇上老师经过校门口。她怕老师批评，情急之下，她把手里剩下的一个包子塞进嘴里。结果，包子卡在了气管里，噎得这位女同学上不来气，脸都憋紫了。同伴们急忙把她抬回了教室，然后赶紧跑到学校门口的公用电话亭，给急救中心打电话。但等救护车赶到，这位女生已经被活活憋死了。

在本案中，如果同学们平时注意学习一些食物方面的安全知识，就不会发生那样的悲剧了。如果气管内不慎吸入异物，有三种方法可以自救：一是背部拍击法。头向下，请人用手掌根在自己肩胛骨中间连续用力拍击。二是环抱压腹法。请人握拳抱着自己的上腹部，即肚脐上一寸的地方，用力向内、向上挤压数次，直到异物被挤出。三是腹部推压法。仰卧，头偏向一侧，不要面部冲上，请人用两手掌向内、向上推压腹部，异物会被挤到口腔内。

国外还有一种在食物噎住时非常有效的处理方法，叫"海姆利克氏"操作法：（1）先判断被噎情况，如食物已进入气管，需按"气管进异物"方法处理。如果勉强还能说话，说明食物只在食管里。（2）状况轻微者可喝点儿水冲一冲。（3）状况严重者，要自己用双手按在上腹部，快速、用力地向上施压，一直到喉部，食物便有可能被挤出食管。（4）如果仍不能吐出堵在食管内的东西，马上拨打"120"。

9. 未成年人骑自行车时，应当注意哪些事项？

骑自行车要遵守交通秩序，注意以下事项。（1）会上、下车，会处理行车中的问题，如刹车、打把避让等；（2）自行车应该经常检修，要保持铃响、闸灵；（3）骑自行车要在非机动车道上靠右边行驶；（4）骑车做到"七不"：不双手撒把、不多人并骑、不相互攀扶、不追逐比赛、不带人、不戴耳机听广播、不扒机动车。

李某刚上初一，爸爸给他买了一辆崭新的山地车，他称它是"扶尔佳（伏尔加）"。每天上下学，李某骑上车犹如自行车赛车运动员，一溜烟儿就消失在车流中。这天，李某又飞快地骑车往家赶，在他抢行的时候，头正撞在一辆停在路边的汽车门上。由于车速过猛，撞得人仰车翻，他的头重重地着地。幸好后边没有车轧过来，否则后果不堪设想。司机下车来看他时，他口吐白沫，眼睛紧闭，吓死人了。李某被急救车送往医院，诊断为重度脑震荡，险些成为"植物人"。

自行车是未成年人所熟悉的交通工具。虽然自行车不像机动车那么危险，但如果粗心大意，还是容易发生意外。本案中的李某就是一例。骑自行车，当然要懂得规则，要遵守交通秩序。除此之外，骑自行车还有哪些注意事项呢？（1）会上、下车，会处理行车中的问题，如刹车、打把避让等。在没有机动车的地方学骑车，未满12岁的儿童不要骑车上街。（2）自行车应该经常检修，要保持铃响、闸灵。（3）骑自行车要在非机动车道上靠右边行驶。逆行和拐弯抢行都很危险。经过交叉路口，减速慢行，不闯红灯。（4）骑车要做到"七不"：不双手撒把、不多人并骑、不相互攀扶、不追逐比赛、不带人、不戴耳机听广播、不扒机动车。（5）雨、雪、雾天骑车要格外小心，要穿鲜艳的雨衣，要慢行。

● 10. 发生触电事故时，未成年人应当如何自救？

发生触电事故时，要关闭电源开关或拔掉电源插头，尽快使触电者脱离电源。遇他人触电，在关闭电源前救人时，要踩在木板上去救人，避免接触他的身体，防止造成你本身新的触电。如果触电者呼吸、心跳已经停止，在脱离电源后立即进行人工呼吸，同时进行胸外心脏按压，并呼叫医生尽快来急救。

小宏是一名非常用功的好学生。寒假的一天早上，他在自己的房间里写作业，父亲则在阳台上晾晒衣服。当父亲晾完衣服经过小宏房间时，却看见他俯卧在书桌下面。开始父亲以为他在淘气，喊他却没有反应。走近才发现，小宏已经人事不省，脸摔破了，口水流了一地，手指皮肤被烧焦了一小块。父亲急忙抱起他送往附近医院抢救，可最终还是没能阻止悲剧的发生，小宏触电身亡了。事后经检查，书桌下有一根类似电视天线的金属线，家人分析可能是小宏用这根金属线触碰桌下的电源导致触电，才引发了悲剧。

电是人类的朋友，家里的照明、电视、冰箱、洗衣机等，都离不开电。但它又是"电老虎"，当人体直接接触电流的时候，就会发生触电，因为人体也是一种导电体。"触电"就是电流通过人体，使人感到全身发麻，肌肉抽动，以致烧伤；严重时，立即造成呼吸、心跳停止而死亡。小宏的悲剧就是这样发生的。因此，未成年人要掌握用电安全知识，特别是家用电器、电源的正确使用方法和注意事项，以免发生触电事故。

另外，因未成年人年龄小，很多人不具备安全用电的知识和能力，有关用电的操作问题，最好请成年人去做，以免发生触电。在路上、野外或大风天气时，遇到落在地上的电线，一定要绕行，或告诉成年人来处理。注意不要在高压线下面放风筝，以免与电线缠绕而引起触电。如果不慎发生触电，首先要关闭电源开关或拔掉电源插头，尽快使触电者脱离电源。遇他人触电，在关闭电源前救人时，要踩在木板上去救人，避免接触他的身体，防止造成你本身新的触电。戴橡皮手套、穿胶底皮鞋可防止触电，还可以用木棍、竹竿去挑开触电者身上的电线，也可防止触电。如果触电者呼吸、心跳已经停止，在脱离电源后立即进行人工呼吸，同时进行胸外心脏按压，并呼叫医生尽快来急救。触电的人可能出现"假死"现象，所以要长时间地进行抢救，而不要轻易放弃。过去曾经发生过触电者呼吸、心跳停止3小时以上，在积极的抢救下，又起死回生的事例。

11. 发生煤气中毒时，未成年人应当如何自救？

发生煤气中毒时，未成年人应当进行自救要注意掌握以下步骤：（1）打开门窗通风；（2）切断电源；（3）拨叫急救电话"120"，说清楚具体地址、方位；（4）把中毒者转移到通风的地方，注意给中毒者保暖；（5）如果房间里煤气浓重，不要在里面按门铃或者打自家电话，以防爆炸。

中学生段某，患有先天性耳聋，听力较弱。2013年11月5日凌晨4点，住在外婆家的段某半夜起床方便时，闻到屋里有浓重的煤气味。他一回头，发现躺在客厅沙发上的父亲，流着鼻血，怎么叫都没有反应。他急忙跑到屋里喊外公外婆，发现他们也都昏睡不醒。段某意识到父亲和外公外婆可能都煤气中毒了。于是他急忙拨打急救中心电话"120"。因为他对外婆家的地理位置不太熟悉，心里又特别着急，慌乱中只说了一句"我家在文艺路，他们都煤气中毒了，赶快来救人"，便挂了电话。因为求救电话地址不详，"120"急救中心又按电脑里所登记的电话打到了段某的家里，由于过度紧张，段某没听到电话响，所以长时间没有人接听。急救中心感觉情况很危急，立即先派出急救车和医护人员向文艺路驶去，同时求助"114"，查询求救电话的具体位置。结果，"120"派出的车花了一个多小时的时间，才找到了已煤气中毒正在外面求救的段某。这时，其外公外婆和父亲都已经深度昏迷，幸好被"120"急救人员送到医院进行抢救。才避免了悲剧的发生。

案例评析

在本案中，虽然没有发生人员死亡，但已经够危险的了。段某想到了拨打120是正确的，但由于平时没有注意学习煤气中毒方面的自救知识，他还是犯了一系列错误，险些断送了亲人的性命。首先，他应该开窗通风，但他或许是因为不知道，或许是因为紧张忘记了没有这样做。打电话时，又没说清楚地址。这个案例提醒我们，一定要安全使用煤气设施，同时注意学习煤气中毒的自救知识。当你一个人在家使用煤气时，一定要注意察看煤气设施；独自在家时不要使用煤气热水器洗澡；睡觉前，要注意关严煤气开关。一旦你感到呼吸越来越困难，头昏眼花、四肢无力，或是厨房传出一种臭鸡蛋气味的特殊臭气，便可判定是煤气泄漏。这时你应赶紧打开门窗通风，自己站在上风处；如果没有力气来做的话，注意不要开关电灯和启动其他电器，不要划火柴等。同时要马上拨打110报警或给有门钥匙的亲属拨打电话告急。概括起来就是五个步骤：（1）打开门窗通风；（2）切断电源；（3）拨叫急救电话"120"，说清楚具体地址、方位；（4）把中毒者转移到通风的地方，注意给中毒者保暖；（5）如果房间里煤气浓重，不要在里面按门铃或者打自家电话，以防爆炸。

◎ **12. 未成年人使用高压锅时，应当注意哪些事项?**

未成年人使用高压锅时，应当注意下列事项：（1）使用高压锅之前，认真检查锅盖的通气孔是不是通畅，安全阀是不是完好无损；（2）在使用中，不要触动高压锅的压力阀，更不要在压力阀上加重物或者打开锅盖；（3）饭菜做好后，要等锅里的高压热气降温降压后才能取阀开盖；（4）若发现压力阀孔不排气，应立即关火，把锅放在凉水中降温，直到可以轻松打开锅盖时为止，然后要在水龙头下冲洗锅盖上的通气孔，排净堵塞物。

傍晚，小军急匆匆地跑回家来，想吃点儿饭后马上返回学校去上晚自习。妈妈说：“高压锅里做的绿豆稀饭，刚关上火，还得等会儿才能吃。”小军说：“等不及了。”说着就去端压力锅，居然一点儿气都没有。小军就去开锅盖，怎么打不开? 小军用尽吃奶的劲儿去掰锅盖，只听一声巨响，高压锅爆炸了，滚烫的绿豆稀饭直冲屋顶。再看屋里，满墙、满屋顶都是绿豆稀饭，玻璃被震碎了，一块块“碎弹片”从窗户飞出去。高压锅的盖子已经炸飞了，锅底成了“麻花”状。伤得最重的是小军，头被“弹片”炸破，牙被炸掉了 3 颗，小军的妈妈手脚也被烫伤了。

高压锅省时省火，做出的饭菜可口好吃，所以很多的家庭都爱用它。但锅内温度高，压力大，注意安全使用是十分重要的。小军的妈妈不应该让小军自己去开高压锅。煮粥之类的东西时，高压锅的气孔容易被堵。小军发现高压锅不出气后，不注意检查，贸然打开锅盖，才造成了爆炸。所以，当你学习使用高压锅时，请注意下列几点：（1）使用高压锅之前，一定要认真检查锅盖的通气孔是不是通畅，安全阀是不是完好无损；（2）在使用中，不要触动高压锅的压力阀，更不要在压力阀上加重物或者打开锅盖；（3）饭菜做好后，不能马上取下压力阀或者马上打开盖，要等锅里的高压热气降温降压后才能取阀开盖；（4）若发现压力阀孔不排气，可能是锅盖的通气孔被锅内的食物堵住了；这时，应立即关火，把锅放在凉水中降温，直到可以轻松打开锅盖时为止，然后要在水龙头下冲洗锅盖上的通气孔，排净堵塞物。

◎ 13. 应当如何避免食物中毒？

发生食物中毒的一般症状为头晕脑胀、恶心呕吐、腹痛腹泻、呼吸困难、瞳孔缩小、抽搐昏迷等。此时，在无人帮助的情况下，就必须采取紧急措施自救，方法如下：一是催吐。用勺、筷子、牙刷、笔等身边易得之物或手指伸进咽喉，就会出现恶心呕吐，把毒物排出。二是洗胃。如能找到高锰酸钾，配制 1：2000 的高锰酸钾水，喝下去，再催吐出来。三是迅速去医院求治。

赵某和爸爸、妈妈一家 3 口利用双休日到郊外山上去游玩。妈妈看见山脚下的坡地上长满了绿苋菜，便动员全家采了五六斤，午后回来以苋菜为馅，包了顿饺子吃。赵某从未吃过野菜馅的饺子，妈妈做得又香，所以吃得比往常都多。饭后 1 小时，首先是赵某觉得心发慌、口发干、头发昏、想呕吐，进而四肢无力，支持不住了。跟着是妈妈也觉得不好。爸爸见状不妙，立即喊来街坊，这时他也感到不舒服了。街坊将这一家人送往医院，经抢救，一家 3 口都脱离了危险。经有关人员检查发现，在他们采摘的野菜中混入了曼陀罗叶儿。

曼陀罗是一种具有麻醉性质的药材。它含有莨菪碱和东莨菪碱，能使

人的神经麻痹。曼陀罗的枝叶粗壮，叶长卵形，有缺口，开较大的白色或紫色的喇叭花，果实绿色，如枣大，外皮有刺，易于识别。赵某一家食物中毒，完全是因为他们粗心大意，在采摘野菜时误采了曼陀罗叶儿。

采食野菜中毒的还有误食毒蘑菇。到目前为止，还没有准确鉴别毒蘑菇的标准。有人说，毒蘑菇颜色艳丽，可食的蘑菇多白色、黄色。其实也不尽然，有一种白蘑菇就是剧毒的。有人说。可食菇中一般长有蛆虫，其实毒蘑菇中照样可以长蛆虫，这种蛆虫已对毒菇免疫了。我们在采食野菜时，要注意如下几点：（1）不盲目采摘野菜、蘑菇等用作食物；（2）如果必须采摘，先请教具有这方面知识的人；（3）一旦中毒，立即拨打"120"；（4）带上所吃食物去医院，便于诊断。

为避免食物中毒，我们吃蔬菜或海产品时，还需要注意下面几点：（1）吃扁豆一定要焖透，使扁豆变软后再吃；（2）不吃发芽土豆或青西红柿；（3）黄豆一定要煮透了再吃，豆浆必须煮开再喝；（4）海产品要烧熟再吃；（5）如果中毒要立刻送医院。

发生食物中毒的一般症状为头晕脑胀、恶心呕吐、腹痛腹泻、呼吸困难、瞳孔缩小、抽搐昏迷等。此时，在无人帮助的情况下，就必须采取紧急措施自救，方法如下：一是催吐。用勺、筷子、牙刷、笔等身边易得之物或手指伸进咽喉，就会出现恶心呕吐，把毒物排出。二是洗胃。如能找到高锰酸钾，配制 1∶2000 的高锰酸钾水，喝下去，再催吐出来。三是迅速去医院求治。

● **14.** 被钢针刺伤时，未成年人应当如何自救？

如果钢针不慎扎入肉中，一定要给予足够的重视。（1）镇静放松，用手轻轻抚摸针刺周围的皮肤，使肌肉得到更大程度上的放松；（2）捏住外露的针柄慢慢捻动，直至拔出；（3）在受伤部位用碘酒消毒。如果没有经验和信心，或者是刺物扎得太深，就不要自行拔出，要立即求医。

何某和王某是同班同学，俩人平时好开玩笑。一天，何某手拿一根缝棉被的大钢针对王某说："王某，老师在生物课上讲，臀大肌和三角肌块大肉厚，里边大的神经和血管相对较少，是肌肉注射的理想部位。你不想亲自尝试一下吗？看把这根钢针扎入你的臀部，痛不痛，流不流血？"还未等王某回答，一位同学风风火火跑过来，正好撞在何某拿针的臂肘上，钢针直刺进王某的臀大肌，痛得王某嗷嗷叫，吓得何某不知所措。这时，只听那位莽撞的同学说："快把王某裤子扒下来，拔针！"几个同学不由分说就将王某裤子扒了下来。大家一看都傻了眼，2寸多长的大钢针插入肌肉里有一半。何某一把抓住余下的1寸长的针柄就往外拔，没想到针不仅没拔下来，而且每拔一次，针就往肉里进一点儿。何某不敢用手拔了。有一位同学跑到老师那儿，谎称做个实验，借来了大号马蹄形磁铁，想把针吸出来。结果依然是一碰针柄，针就往肉里进。有同学建议用铁钳子夹住，用猛劲往外拽。当同学再次找老师借钳子时，被教生物的王老师知道了。王老师迅速来到教室看王某，此时大针只外露不足1厘米了。老师先让同学们退出教室，然后安慰王某不必紧张，全身要放松，并用手轻轻抚摸针周围的皮肤，边摸边询问王某事情的经过。在王某专心叙述经过时，王老师用拇指和食指轻轻捏住外露的针柄，慢慢地捻动，在王某不知不觉中将针捻出来了。王老师又拿来了碘酒，为王某做了局部消毒，并嘱咐他若有不适，应立即去医院。

案例评析

王老师的做法是非常正确的。如果钢针不慎扎入肉中，或被钉子、铁丝、车条扎伤，从表面看，伤口可能不大，其实，伤口可能很深，污垢、细菌会带到里边，一定要给予足够的重视。你可以像王老师那样采取正确的方法和措施。主要是：（1）镇静放松。肌肉越紧张，夹持钢针的力量越大，越不易拔出。（2）用手轻轻抚摸针刺周围的皮肤，使肌肉得到更大程度上的放松。（3）捏住外露的针柄慢慢捻动，直至拔出。（4）在受伤部位用碘酒消毒。（5）不要生拔硬拽，这样会刺激肌肉收缩，每收缩一次针就会往里前进一次。

还有一种特殊情况要注意的是：如果你实在没有经验和信心，或者是看到刺物太深，就不要把刺物自行拔出，要立即求医，因为医生可依此判断伤口的深度及方向；刺物也可堵住伤口，减少失血。如果刺物没留在伤口中，一定要把刺物带到医院，可供医生判断伤口情况。

◉ 15. 遇到鼠药中毒事故时，应当如何处理？

自我保护要点

一旦发生中毒事件，可以采取下面几个步骤：（1）催吐：中毒者先饮温水300—500ml，然后用清洁的手指、筷子、汤匙柄等刺激咽部催吐，反复数次，直到胃内食物完全吐出为止。（2）洗胃：一般在中毒6小时内洗胃最有效，温开水、淡盐水都可以。每次喝（或灌注）201—300ml水，不宜过多，然后催吐。（3）可喝些熟豆浆，使毒物与豆浆起化学反应，削弱毒物的毒害作用。（4）重症者应立即送医院。

典型案例

农民李某为消灭家中的老鼠，从市场上买来了鼠药。他把洒有鼠药的饼干放在矮桌上后，看到5岁的侄儿欲吃这块饼干，他大声告诫说："不准吃哦！"然后便出去办别的事了。片刻后回来，发现洒有鼠药的饼干不见了，李某着了急。原来，邻居家4岁的男孩马某到李某家来玩，看到这块洒有鼠药的饼干后，立刻与李某的侄儿一起将饼干拿到屋外，小哥俩把饼干分着吃了。等人们发现时，两个小男孩已经出现呕吐、腹痛等症状，马某还出现四肢抽搐现象。人们立即将这两个孩子送入乡卫生所，注射了解毒药，又送到县医院洗了胃，孩子们终于脱离危险。

案例评析

类似这样的事例我们经常能看到，大多数是由于对农药、鼠药等毒物管理不严，或使用方法不当，或将毒物当食品吃，或毒物与食品、食具混放，结果造成中毒事件。

一旦发生中毒事件，可以采取下面几个步骤：（1）催吐：中毒者先饮温水300—500ml，然后用清洁的手指、筷子、汤匙柄等刺激咽部催吐，反复数次，直到胃内食物完全吐出为止。（2）洗胃：一般在中毒6小时内洗胃最有效，温开水、淡盐水都可以。每次喝（或灌注）201—300ml水，不宜过多，然后催吐。为使食物排尽，可反复洗胃多次。（3）可喝些熟豆浆，使毒物与豆浆起化学反应，削弱毒物的毒害作用。（4）重症者（上吐下泻、头痛头昏、四肢僵直、神志不清、呼吸困难等）应立即送医院。（5）为医生提供毒物样品、名称，或中毒者的呕吐物，供医生诊断。

◉ 16. 发生溺水事故，应当如何处理？

未成年人一旦发现同伴溺水后，可以采取以下措施进行救人。（1）大声呼喊成年人前来救人。因为未成年人力气小，即便是水性好，在水中救人也很困难。（2）携带救生圈、木板等漂浮物去救人，也可在岸边用长竹竿或绳子投向落水者，让他抓住，拉上岸，以协助其自救。（3）进行岸上抢救。情况严重的，应在救人开始时就拨打"120"急救电话，请医生来现场救护。

某小学学生王某、卢某和其他3名同学结伴来到家附近的小河旁玩耍。5人下水游玩后，卢某和王某不慎掉入河道中央挖沙后留下的深达9米的水坑中，扑腾了一阵就沉入水中。见到这种情景，其他同学急忙呼喊求救，闻讯赶来的村民随即展开了救援。直到晚上11时许，两个孩子终于被打捞上岸，他们永远地停止了呼吸，孩子的家长悲痛欲绝。

这起悲剧的发生与几个小学生缺乏安全意识，在没有成年人陪伴的情况下到不安全的水域游玩，有直接的关系。同时，其他同学在王某和卢某溺水后，没有及时采取有效的救助措施，也是导致悲剧发生的原因之一。未成年人一旦发现同伴溺水后，该怎么做呢？

1. 要大声呼喊成年人前来救人。因为未成年人力气小，即便是水性好，在水中救人也很困难。

2. 要救人，最好是携带救生圈、木板等漂浮物去救人。要注意，不要被落水的伙伴把你紧紧地抱住，否则会双双下沉。在水中要拖着溺水者的头颈与上背，使之成直线尽量不动，并维持脸朝上并露出水面。若溺水者呼吸不理想，即使还在水中仍应开始施予人工呼吸，上岸后继续急救，并迅速安排送医院抢救。

3. 也可在岸边用长竹竿或绳子投向落水者，让他抓住，拉上岸，以协助其自救。

4. 岸上抢救。（1）将溺水者抬出水面后，应立即清除其口、鼻腔内的水、泥及污物，用纱布（手帕）裹着手指将溺水者舌头拉出口外，解开衣扣、领口，以保持呼吸道通畅，然后抱起溺水者的腰腹部，使其背朝上、头下垂进行倒水。或者抱起溺水者双腿，将其腹部放在急救者肩上，快步奔跑使积水倒出。或急救者取半跪位，将溺水者的腹部放在急救者腿上，使其头部下垂，并用手平压背部进行倒水。（2）对呼吸停止者应立即进行人工呼吸，一般以口对口吹气为最佳。急救者位于溺水者一侧，托起溺水者下颌，捏住溺水者鼻孔，深吸一口气后，往溺水者嘴里缓缓吹气，待其胸廓稍有抬起时，放松其鼻孔，并用一手压其胸部以助呼气。反复并有节律地（每分钟吹16—20次）进行，直至恢复呼吸为止。（3）对心跳停止者应先进行胸外心脏按压。让溺水者仰卧，背部垫一块硬板，头稍后仰，急救者位于溺水者一侧，面对溺水者，右手掌平放在其胸骨下段，左手放在右手背上，借急救者身体重量缓缓用力，不能用力太猛，以防骨折，将胸骨压下4厘米左右，然后松手腕（手不离开胸骨）使胸骨复原，反复有节律地（每分钟60—80次）进行，直到心跳恢复为止。

5. 情况严重的，应在救人开始就拨打"120"急救电话，请医生来现场救护。不要一救上岸就急着送医院，这样有可能死在路上。溺水是常见的意外，溺水后可引起窒息缺氧，如合并心跳停止的称为"溺死"，如心跳未停止的则称"近乎溺死"，这一分类对病情和预后估计有重要意义，但救治原则基本相同，因此统称为溺水。

从这个事件中，我们忠告爱游泳的未成年朋友：第一，未成年人不应该独自去游泳，必须在成年人的带领下进行。年龄稍大的未成年人可以结伴去游泳，以便相互照顾，发生意外时也可以自救和救人。第二，跳水前，需了解水的温度，先做热身运动再下水，防止腿脚等肢体抽筋。第三，跳水前，需了解水的深度，浅水处跳水易造成颈椎骨折或伤亡。第四，在开放的游泳场所，要严格遵守规定，并服从工作人员或成年人的指挥和安排。第五，选择有救生员的游泳池和海滩游泳。第六，如遇险或抽筋，应保持镇定，及早举手大声呼救。第七，疲倦、饱食、饥饿以及有不健康征兆时，不应游泳。第八，未成年人严禁在深水区游泳，以防发生危险。

◉ 17. 在森林中迷路，应当如何自救？

自我保护要点

一旦在林中迷路，可以按照以下步骤进行自救。（1）回忆：立即停下，回忆走过的道路，尽快确定方向。（2）观察：看看四周的野草，刚走过的路，草会被踩倒且方向向前，找到方向就有可能找到来时的路。（3）到高处去：爬上最近的高大山脊。一是可以确定自己的位置；二是可以发现人活动的迹象。（4）寻找水流：在林区，道路和居民点常常临水而建，沿着水流的方向走，就有可能找到人家。

典型案例

赵某和同学们利用暑假到森林中参加生物夏令营。由于第一次参加这样的活动，他看什么都感到新鲜。一次，在参加野外活动时，他突然发现一只美丽的大蝴蝶，赵某想也没想，抄起捕虫网就追了过去。也不知道跑了多长时间，当赵某如愿以偿地抓到那只大蝴蝶时，他周围已经找不到一个同学了，也听不到一点同学们的谈笑声，甚至连那条森林中的小路也不见了。这时他才知道，自己迷路了。赵某想起老师说过的话："在森林中迷路时，千万不要惊慌，一定要冷静。"想到这，他做了几次深呼吸，平静了一下心情，开始为如何走出困境思索起来。不久，他就制定了一套方案：他先是回忆起自己离开队伍时的方向，然后仔细观察附近的地形地貌，找到自己跑来时踩出的脚印，接着根据方向沿着脚印一步步慢慢地走，终于走回来时的那条小路。沿着路没走多久，就听到了老师和同学们的呼喊声，赵某激动得都要哭了，他成功了！

案例评析

在森林中迷路是非常危险的。如果不能掌握正确的自救方法，被困在森林中，很容易发生不测，像遭到野兽攻击，冻、饿等。如果是未成年人的话那就更加危险。一旦在森林中迷路，我们该怎么办呢？（1）回忆：立即停下，回忆走过的道路，尽快确定方向。（2）观察：看看四周的野草，刚走过的路，草会被踩倒且方向向前；找到方向就有可能找到来时的路。（3）到高处去：爬上最近的高大山脊。一是可以确定自己的位置；二是可以发现人活动的迹象。（4）寻找水流：在林区，道路和居民点常常临水而建，沿着水流的方向走，就有可能找到人家。

但是如果这简单方法不能适用呢？那么我们就要想办法确定方向。确定了方向，就有办法走出森林。小学时老师即教过太阳东升西落的常识，从太阳的位置，可大致知道方向。太阳从东方出，西方落，这是最基本的辨识方向的方法。还可用木棒成影法来测量，在太阳足以成影的时候，在平地上竖一根直棍（1米以上），在木棍影子的顶端放一块石头（或作其他标记），木棍的影子会随着太阳的移动而移动。30—60分钟后，再次在木棍的影子顶端放另一块石头。然后在两个石头之间划一条直线，在这条线的中间划一条与之垂直相交的直线。然后左脚踩在第一标记点上，右脚踩在第二标记点上。这时站立者的正面即是正北方，背面为正南方，右手是东方，左手为西方。

但若太阳被云团遮住或下雨时，该怎样判断呢？若在阴天迷了路，可以靠树木或石头上的苔藓的生长状态来获知方位。在北半球以树木而言，树叶生长茂盛的一方即是南方。若切开树木，年轮幅度较宽的一方即是北方。

还有，如果你有手表的话，以手表看方位。遇此情况，只要有太阳，就可使用手表探知方位。将火柴棒竖立在地面上，接着把手表水平地放在地上，将火柴棒的影子和短针重叠起来，表面12点的方向和短针所指刻度的中间是南方，相反的一边是北方。若身上没有火柴，也可改用小树枝，尽量使影子更准确。若从事挑战性的生存活动，记住戴上手表，这时普通表比数字表就更有价值。因普通表上的时针，在必要时会成为求生存的重要工具。

◉ 18. 在森林中夜间迷路，应当如何自救？

自我保护要点

一旦在森林中夜间迷了路，首先应利用指南针确定方向。如果没有指南针，要积极通过寻找北斗七星，来辨别方向。找到北极星，面对的方向就是正北。

典型案例

钱某暑假经常去爷爷家，爷爷是一名老护林员，家在大森林里。今年正好有一支考察队进山考察，由爷爷做向导，钱某也就跟去了。在一次宿营时，钱某去采蘑菇，结果越走越远，最后他迷路了。天渐渐地黑了下来，钱某有些害怕。但他毕竟和爷爷在大森林里生活了很长时间，钱某想起爷爷说过的话，在森林里迷了路，首先要确定方向，有了正确的方向，才可以走出森林。爷爷教过他，在夜间如何辨认北斗七星，通过北斗星来确认方向。现在的夜空刚好非常晴朗，钱某很快找到了北斗七星，并按北斗七星指引的方向一直走了下去。他终于走出了森林，找到了爷爷。

钱某凭着他的冷静和机智救了自己，应该成为未成年人学习的榜样。那么，我们一旦在森林中夜间迷了路，该如何自救呢？

1. 利用指南针确定方向。如何使用指南针呢？使用指南针，可使地图和实际地形的方位一致，探知现在你所在的地点和寻找的目的地的方位。指南针务必水平地拿着，而且要远离以下列举的各种物品，才可避免磁针发生错乱：指南针应离铁丝网10米，高压线55米，汽车和飞机20米，以及含有磁铁的物体，如磁性容器等10米。

利用指南针探知现在所在位置的步骤是：（1）使实际地形和地图方向一致；（2）在地图上找出两个可看出的目标物；（3）将指南针的进行线（或长边）朝向其中的一个目标物；（4）找到圆圈配合箭号和指针（北）相吻合；（5）不改变圆圈的方向将其放在地图的北方位置；（6）指南针的长边之尖端吻合地图上的目标物；（7）当圆圈的箭号和磁北线延线画一条直线；（8）针对另一目标依照同样的方法进行。两条线的交错处即是现在所在位置。

如何用指南针探知前进的方向呢？（1）使连接现在位置和目的地的直线吻合指南针的进行线（长边）；（2）圆圈的箭号和磁北线平行（箭号在地图的上边部分）；（3）将指南针从地图上拿开，拿在身体前面；（4）扭转身体直到箭头和指针重叠；（5）再重叠进行线的方向。此即等于地图的目标方向。

2. 在夜晚，找方向比较简单的就是找到北斗七星，然后找到北极星，你面对的方向就是正北。利用星宿在北半球通常以北极星为目标。夜晚利用北极星辨认方向的关键在于在茫茫星海中，准确地找到北极星。认识北极星的方法有许多种，这里介绍简单且有效的一种：首先找寻勺状的北斗七星，以勺柄上的两颗星的间隔延长五倍，就能在此直线上找到北极星。一般称呼此两颗勺柄上的星为要点星球。如看不到北斗七星时，就找寻相反方向的仙后星座。仙后星座由五颗星构成，它们看起来像英文字母的 M 或 W 倾向一方的形状。从仙后星座中的一颗星画直线，就能在几乎和北斗七星到北极星的同样距离处找到北极星。北极星所在的方向就是正北方。

19. 在野外遇到饮水困难，应当如何自救？

如果在野外遇到饮水困难，无论多么口渴，也不要饮用未经处理的水。必须对水进行过滤净化消毒，最好煮沸后再喝。

典型案例

某中学初三年级的几个同学结伴去郊游。长期生活在大城市里的他们，被大自然的风光迷住了，兴奋得又叫又跳。在何某的带领下，大家沿着羊肠小道开始登山。到了半山腰，同学们发现随身带的纯净水没有了。同学们一个个大汗淋漓，嗓子渴得冒烟。这时，带队的何某说话了，"我们来用土法做纯净水吧"！大家听了都很好奇，在何某的安排下，同学们找来了一些榆树的树皮、树叶，将其捣烂磨碎，放到空瓶子中，灌上多半瓶水，用筷子搅拌了几分钟，放在一旁。十几分钟后，浑浊的水变清了。随后，大家将清水倒在另一个瓶中，何某在里面加入了几粒随身带来的高锰酸钾，半个小时左右，水变成了淡淡的紫色，还有一点微微的气味。何某说："不要紧，现在的水就可以喝了。"这水真的可以喝吗？

案例评析

从本案例来看，何某有着丰富的野外生存经验。他不但知道如何过滤水，而且随身携带了用来消毒的高锰酸钾，解了大家的燃眉之急。如果你在野外遇到饮水困难，应注意以下几点：

1. 在野外无论多么口渴，也不要饮用未经处理的水。

2. 有多种过滤水的方法：（1）用一竹筒或长管，一端蒙上一层干净的袜子，在底部铺一层碎石，上面铺一层沙子和一层木炭粉，如此重复几次，一个简易净水器就做好了；（2）用仙人掌、霸王鞭的完整植株，或用榆树的皮、叶、根，捣烂磨碎，放入水中，充分搅拌，再静置一段时间，就可以起到净化水的作用。

3. 净化后，必须消毒。可使用高锰酸钾或漂白粉，最好煮沸后再喝。

◉ 20. 在野外生活遇到危险，应当如何自救？

在野外生活，当遇到危难时，可以运用下列方法进行自救。（1）国际通用的求救信号是使用声响、烟雾或光照，频率是每分钟6次，停顿1分钟后，重复同样信号。（2）在夜间可以用火堆求救，最好是3堆。白天可以使用烟雾，方法是先点燃一堆火，在火上放青草，就会发出白烟。（3）可以用树枝、石块或衣服等物品在空地上做出SOS或其他信号，也可以将草地上的草拔出或割掉，形成SOS形图案。字要尽可能地大些，一般长度在5—10米。

某中学的几个中学生外出野营。由于贪恋山中景色，加上带有冒险心理，他们向山里越走越深，渐渐辨不清方向了。大家开始并不在意，但随着夜幕的降临，大家依旧在崎岖的山间寻找出路，心里渐渐发慌了。年纪较大的林某要大家别着急，先找到方向再说。可是四周都是大山、丛林，天又下起了雨，方向难辨，又湿又冷。大家只好找了个山洞暂时避雨。这样，一夜过去了。第二天清晨，雨虽然小了，但阴沉的天气使大家不知道太阳是在哪个方向，凭记忆寻找山路，转来转去又回到了原地。林某想起了曾听军事院校的同学讲过的一些野外生存、求救的方法，便带两个人在山顶用松枝燃起了火，火着了以后，把青草盖在了上面，顿时，白色的烟雾向上升腾。他们连着两天用这种办法求救，终于被救援的人发现，脱离了险境。

这几个中学生实在是太冒险了，但他们机智地发出了求救信号，这种方法是值得我们学习的。当你一旦遇到危难时，还可以运用下列方法：

1. 国际通用的求救信号是使用声响、烟雾或光照，频率是每分钟6次，停顿1分钟后，重复同样信号。

2. 在夜间可以用火堆求救，最好是3堆。白天可以使用烟雾，方法是先点燃一堆火，在火上放青草，就会发出白烟。

3. 可以用树枝、石块或衣服等物品在空地上做出SOS或其他信号，也可以将草地上的草拔出或割掉，形成SOS形图案。字要尽可能地大些，一般长度在5—10米。

本案中几个同学在野营时遇到的困难，与他们没有做充分的准备有直接的关系。这里，我们顺便介绍一下，野外生活应准备些什么？到野外活动，谁都希望轻装，可轻装的结果，则很可能是"物到用时方恨少"。在野外真缺了什么必需的东西，后果将是不堪设想的。

一只背负舒适而耐用的背囊是必不可少的，它将盛载你的"野外之家"；一顶帐篷，给你一个挡风遮雨的地方；一块防潮睡垫，你便会拥有一个干燥的睡眠，并可使地面上不可避免的小石子儿不致硌得你难以入梦；一个睡袋，带给你温暖和舒适；一根直径不少于8毫米的尼龙绳，关键时刻能救你。

上述物品可说是野外宿营必不可少的用具。诚然，这不包括因意外而不得不临时露营。我们现在所说的是，在你进行有准备的野外宿营时，有了这几样东西你就有了一个相对"豪华"的家了。除宿营外的野外活动，有几件东西是你背囊里必须携带的，它们是：指南针或手表，关键时会给你指明方向；雨具（雨衣裤或斗篷式雨衣为佳）、水壶（最好是保温又不易碎的钢胆壶）、多用小刀（在野外非常有用，以瑞士军用小刀为首选）、打火机或火柴（火柴在野外是极为宝贵的，一定要妥善保管）、手电（别忘了带备用电池和灯泡)、垃圾袋（现代人应有起码的环保意识）、卫生纸（多带一些，会很有用）、针线包（占地不大，用途却会出乎意料）、药盒（几种常见多发病的药一定要有所准备）、干毛巾和备份的防寒衣物（出外最怕生病，因此要防患于未然）。如去一些特殊地区，可能还需带上地图、指北针、报警器等；去高寒地区，帽子和手套（至少两副）也是不可缺少的。总之，在准备野外装备时，必须遵循的一个原则就是：尽量减轻负荷，但东西一定要带全，以免用时干着急。

这里再说一些野外生活着装方面的注意事项：

1. 如何选择衣服？说到服装，似乎向来便是"萝卜白菜，各有所爱"，人们大都习惯于通过服装来体现自己的个性。但野外活动时的着装，在体现个性的同时，却必须考虑其实用性。野外活动的着装，应以宽松、舒适、耐磨、随意为基本原则。即使是盛夏，也尽量避免短打扮，女孩不要穿裙子，男孩不要穿短裤。这主要是考虑野外各种虫子较多，你总不想成为蚊子的早餐吧！另外无论是爬山还是钻树林，各种带刺的植物也会对你的皮肤毫不留情，你若不想成为"花瓜"，就应尽量减少皮肤的裸露部分。

2. 如何选择鞋、袜？鞋和袜的基本功能就是用来保护你的双脚，但如若你选择了不合适的鞋、袜，那作用就适得其反了。通常我们去户外活动，都会选择旅游鞋，因其柔软、舒适，便于行走。冬季出行，防寒保暖很关键，皮面的旅游鞋无论是防寒还是防水的功能都优于尼龙绸面的旅游鞋，因此应作为冬季户外活动的首选。袜子是对脚最妥帖的关怀。野外活动以穿棉制的袜子为最佳选择，它柔软、吸汗，使你的脚部时时保持干爽。寒冷的冬季出行或在高寒的山区活动别忘了备几双纯毛袜，宿营的时候以及长时间在露天作业的时候都十分有用。野外活动袜子应多带几双备用，因为难免会遇到打湿鞋袜之类的意外，俗话说：寒从脚底生，穿着湿袜子活动的滋味可不太妙，对健康也极为不利。

3. 如何选择帽子、眼镜？去野外活动，帽子和眼镜是必不可少的。一般的野营、郊游等户外活动，应戴一顶有檐的遮阳帽，夏天和爱梳马尾辫的女孩可选择无顶的帽檐。如去阳光强烈的海边或沙漠地带，最好备一顶草编的凉帽，帽檐要宽大些的。我国南方沿海地区常见的斗笠也是极佳的遮阳用品。炎热的天气里将其打湿，还有助于降温和消除暑气。去寒冷的地区活动，务必戴上一顶毛线帽或其他类型的保暖型帽子，帽子以能护住耳朵为最佳。普通的太阳镜能满足一般类型的野外活动的需要。去有积雪覆盖的高山，为了防止雪盲，一定要戴上专用的高山眼镜。去滑雪时，为了避免吹雪迷眼，则要戴防风护目镜。

◉ 21. 面对歹徒侵犯时，应当如何自救？

在面对歹徒侵犯时，未成年人可以用口咬、抓、踢、撞等方式进行紧急自卫。由于未成年人弱小，力量不大，所以一定要注意攻击对方的关键部位，比如面颊、脖子、太阳穴、眼睛、上唇、耳朵、乳头、下颌、喉结、肩头、裆部等。

一位从坏人手中逃脱的女孩自述了她的脱身经历，她说："一天下午，跟我在服装学校一起读书的女同学约我晚上和她出去玩儿，我想顺便出去买点生活用品。下课后，我跟她来到一家宾馆门口，那女同学说，她的几个朋友在这个宾馆玩儿，我们也上去玩玩！开始我不肯，后来我看见这里进出的人比较多，就跟她上去了。她带我走进了302房间，里面有好几个人，连我和我的同学共3个女的。坐了一会儿，他们让我们一起出去吃饭，我跟着去了。我觉得天那么亮不会有事的，再说，那女孩又是我的同学。吃完饭后，我说要回去了，我同学说再去玩玩。我又跟着他们回到了宾馆。我同学进房间后，帮一个男的敲背，另一个男的说让我也替他敲敲，我不肯，他们也没逼我。这时，我感到情况有些不对，但大家都在，又觉得不会有什么问题。坐了没多久，他们中的一个人说让我到四楼一个房间去，三楼的房间他们现在有事要做，我以为他们都会去的，就跟着他上了楼。进了四楼房间，我才发现，那房间里就我和姓李的男人，我当时就有点怕了，我想走，他说没关系，他不会对我怎样的，他让我给他敲背，我说我不会。他突然从床上站了起来，走到我身边，把我按在了床上，我双手被他抓得死死的，动也不能动，我拼命叫着我同学的名字，没用。情急之下，我张口咬在他手背上，他一松手，我一跳跑到阳台边上，他提着裤子追过来，我一边拼命喊叫，一边把窗玻璃踢碎，跳了出来，一下子跑到了值班室。"

案例中的女孩在情急之下用口咬的方式进行了自卫，并成功地逃脱了魔掌。这种自卫方法被叫作口咬防身术，在国外叫"齿道"。顾名思义，"齿道"就是用自己的牙齿攻击别人，保护自己的人身和财产安全的手段，说白了，就一个字：咬！它在防卫中却是非常有效的，可以使比较弱小的人，如未成年人，特别是女性未成年人免遭坏人的迫害，而且效果非常明显。齿道选择的部位：一是选择对疼痛最敏感的部位，也就是要找他神经丰富的地方。如面颊、脖子、耳朵、乳头、下颌、肩头、裆部等。二是必须确保当你进攻时，对方不能反咬你。

当然，实际情况中，并不一定就非要用口咬的办法，还可以用抓、踢、撞等方法。由于未成年人弱小，力量不大，故在紧急自卫时，一定要注意攻击对方的关键部位。（1）耳。两手作杯状，同时拍击敌人双耳，这是有危险性的打击：轻则会击穿耳膜，使其神经受到冲击，或耳内出血，重则足可使敌脑震荡乃至毙命。所以，这种方法要在不得已时才使用。（2）太阳穴。打击太阳穴，可以使敌死或造成脑震荡，所以也要慎用。此部位骨质脆弱，且有一条动脉和大量神经集中于皮下。打击太阳穴通常用掌外侧或拳头，也可以用肘猛戳。如敌被击倒在地，则可以用足尖踢其太阳穴。（3）眼睛。使敌致盲的方法颇多，一种方法是，以食指和中指成 V 形刺入敌双眼，手指和手腕要挺直。也可以相邻的两个手指的第二关节猛戳其眼窝，或用拇指或其他指头挖敌眼睛。（4）鼻。打击鼻子时，通常以掌外侧或拳头横击敌鼻梁，可击碎其鼻骨，使其疼痛难忍并暂时失明。如猛烈打击，可将骨头碎片楔入敌脑使之立时毙命，如距离太近，则可用掌下部向上顶击敌鼻子。（5）上唇。上嘴唇是软骨与硬骨的连接处，此处神经接近皮层，是脸部之要害部位。可用角度稍向上的外侧掌猛击敌上嘴唇。重击会使其昏厥，轻击也能使其感到剧痛，也可用小拳戳击之。（6）下巴。用手掌后部比用拳击敌下巴更为有效，因为用拳猛击可能会折损自己的手指头。（7）喉结。用手掌外侧砍击敌喉结处。重击可置敌于死地，轻击则可使其疼痛难忍。还可根据实际姿势，用拳、脚、膝攻击敌喉结部位，另一个有效办法是用手指卡或抓其喉结。

● 22. 面对歹徒行凶时，应当如何正确处理？

对广大未成年人而言，一旦遇到歹徒拦劫、流氓强暴、坏人殴打、人身财产受到严重威胁或正在受到非法侵害的紧急情况，又无力摆脱、制止或镇住对方时，应立即采取各种措施求救。最有效的办法就是向警方求救，可以采取直接报告、大声呼喊，发出求救信号，拨打公安局派出所、110 报警电话等办法。

2013 年 8 月，一场灾难降临在某村的余家。午夜时分，一个黑影潜入了余家，将罪恶的屠刀举向了熟睡中的父母和爷爷。打斗声惊醒了正在睡梦中的余家二女儿余某，在亲眼目睹了凶手的暴行后，她迅速藏到一个装满衣服的小木柜里。此时来不及躲避的姐姐和弟弟都被凶手砍成重伤。其中年仅 8 岁的弟弟被凶手连砍 15 刀，8 刀刺中肺部。听到弟弟的呼救声，余某真想一把推开柜子门，冲出木柜去救弟弟，但很快她又冷静了下来。她想："我出去了，那人也一定会把我给杀了，这样就没有人知道杀人凶手是谁了，所以我不能出去。"这个念头让她的心平静下来，静静地呆在柜子里一心想打电话求救。在可怕的沉寂中煎熬了十几分钟，罪犯走了，她走出了小木柜,眼前的情景让年幼的她惊呆了,父母和爷爷都已经倒在了血泊中。在一片死亡的气息里,余某却显示了少有的镇定。她首先将已经昏迷的姐姐扶到附近的村卫生院,然后跑到隔壁的公用电话亭拨打了120急救电话和110报警电话。不久,120急救车和刑警大队的民警先后赶到案发现场。根据余某和还在医院抢救的姐姐的陈述,民警得知凶手是和余家有过节的曾某,警方迅速行动,连夜将凶手缉拿归案。同时,由于余某及时拨打了急救电话,她的姐姐和弟弟也被抢救过来了。

在本案例中,余某的机智和镇定给我们留下了深刻的印象。这是一个"斗智不斗勇"的典型案例。由于她一直在现场,亲眼目睹了整个案件发生的过程,这就成了法律上一个重要的目击证人;她对案件的发生过程和凶手的情况都比较清楚,为破案提供了很重要的线索。因此,余某的做法是完全正确的。在罪犯行凶时,她能够迅速地躲避,保护自己的生命不受到伤害。罪犯离开后,她迅速地抢救受伤的姐姐,因为她发现爷爷、父母可能已经没有生还机会了,然后迅速地报警。正是由于她的机智和镇定以及采取的一系列果断措施,才没有使自己成为无谓的牺牲品,并挽救了姐姐和弟弟的生命,把罪犯缉拿归案。

虽然从小培养未成年人的正义感和是非观是非常必要的,但对他们首先强调的应该是加强自我保护和防范意识,千万不能盲目鼓励他们做那些力所不能及的事情,例如勇斗歹徒,对未成年人来说是不切实际的。未成年人和坏人作斗争不应该用武力,而应该用智慧,就是人们常说的"斗智不斗勇"。

对广大未成年人而言,一旦遇到歹徒拦劫、流氓强暴、坏人殴打、人身财产受到严重威胁或正在受到非法侵害的紧急情况,又无力摆脱、制止或镇住对方时,应立即采取各种措施求救。当然,最有效的办法就是向警方求救,可以采取直接报告、大声呼喊,发出求救信号,拨打公安局派出所、110报警电话等办法。所以未成年人要记住有关的电话号码、记住自己家和学校附近的派出所、治安岗亭的地点位置。

在拨打报警电话时，及时正确地报警是首要环节，一旦报警出现失误，不仅会使公安机关失去战机，而且还会使自己受到更大的损失。报警内容要具体确切。主要有：发现、发生案件的时间、地点；现场的原始状态；有无采取措施；犯罪分子或可疑人员的人数、特点、作案工具、相关的车辆情况（颜色、车型、牌号等）、携带物品和逃跑的方向等。打"110"报警时还要讲清你所在的位置、使用的电话号码、联系方式。如果你身边没有电话，或者遭遇到现行侵害，情况危急，要到距自己最近或最方便的公安机关报警。如果在报警途中遇到巡逻值勤的巡警、交警，也可以向他们求助。这样既可以节省时间，也便于警方出击。

◉ 23. 未成年人投保，应当注意哪些事项？

未成年人投保后，应当注意下列注意事项：（1）妥善保管好保险单及保险收据；（2）发生意外后，应先报警或先送医院，然后在 24 小时之内，及时通知保险公司，请保险公司的人赶赴现场，这样可以减少以后的不少纠纷；（3）家长应在保险人出事后，亲自到保险公司，填写理赔登记表，并提供必要的材料；（4）保险人发生事故后，应送往市级以上医院就医，在理赔过程中减少或避免纠纷；（5）按期办理续保手续并缴纳保险费。

典型案例

某小学学生黄某放学后高高兴兴地走出校门。刚走出 200 米，就被一辆急驰而来的自行车撞倒了，摔在马路上，眼睛、鼻子流着血，晕了过去。黄某被撞了，可吓坏了周围的同学们，同学马上跑回学校，告诉了老师。校长和老师跑着来到出事地点，立即拦了一辆出租车，派了两位老师，把黄某送到医院急救；又派一位老师立即向该地区的交警中队报案；又找来了黄某的班主任，让他马上通知黄某的家长。黄某在医院虽然得到了很好的治疗，但毕竟因为左眼晶状体破裂，造成了左眼的失明，在治疗中花费了大笔医疗费。黄某的父母双双下岗，家庭生活十分困难。肇事者又至今没有找到，巨额的医疗费用使他的父母一筹莫展。正当他们焦虑万分之际，校长和班主任老师陪着一位保险公司的人，来到了黄某家。因为黄某去年上了 3 万元的平安保险，这次他得到了15000 元的赔偿金。黄某的父母高兴地说："要不是你们想着，我们还真给忘了，这回可救了急了。"

目前，很多保险公司都相继推出了适合于少年儿童生长发育的险种。中国平安保险股份有限公司特别设计推出了一系列少儿保险，很受社会各界的欢迎。根据保险责任的不同，主要有三种类型——伤害补偿型、医疗保障型、养育基金型。

伤害补偿型的代表险种是"学生团体平安保险"。被保险人在保险责任有效期内因意外伤害导致伤残或死亡，保险公司可按规定支付保险金。医疗保障型的代表险种是"学生团体附加意外医疗保险""学生幼儿团体住院医疗保险""青少年、幼儿重大疾病保险"。被保险人在保险有效期内，因意外事故支出的医疗费用，住院费用及初次患规定的重大疾病，保险公司可按规定给付意外伤害医疗保险金或住院医疗保险金，或重大疾病保险金。这些险种既考虑了受伤害后的赔偿需求，又兼顾了照顾、培养下一代的社会责任，是爱心保险。未成年人投保后有下列注意事项：

1. 要妥善保管好保险单及保险收据。

2. 发生意外后，应先报警或先送医院，然后在 24 小时之内，及时通知保险公司。打电话给保险公司报告有关意外时，一定要记下接洽此事的保险公司职员姓名。

3. 有些情况，在拨通理赔电话后，可请保险公司的人赶赴现场，这样可以减少以后的不少纠纷。

4. 家长应在保险人出事后，亲自到保险公司，填写理赔登记表，并提供必要的材料，如受益人身份、户籍证明、公安部门出具的死亡证明或医院出示的伤残证明，交通大队出示的事故证明、被保险人户籍注销证明、医疗费用的原始单据等。

5. 保险人发生事故后，应送往市级以上医院就医，大医院的证明具有权威性。这样在理赔过程中可减少或避免纠纷。

6. 现在险种很多，家长在投保险种的选择以及保险金额的选择上一定要适当，否则一旦发生事故，不能获得充分的保险保障。

7. 要按期办理续保手续并缴纳保险费，只有这样，才能持续不断地得到保险保障。否则，保险合同便自动终止效力。

⊙ 24. 携带家门钥匙的未成年人，应当注意哪些事项？

随身携带家门钥匙的未成年人需要注意以下事项：（1）钥匙藏在口袋里，或用绳拴好挂在脖子上，藏在外套里面。（2）快到家门口时，停下看看身后，确定无人跟踪再开门进家。如感觉有跟踪者，可先去邻居家、居委会或商场等人多的地方。（3）可能的话，尽量结伴同行。（4）如看到家门打开或门窗遭破坏，不要进家，要先报警求救。发现家中歹徒，要高声叫喊，并伺机逃跑。

某地曾多次发生同类型的案件：一些脖子上挂钥匙的孩子被歹徒尾随，罪犯在孩子开门锁的时候，顺势挤入门户中，将孩子嘴捂住，塞上东西，蒙上眼。然后翻抽屉、开柜门，把钱财拿走。这些孩子不但家庭财产受到损失，精神上也遭受惊吓，有的甚至吓出毛病，不敢离开大人一步。李某和同班的赵某是好朋友，又住在同一栋楼上。李某住楼上，赵某住楼下。他俩平时有约：遇紧急情况，用力敲暖气管或用脚跺地三下，另一个人听到信号后，就马上报警打 110。这天，恰巧赵某生病在家。放学后，李某想先回家一下，然后去给他补习功课。结果一个瘦瘦的矮个子在李某刚刚打开门的一瞬间，捂住他的嘴，胡乱找一团东西把他的嘴塞上，接用破布条蒙上他的眼睛，又把他的手反绑在椅子上。开始时李某心跳得快从嗓子眼蹦出来了，稍微冷静之后，他想起信号，马上用脚使劲踩地。赵某正躺在床上，他已经听到李某回家开门的声音，正高兴地盼着好朋友来家看他。这"咚咚咚"三声响，也把赵某吓了一跳。正好他爸爸、妈妈都已下班在家，赵某说："爸爸，李某家出事了，我们快拿上家伙上楼抓坏蛋。"李家大门虚掩，小偷正得意地准备把刚翻到的现款带走呢。赵某父子冲上去，经过一阵搏斗将小偷制服，后将其扭送至公安机关。

在本案例中，两个机智的孩子用巧妙的方法使犯罪分子落入法网，并避免了财产损失，值得我们学习。同时，这种类型的案件也提醒随身携带家门钥匙的未成年人需要注意以下事项：（1）钥匙藏在口袋里，或用绳拴好挂在脖子上，藏在外套里面。（2）快到家门口时，停下看看身后，确定无人跟踪再开门进家。如感觉有跟踪者，可先去邻居家、居委会或商场等人多的地方。（3）可能的话，尽量结伴同行。（4）如看到家门打开或门窗遭破坏，不要进家，要先报警求救。发现家中歹徒，要高声叫喊，并伺机逃跑。

另外，如果你独自在家，门铃响了，你从门上的窥视镜中看到一个陌生人，决不要贸然开门。哪怕他说有什么紧急情况，或者说他是警察，或者说是你爸爸或妈妈让他来接你等。但也不要门铃响了而不理会，因为小偷有时会按门铃试探是否有人在家。你可以隔着门告诉陌生人，你妈妈在睡觉，而你打不开门，让他过一会儿再来。然后，给家长或邻居打电话，告诉他们有一个陌生人在家门外，让他们不要挂断电话，直到陌生人离开为止。

当你回家时，发现有一个成年人在你后面跟着你。你应穿过马路或者走另一条路，以避免与尾随者接触。如果这个陌生人仍然跟着你，或者他强迫你跟他走，你要大声尖叫并跑向附近有人群的地方，例如，一个商店或者行人多的十字路口。不要往你看见的某一所房子跑，因为房子有可能是空的。如果这时你家里没人，也不要往家里跑。

◉ 25. 未成年人独自外出时，应当注意哪些事项？

未成年人独自外出时，应当注意以下事项：（1）先告诉父母自己去哪里，大约何时回来，与谁在一起，联系方法是什么；（2）单独外出要走灯光明亮的大道，不抄近道走小路；（3）在僻静的马路上，面对车流行走，不背对车流，以免有人停车袭击；（4）夜晚单独外出，要带手电筒、哨子、报警器等物品，万一被袭击，可用手电照射匪徒面部，吹哨求救等；（5）不搭乘陌生人的顺路车；（6）家门钥匙放在身上不易被发现的地方（如兜内、脖子上、衣服内）92，也不要放在包里，即使被抢，你仍可进家门；（7）要尽量避免在无人的汽车站等车，不然，你容易成为坏人袭击的目标。

马某晚自习后独自回家。由于肚子饿，她抄了近路，没有走大道。这是一条僻静的小路，没有路灯，行人稀少。当马某走到一个胡同口时，从黑暗中冲出一个高大的身影，把瘦小的马某拖进了角落里。他一边捂住马某的嘴，一边撕扯马某的衣服。情急之中，马某朝对方的手狠狠咬了一口，对方疼痛之下松开了手。马某趁机大叫，吓跑了歹徒。脱险后，马某惊慌失措地跑回了家。很长时间，她都无法摆脱那天晚上的事情给她带来的恐惧，不敢一个人去上学。

案例评析

在本案例中，虽然马某成功脱险，但给她造成的影响还是很大的。因此，我们提醒广大未成年朋友，在你外出的时候，最好能做到下列几点：（1）先告诉父母自己去哪里，大约何时回来，与谁在一起，联系方法是什么。（2）尽可能结伴而行。单独外出要走灯光明亮的大道，不抄近道走小路。（3）在僻静的马路上，面对车流行走，不背对车流，以免有人停车袭击。（4）夜晚单独外出，要带手电筒、哨子、报警器等物品，万一被袭击，可用手电照射匪徒面部，吹哨求救等。（5）不搭乘陌生人的顺路车。（6）乘地铁时，和其他乘客坐在一起，尽可能坐在靠近站台出口的车厢，坐靠近车门的位置。（7）乘公共汽车，尽量靠近司机和售票员。（8）提包要斜挎在肩上，包不要背在靠马路一边，以防坏人抢掠。（9）家门钥匙放在身上不易被发现的地方（如兜内、脖子上、衣服内），也不要放在包里，即使被抢，你仍可进家门。（10）走夜路时，一定要昂首挺胸，即使害怕，也要抖擞精神，要让企图袭击你的人望而却步。如怀疑有人跟踪，应试着横过马路，看看那人是否仍跟着你。若该人紧跟不舍，你应跑向附近人多的地方报警求救。（11）横穿地下过街通道时，谨防抢劫者在地道两头围截，要结伴行走或跟随大人一起走。（12）要尽量避免在无人的汽车站等车，不然，你容易成为坏人袭击的目标。

◉ 26. 未成年人独自在家时，应当注意哪些事项？

未成年人独自在家时，应当注意以下事项：（1）锁好防盗门。（2）门铃响时，先看清楚来客是谁，不认识的人不要开门。来访者提出问题时，你可以隔门与其对话。尽可能结伴而行。（3）有陌生人打来电话，不要告诉对方家中只有你一个人。（4）晚上开灯后，要拉上窗帘，不要让人从窗外看到只有一个孩子在家的情景。如果发现有人隔窗户偷看，尽快打电话给亲朋好友，或拨打"110"。如果窃贼已经进屋，但没有发现你，你要迅速躲起来，伺机逃走、求救。

一天下午，小宏正单独在家中写作业。听到有人敲门，小宏小心翼翼地把门开了条缝，透过外面的防盗门，看见一位相貌端庄的年轻人站在门

口。那人说，自己是找旁边那家人的，因为家里没人，他想跟小宏借笔和纸，给那家人留个字条。小宏见那人说话很和蔼、诚恳，就打开了门。没想到，防盗门刚一打开，那人便顺势挤进了屋，并"嘭"的一声把门反锁上了。她还没有反应过来，那人的一只手已经紧紧地捂住了她的嘴，并狠狠地把她按在床上，用绳子反绑住她的双手，拿了钱和一些珍贵的物品扬长而去。

这个典型案例提醒广大的未成年朋友：当你独自在家时，你可以这样做：（1）锁好防盗门。（2）门铃响时，先看清楚来客是谁，不认识的人不要开门。来访者提出问题时，你可以隔门与其对话。尽可能结伴而行。（3）有陌生人打来电话，不要告诉对方家中只有你一个人。（4）晚上开灯后，要拉上窗帘，不要让人从窗外看到只有一个孩子在家的情景。如果发现有人隔窗户偷看，尽快打电话给亲朋好友，或拨打"110"。如果窃贼已经进屋，但没有发现你，你要迅速躲起来，伺机逃走、求救。

同时，要注意对家庭财产的保密。家中的贵重物品、现金、债券及股票等，不能轻易"露底"，包括对某些亲友、邻居（近年来"自己人"作案的盗窃案件屡见不鲜）要将贵重物品尽量分散存放于外人难找到的地方；最好制作贵重物品登记卡，将彩电、首饰、存折等物品、牌号、编号、特征等记录在册，以防万一失窃用来查证；凡是有可能被犯罪分子侵入的门、窗等，都要力求安装铁门、窗栏、防盗锁等防盗设施；要防止"钓鱼"，即书包、衣服等不要放在邻街或公共过道附近，以防被窃贼用竹竿"钓鱼"；不要将家中钥匙随便交给他人使用，防止用心不良的人偷配钥匙，伺机行窃；如果钥匙丢失，要马上换锁；不能与萍水相逢、不明底细的人交往，更不能带到家中来作客，谨防引狼入室；离家去串门、买东西、接传呼电话，即使是一小会儿，也一定要将门锁好，以防被坏人"溜门"。

◉ 27. 未成年人在助人为乐时，需要注意哪些事项？

　　未成年人在乐于助人的同时，一定要保持高度警惕，不要贸然涉险成为犯罪分子的牺牲品。对犯罪分子常用的一些作案方式，比如伪装身份、编造事由、利益引诱等，要多问几个为什么，多想想老师和家长的教导，脑子清醒些，以免上当。

　　每天放学后，邵某都要走一段10分钟的路回家，这段路很安全，从来没发生过意外的事。一天，邵某照常走在这条马路上，忽然一个推着单车的陌生人拦住他："小妹妹，请问某幼儿园怎么走。"噢，原来是问路的。"您一直往前走，走到那个路口往左拐，再往右拐，顺着那排树走，再……。"邵某一边比划一边说。"哎呀，这么不好找呀？要是走错了，可就糟了！我是帮一位同事接孩子，现在已经晚了。你能不能帮帮忙，就当是学雷锋做好事，给我带个路好吗？"陌生人显得很着急，一个劲恳求邵某。邵某想：天色已经晚了，幼儿园和自己家又不在一个方向，要是给他带路，回家就更晚了。而且，爸爸一再叮嘱不要跟陌生人走。邵某正想摇头回绝，一抬头，正好碰上陌生人焦急的眼神，又想起幼儿园里有个小朋友正焦急地等人来接呢。邵某有些不忍，觉得自己太自私了，应该帮助有需要的人。

　　邵某看了看陌生人，觉得他不像坏人的样子，便点头同意了。刚开始，骑车的人按着邵某指的方向走，可没过多久，他便不听邵某的指挥，一个劲地向别的路上骑。坐在后座的邵某心里"咯噔"一下：糟了，他准不是好人！怎么办？邵某吓得心脏都快从胸膛里跳出来了。忽然，邵某想起老师曾说过遇事不能慌张，要让自己冷静地想解决的办法。邵某望望一片漆黑的四周，连个人影都没有，怎么逃呢？坐在单车后座，她的脑袋瓜儿飞快地转着：跳车？不行，那坏蛋骑着车，他可以掉过头来追我，我肯定没有单车跑得快，但是如果把他推倒，然后再跑，应该可以跑掉，要是能把他摔晕，或摔断胳膊，那就更好啦。邵某做好跳车的准备，然后在她向下跳的一刹那，狠狠地推了一把坏人的胳膊。

"哗啦！"两人几乎是同时摔倒在地。邵某立即忍疼爬起来，迅速地跑开。可是那个坏蛋并没有像邵某想象的那样摔断胳膊，也没有摔晕，而是也爬起来，一把将邵某按倒在地，疯狂地撕扯邵某的衣服。邵某心里又急又怕，一边反抗，一边想着对付的办法。她知道挣扎反抗是没有用的，因为坏蛋那么有劲，而自己只是个小女孩，怎么也拼不过他的。没准儿他一急会掐死我！看来，硬拼是不行的了，只能想个办法把他吓跑。

见邵某没有强烈的反抗，坏蛋有点儿得意，他以为"小猎物"害怕了，屈从了，手下的动作慢了下来。突然，邵某猛地抬起头，看着歹徒背后叫："三叔！三叔！快来救我！"坏蛋一惊，以为后边真的来了人，"噌"的一下从邵某身上跳起来，连头都没敢回一下，就窜上自行车，飞一般溜了。其实根本没有三叔，对面也没有人。邵某怕立即就往回跑，会被坏蛋发现自己是在骗他，仍旧拼命喊："三叔！三叔！快抓住他！"看着坏蛋一溜烟跑远了，邵某才敢紧往回跑，一边跑，一边念叨刚才留意记住的自行车牌号。根据邵某提供的车牌号，公安人员很快将犯罪嫌疑人捉拿归案。

案例评析

这个案例提醒我们：未成年人是非常单纯的，富有同情心。但这种同情心往往被坏人利用，使未成年人受到犯罪分子的侵害。邵某就是因为同情心的作用而放松了警惕，险遭不测。所以我们要提醒未成年朋友，在乐于助人的同时，一定要保持高度警惕，不要贸然涉险成为犯罪分子的牺牲品。对坏人常用下述的一些作案方式、方法要有所警惕：（1）伪装身份。冒充警察、某部门人员、水电气暖的修理人员、推销人员等，使你放松警惕，便于他们下手。（2）编造事由。有时坏人谎称他有什么困难，需要你帮助解决，利用你的同情心，使你放松戒备。（3）利益引诱。有时坏人利用你的虚荣、贪财心理，送你礼品和钱物，用小恩小惠使你渐渐地钻入他的圈套。遇到这些情况，脑子里要多问几个为什么，多想想老师和家长的教导，脑子清醒些，以免上当。

同时，广大未成年人平时轻易不要去下列这些地方：（1）住人较少的学生宿舍。（2）狭窄幽静，灯光昏暗的胡同和地下通道。（3）无人管理的公共厕所，高楼内的电梯，无人使用的空屋。（4）夜晚的电影院、歌厅、舞厅、游戏厅、台球厅等。（5）公共交通车辆上，在人多拥挤、起步、停车、急刹车的时候。（6）搭乘陌生的车辆。（7）放学回家出外活动时，尽最大可能创造条件结伴而行，减少单人行走机会。（8）不在行人稀少或照明差的地方走、游玩。如果时间晚了，要想办法通知家人去接你。（9）尽可能不向外人宣传自己家庭情况，以防坏人听到后了解你的行动规律。（10）切忌不可冒险，不可存有侥幸心理，不要老用"没事儿"来安慰自己。

一旦受到不法行为侵害：（1）不能惊慌失措，要镇静。（2）迅速观察环境，看清道路情况，哪儿畅通，哪儿不通；哪儿人多，哪儿是单位。（3）立即甩开坏人。方法就是跑开，向附近的单位跑；向有行人、有人群的地方跑。如果是夜晚，哪处灯光明亮，就往哪跑。如果附近有居民家，往居民家里跑求救也可以。（4）可以正面相视，厉声喝问："你要干什么？"用自己的正气把对方吓倒、吓跑；如果对方不逃，可大声呼喊，引来行人。如果坏人仍然不跑，那么你就要立即作出反应，自己跑开。（5）如果被坏人动手缠住，除了高声喊，要奋起反抗，击打其要害部位；你身上或身边有什么东西可用，你就用什么东西，制止坏人接触自己身体、侵害自己。

◉ 28. 面对敲诈勒索行为时，未成年人应当如何自卫？

在面对敲诈勒索行为时，未成年人要大胆对"保护费"说"不"，但是大胆也要有勇有谋。在被勒索时，要留心观察勒索者，事后立即举报。

14岁的孙某（某中学初一年级学生）放学后准备搭公交车回家，在车站等车时，突然有10名年纪15—16岁的青少年过来，用长30—40厘米的铁水管把他挟持到一个楼梯转弯处，先抢去了他身上仅有的5元钱和通乘车卡，然后逼问他，"有没有手机"？孙某说没有，其中的几名歹徒就用铁水管毒打孙某，边打还边威胁，要他"今晚无论如何都必须拿500元保护费出来，否则就留下一只手"。孙某在这伙人的威逼下，只好答应向附近的同学借钱，并在几名歹徒的挟持下到了同学家。由于这几名歹徒都守在大门外，孙某才得以用同学家中电话通知母亲。家长迅速赶到现场，并在小区保安协助下，将其中两名歹徒扭送到派出所。当天晚上，父母把孙某带到医院做X光检查，发现背上多处软组织挫伤，有无内伤还需进一步观察。自从发生此事后，孙某嚷着不去上学，每天上学放学都要父母接送。放暑假后，孙某就成天窝在家里不敢出门。令人难以置信的是，在孙某被毒打后的第11天，又有4名歹徒再次来到孙某家附近埋伏。他们抓到了和孙某同学校的邻居，威逼其叫孙某出来，邻居没有答应，结果遭到他们的毒打，造成头、脸、胸、背多处受伤。临走时，他们还要其转告孙某家长："我们是'斧头帮'的人，必须到派出所销案，放那两人出来，否则以后见孙某一次打一次。"事发第二天上午，家长带着孙某到学校反映情况。老师称："此前并没有听学生反映过类似情况，平时学校是经常对学生进行这方面的教育的，并且告诉他们如果有什么问题可以向老师和学校领导反映。但是估计是学生受了威胁，一直不敢说。"那伙坏青年中，孙某说，他认识其中一人，原来是本校初三学生，现在已经辍学。而被抓获的两名歹徒中，一名是外校在校初三学生，15岁；另一名16岁，是辍学生。据后来调查，那帮人确实就是号称"斧头帮"的勒索团伙，专门向附近的学生收"保护费"，其实不少学生都交过保护费，但都不敢向家长和老师说。

在本案例中，就孙某个人而言，他的自我保护意识还是强的，他能及

时想办法向大人报告被坏人勒索的情况。从整个事件来看，对未成年人权益的保护，很大程度上是整个社会的问题。我们必须从小培养孩子们依法解决问题的意识、思路和方法，同时也要教育他们加强自我保护意识，就像能及时机智地报告家长的孙某。当然我们的老师、家长和公安机关应当重视起来，采取切实可行的措施，比如相关单位加派便衣警察到校园附近巡逻等，绝对可以大幅度减少这些情况的出现。而防范校园暴力，学校首先必须承担起自己的责任，而不能以"学生没反映过"来推托自己的责任。学校是校园暴力的发生地，有义务对校园伤害事件在第一时间作出反应，要树正气、压邪气，对个别"害群之马"大胆管理。而家长是根治"校园暴力"的重要环节。家长要努力为孩子的健康成长创造一个安全的环境，时刻注意保护未成年人的人身安全。公安部门则应进一步加大对校园内外治安案件的查处打击力度，还校园一方净土。

从广大未成年人的角度看，面对校园的不良事件时，要正确认识那些"坏青年"的心理，警惕他们的不良行为。假如有人向你敲诈勒索，你一定要注意：

1. 千万不要被他吓倒，让敲诈者随意摆布、为所欲为，你可以大声呼喊，寻求帮助，使其有所顾忌。另外，要机智地对待当时的情况。碰到勒索时你应该拒绝他，并且大声说："不行！我凭什么给你！你这样做不对，走，找老师评理去！"一边斥责他，一边向老师办公室方向走，同时注意自己的视野当中有没有老师（哪位老师都可以），如果没发现老师，但是发现了班干部或自己熟悉的有正义感的同学，你就要大喊"×××，快去找老师来！"因为"老师"这两个字，对"坏孩子"是有着威慑作用的，这时他便不敢轻举妄动。如果这时"坏孩子"虽然心虚，但表面仍然很恶，你就要一边斥责他一边快跑脱离开，去找老师。记住，千万不要胆小，不要软弱，也用不着和他动手打，因为只要你义正词严地斥责他，就已经表明你非常勇敢了！如果动手打，一是显得你不讲文明；二是你也容易吃亏。

2. 在万不得已的情况下，以保护自己不被伤害为前提，也可以暂时交出财物，但事后一定要报告家长、学校，然后到公安机关报案；假如你周围的同学被人敲诈勒索，同样，你在自己不被伤害的前提下，对他进行帮助，使他不被侵害，然后要鼓励同学勇敢地向老师、学校反映事实，寻求帮助，或者可以直接报告老师、学校及有关部门，切不要采取淡然冷漠的态度。

3. 作为未成年学生，在日常生活、学习中，自己的穿着、言谈一定要符合身份，不能过于追求名牌，过于张扬，避免引起"坏孩子"们的注意。另外，上下学路上尽量走大道，不走偏僻小路。

总之，广大未成年学生要大胆对"保护费"说"不"，但是大胆也要有勇有谋。在被勒索时，要留心观察勒索者，事后立即举报。

● 29. 遇到歹徒抢劫时，未成年人应当怎么办？

自我保护要点

面对歹徒的抢劫时，未成年人同犯罪分子作斗争，除了勇敢之外，还需要智慧，讲究策略。如果有能力制服犯罪分子，要勇敢地同其搏斗，实施正当防卫。如果没有能力将其制服，也可以采取多种方法脱身。比如常见的："呼救脱身法""周旋脱身法""恐吓脱身法""对犯罪分子进行说服教育法"，等等。

典型案例

2013 年 10 月某日晚，某中学学生高某（16 岁）在从其姥姥家回来的路上，遇到两个歹徒欲抢劫其手机。这个刚烈的 16 岁少年与两个歹徒展开了殊死搏斗，在搏斗中被歹徒刺中 11 刀后身亡。

案例评析

任何人看到这个典型案例，心情都会很沉重。我们痛恨这些歹徒，为了一个手机竟然夺去了一个孩子的生命。我们也对高某独斗凶恶歹徒的英勇无畏和宁死也要捍卫自己合法权益的凛然正气表示钦佩。高某与犯罪分子作斗争的勇气与胆量，我们没有理由不赞扬。可是面对这样不幸的结局，不得不使我们思考这样一个问题，我们身边随时随地都有可能会发生犯罪行为，作为祖国的未来和希望的未成年人如何才能保护自己免受非法侵害呢？

未成年人在人生发展的重要阶段，生理、心理尚未成熟，社会经验不足，在面对犯罪行为、自然灾害和意外伤害时往往处于被动地位，容易受到侵害。因此，仅仅对未成年人进行社会保护、家庭保护、学校保护还是不够的，还必须加强未成年人的自我保护，强化权益主体的维权意识和能力。在一些突然的事故和突发的犯罪中，我们的社会、学校和家庭的保护往往不及时，甚至会出现"保护缺位"的情况，这时，未成年人就只能自己保护自己。国外的未成年人都非常重视自我保护，在一些学校中经常开设一些自我保护方面的课程，传授一些自我保护的知识。相比之下，我国的未成年人自我保护意识则较弱一些。当危险和侵害突然来临时不知道如何进行自我保护。这就迫切需要我们强化对未成年人自我保护意识和能力的培养。近几年来，在我国一些地方出现了自我保护培训班、自我保护训练营和自护学校等，教育未成年人认识社会，拒绝诱惑，远离危险，防范侵害，有效地增强了未成年人自我保护的意识和能力。

毫无疑问，捍卫正义也需要方法。本案例中的高某面对歹徒的突然袭击，能够勇敢地进行搏斗，这已经是非常了不起了。但是，同犯罪分子作斗争，除了勇敢之外，还需要智慧，讲究策略。就以对付抢劫犯罪来说，面对劫匪的突然出现，如果有能力制服犯罪分子，自然要勇敢地同犯罪分子搏斗，实施正当防卫。如果没有能力将其制服，也可以采取多种方法脱身。比如常见的："呼救脱身法""周旋脱身法""恐吓脱身法""对犯罪分子进行说服教育法"，等等。万不得已，也要充分地进行比较，"两害相权取其轻"，争取把损失降到最低，保住最大的合法权益。在人身权利与财产权利相比较的情况下，人身权利自然大于财产权利，自然应舍弃财产以保全自身。本案中高某如果选择放弃手机，也许是更为理智的做法。在日常生活中遇到险情时，应该注意些什么呢？

1. 培养大义凛然的气概，义正词严。当你受到坏人的侵害时，要勇敢机智地斗争反抗，绝不能让对方觉得你软弱可欺。你可以大喝一声："住手！想干什么？""耍什么流氓？"从而起到以正压邪、震慑坏人的作用。

2. 处于险境，紧急求援。当自己无法摆脱坏人的挑衅、纠缠、侮辱和围困时，立即通过呼喊、打电话、递条子等适当办法发出信号，以求民警、解放军、老师、家长及群众前来解救。

3. 虚张声势，巧妙周旋。当自己处于不利的情况下，可故意张扬有自己的亲友或同学已经出现或就在附近，以壮声势；或以巧妙的办法迷惑对方，拖延时间，稳住对方，等待并抓住有利时机，不让坏人的企图得逞。

4. 主动避开，脱离危险。明知坏人是针对你而来，你又无法制服他时，应主动避开，让坏人扑空，脱离危险，转移到安全的地带。

5. 诉诸法律，报告公安。受到严重的侵害、遇到突发事件或意识到问题是严重的，家长和校方无法解决，应果断地报告公安部门，如巡警、派出所，或向学校、未成年人保护委员会、街道办事处、居民委员会、村民委员会、治保委员会等单位或部门举报。

6. 心明眼亮，记牢特点。遇到坏人侵害你时，你一定要看清记牢对方是几个人，他们大致的年龄和身高，尤其要记清楚直接侵害你的人的衣着、面目等方面的特征，以便事发之后报告和确认。凡是能作为证据的，尽可能多地记住，并注意保护好作案现场。

7. 堂堂正正，不贪不占。不贪图享受，不追求吃喝玩乐，不受利诱，不占别人的小便宜，因为"吃人家的嘴短，拿人家的手软"，往往是贪点小便宜的人容易上坏人的当。

8. 遵纪守法，消除隐患。自觉遵守校内外纪律和国家法令，做合格的中小学生。平日不和不三不四的人交往，不给坏人在自己身上打主意的机会，不留下让坏人侵害自己的隐患。如已经结交坏人做朋友或发现朋友干坏事时，应立即彻底摆脱同他们的联系，避免被拉下水。

◉ 30. 未成年人应当学习哪些防卫术?

自我保护要点

在实施防卫术时,要根据自己的能力和时间、地点、条件等主客观因素及其变化而选择防卫的时机和方案。(1)时刻警惕,沉着镇静,临危不惧,正当防卫;(2)以静待动,静观其变,审时度势,随机应变;(3)避实就虚,出其不意,有理有节,防卫有变。

典型案例

某中学的一名男同学和一名女同学在电影院看完电影后,顺着人行道散步。当行至市区一片小树林处时,冷不防从黑暗处窜出两个年轻人,气势汹汹地向他俩要钱,当他们说明自己是学生没有钱时,俩人便出手开打,男生与他们讲理,行不通后,只好被迫与他们交了手。两名歹徒更加穷凶极恶,不由分说用匕首将这位男同学连刺28刀后逃之夭夭……当老师和同学赶到现场后,将男同学救起送至医院,终因有数刀刺中要害且延误时间太长而失去了救治的机会,一个年轻的生命就这样地惨死在抢劫歹徒的屠刀下……

案例评析

在本案中,悲剧的发生固然有多方面的原因,但是被害的未成年人如果懂一些防卫术的话,也许就不会落到被害致死的地步了。所谓防卫术,既不同于传统的武术表演,也不同于体育锻炼活动,就是依照法律规定,为维护本人或他人的人身以及其他权益免受不法侵害而采取的防身自卫、进行抗击的技能技巧。既然防卫术是为正当防卫之目的服务的技能,那么在实施防卫术时,就应当依靠行为人主客观条件,按照正当防卫的行为规范去进行。总结人们同违法犯罪行为作斗争,实施正当防卫的经验,大致可以归纳为以下几个方面:(1)时刻警惕,沉着镇静,临危不惧,正当防卫;(2)以静待动,静观其变,审时度势,随机应变;(3)避实就虚,出其不意，有理有节，防卫有变。总之，要根据自己的能力和时间、地点、条件等主客观因素及其变化而选择防卫的时机和方案。现实生活中，不法侵害的形式多种多样，千变万化，侵害的性质和条件也各不相同，故防卫策略必须随机应变，方能防卫得当。

下面是防卫术的一些技能技巧，可以供未成年人练习。

1. 防直拳攻击。当头、胸部被对方用右直拳攻击时：

防卫法之一是，右脚提起左脚内侧落地，身体右转 90 度，略屈膝下蹲。同时，右手迅速抓握对方右腕，并向左提拉，左拳随左脚上步，直向对方胸部击去。

防卫法之二是，左脚向前一步，于对方左脚内侧落地，脚尖里扣，身体速右转 90 度，避开对方右直拳。同时，我右手速抓对方右手腕向左下拖拉，左手随左脚上步拧腰之际，将对方左肘关节猛下压，使其向前倾跌。

2. 防劈拳攻击。当头部被对方右拳猛劈时：

左脚向前上半步，重心前移，同时，两手成掌迅速交叉于腹前，然后向上架起，迅速向左格挡对方右劈拳，右手成拳屈肘向里向上作弧形摆动，再翻拳猛击对方鼻、眼等部位。

3. 摆拳攻击。当我头面部被对方用右摆拳攻击时：

防卫法之一是，用左小臂向左上架挡对方右小臂。同时，身体左转，重心前移，用右冲拳击打对方左面部。

防卫法之二是，用左小臂向左上格挡对方右小臂之后，身体左转，重心前移，用右摆拳还击打对方左面部。

4. 防弹（正蹬）腿攻击。当对方右腿弹蹬于裆部时：

防卫法之一是，右脚后退半步右转侧身，同时，左手成勾手由右向左勾抓，随即重心转移，左转起右脚，脚尖向上蹬击对方腹部。

防卫法之二是，左脚左前上步闪身，同时，左手由左向右上抓对方小腿，随即右手协同左手猛击对方踝关节。

5. 防持匕首（刀）者攻击。这与徒手对徒手的防卫方法相近似，所不同的是，要用防卫的技能技巧控制住敌方的匕首，使之不能触及自己的身体并进而夺之。

防卫法之一是，若对方右手正握匕首刺来时，应左脚左前上步闪身，同时左小臂向右挡击对方持匕之臂，随即，右拳速击对方肋部。

防卫法之二是，若对方匕首刺来时，应左脚左前上步闪身，右臂向右格挡，随即起右脚猛踢对方膝或肋部。

防卫法之三是，若对方反握匕首对着腹前，强要物品或图谋其他时，可交出物品，以迷惑对方，然后伺机起脚猛踢对方手背，使其刀落。

6. 防持棍者攻击。当对方持棍击打击头、腰部时，应尽力控制不被击中，但要全力逼近对方并抓握住棍体，再予制服。

防卫法之一是，当对方持棍由上向下击打头时，应立即左闪身，上左步，同时右手由下向上握住对方棍的上段，接着右手向下拉棍，左手抓握棍的中段，上体右转左臂前别其右肘，使棍落入我手。

防卫法之二是，当对方持棍横向扫击腰部时，即向对方前上右步，左手抓握其棍，同时右手勾拳上击其额，接着左膝上抬顶撞对方裆部，将对方致伤，即夺棍。

7. 防喉部被锁。当喉部被对方从背后锁住后，首先要冷静，再设法解脱。

防卫法之一是，当对方用右手由后锁住喉部时，右手速抓拉对方锁喉之手，以减轻锁喉的力量，随即左转身，摆脱锁喉的力点，然后用肘击对方胸、腹等要害部位。

防卫法之二是，同前，用一手抓拉对方锁喉的手，另一手可反拍对方的裆部，使之松手。

8. 防头发被抓。当头发被人从前或从后抓住后，首先要控制对方抓发之手，然后再行解脱、还击。

防卫法之一是，当头发被人从前面抓住后，应出右手速扣压对方抓发之手，先控制其抓发的力量，然后，随即上左步，用左拳击对方肋部，待对方松手后，两手协同折压对方肘部或用脚踢对方的裆、腹部。

防卫法之二是，当头发被对方从后面抓住后，必须速用右手扣压对方抓发之手，然后，左脚退步左转身的同时，用左手向后反拍对方的裆部，或用左肘顶击对方的裆、肋等部位。

9. 防衣领被抓。当衣领被人从前或从后抓住后，首先要解脱或控制住对方抓领之手，然后反击。

防卫法之一是，当衣领被人从前面抓住后，应速出右手扣压对方抓领手的外侧，然后左手从对方手背下穿过，抓扣对方手的虎口一侧，或者提右脚踢蹬对方的胫骨，将其注意力引开，然后，两手合力折压对方手腕外侧。

防卫法之二是，当后领被抓住后，应左脚后撤一步，转身同时右臂屈肘左后挡击，接着右手拉肘，左手压腕，对方必然松手。

10. 防提包被人抢夺或抢劫。乘人不备，夺走别人提包或者手中物品者，为抢夺（罪）；以凶器、暴力相威胁，去夺他人提包或物品者，为抢劫（罪）。这要根据具体情况采取相应防卫措施。

防卫法之一是，对方从背后抢夺提包时，应速右转身，左手抓住对方手腕，接着提腿侧踹对方膝部，同时双手向后拖拉。

防卫法之二是，对方从正面抢夺提包时，应速抓握对方的手腕，随后，右脚向前转身成弓步，右肘顶击对方胸、腹等部。

防卫法之三是，当对方持刀（匕首）从后抵背夺包时，可放手让其夺去，乘其麻痹，速左转身，左小臂向后外格挡对方持刀之手，随即向前左手抓裆。

防卫法之四是，当对方抵腹部夺包时，可放手让其夺去，乘其不备，速用左臂向左挡持刀之手，同时起脚猛踢踹对方裆、腹部。

11. 防两人以上的围攻。对付两人或两人以上的攻击时，须有过硬的防卫技能和敢于斗争的胆略。而且要善于灵活运用防卫技巧，或打上防上、打下防下，然后待机反击；或择其弱者，各个击破；或选择时机，回避躲逃。总之，要果断、谨慎从事，万万不可莽撞、恋战。

三、未成年人生理健康的自我保护

1. 女孩在来月经时，应当注意哪些事项？

女孩在来月经时，应当注意以下事项：（1）科学合理地使用卫生用品；（2）保持清洁；（3）月经期间，注意保护自己；（4）调整好情绪；（5）不参加激烈的体育活动。

典型案例

一天，某校女生宿舍的四位同学议论起来了，一位16岁的女孩这样描述："没来月经，自己心里害怕，可是又不愿意看医生，每次到医院门口都不敢进。后来在姐姐的说服下，我去了医院。经过检查，医生说我的发育没问题。后来姐姐帮我在医院拿了些药，吃了将近半个月，月经来了，我好高兴。但只来了3个月，到现在隔了4个月也没来。他们说没来月经的女孩会变成男孩。"

另一个女孩说："你太夸张了吧，不过话又说回来，我呢？从开始来月经到现在就没有正常过。有时不到一个月就来两次，有时一次2—3天。是否因为在行经期洗头了？看来，我们不能经常洗头。"

第三个女孩说："我对你们所说的也很奇怪，不过，却说月经是一个月的，而我15岁初潮，4年来很少按时来，长则一年多，少则几个月不来。来了之后要拖很久，有时持续一个多月，经量也不大这又是为什么?"

上述情况，女孩们其实都有一个误解，以为"月经"就保证是一个月，30 天为一周期。其实不然，"月经"不过是对女性青春期的某一特别正常的生理现象的概括，而概括是一般性，事实上事物总是具体的，多样形式的。所以，所谓"月经"并不百分之百地都是以"月"作为标准来看待的。

那位 16 岁的女孩是幸运的，她有一位关心自己的好姐姐。在青春期，几乎每个少男少女都会或多或少地对自己的身体产生怀疑，这时，能够与关心自己的同龄人讨论自己的担心，是非常重要的。不过，她大可不必担心自己会变成男孩。因为人的性别是由染色体决定的。如果你的第二性征发育良好，又有月经，即使月经有些异常，你的性别也不会改变的。

正常月经是女性内生殖器发育正常和功能健全的表现。它不仅影响着青春期女孩对自己身体的感受，而且也深深地影响着她们对自己的看法，是女性身体发育的里程碑式的事件。而且，月经还是妇女的一种正常生理现象，多数妇女在月经期无明显症状，少数妇女可有乳房发胀、头痛失眠、心慌、下腹胀痛和情绪不安等。这种情况一般不影响工作，也不必治疗，月经期过去以后症状会自然消失。

衡量女子的月经是否正常，一般可以从以下几个方面进行判断。月经周期：从月经来潮的第一天到下次月经来潮的第一天称为一个月经周期。绝大多数人在 28—35 天，但也有少数人短至 20 天或长达 45 天一个周期，在上述范围内，只要月经有规律，均属正常现象。月经周期和月经期是两个概念，月经期是指：阴道流血期间称为月经期，多数人的月经期持续3—5 天，但少至 1—2 天，多至 7—8 天也属正常范围。月经血量：正常月经期的月经血量为 20—120 毫升，多数为 50 毫升，以月经来潮的第二三天最多，以后逐渐减少。月经血特点：月经血的特点是不凝固，呈暗红色。月经血中除血液外，还含有子宫内膜脱落的碎片、子宫颈黏液及阴道上皮细胞等。

研究认为，大多数女孩子是在 10 岁到 16 岁出现第一次月经的，18、19 岁才来的确比较少见。人体的下丘脑、脑垂体和卵巢的周期功能任何一个环节出了问题，都会引起月经的异常。因此，如果到了 16 岁还没有来月经，最好去医院检查一下，以便尽早对症治疗。然而，月经迟来并非都是异常。在文化落后的贫困山区，女孩子 18、19 岁才来月经并不罕见。除此之外，个人的体质、营养及健康状况也会影响初潮的年龄。青春期女孩的月经不调大多属于正常的生理现象。一般来说，在初潮后最初几年里，月经大多是不规律的，大约要过 5 年以后，月经才会以一定的规律按时出现。有的女孩两个月来一次月经，这样的规律也是正常的。在初潮以后的五年里，即使两年来一次月经，也属正常。这与行经期洗头、洗澡或喝水毫无关系。

1. 科学合理地使用卫生用品。最好选用正规厂家生产的、包装完好、标有出厂日期的卫生巾，这样，才能保证你所使用的卫生巾是无菌的。如果家庭经济条件不允许，你可以买相对便宜的卫生纸。由于卫生纸的包装不如卫生巾密闭，用前最好蒸一下（开锅后再蒸 15 分钟，才能达到灭菌效果）。使用的卫生带也要及时清洗，洗后最好用开水烫一下，并在阳光下暴晒。不要为了节省不舍得及时更换卫生巾（纸），因为积聚的血垢能够刺激阴部的皮肤引起炎症，或培养细菌造成感染。在行经期外出时要随身携带 1—2 片卫生巾（纸）备用。

2. 保持清洁。每天都用清洁的温水冲洗外阴，要从前面浇水洗，不要从后面向前洗，以免将肛门附近的污物或细菌带到阴道口。月经期间千万不要在浴盆里洗澡，也不要游泳。女子阴道是月经排出的通道，又是性交的接纳器官，亦是胎儿娩出的道路，因此特别要注意卫生。由于女性外生殖器构造较为复杂，又因皱褶太多，更易藏垢纳污，另外阴道口靠近肛门，阴道容易污染，再加上阴道经常有分泌物流出，因此特别要注意外生殖器的清洁，特别是便前洗手。平时要注意用温开水擦洗，洗时注意大小阴唇和阴蒂附近的垢腻。月经期最好早晚清洗一次，但不宜进行盆浴，以防上行感染。化纤内裤不通风，容易引起异味或外阴炎、阴道炎，故宜穿宽松及易透气的棉质内裤，还要注意内裤不要过紧，涂喷香料要防止皮肤过敏。同时养成良好的生活习惯，不饮酒、不吸烟、远离毒品。

3. 月经期间，注意保护自己。月经会使你的身心不适，要学会在行经期保护自己。一般来说，女孩在行经期会比平时更容易疲劳、困倦，有人还会感到头痛。这是由于女性的体力随着月经周期呈周期性的变化。月经来潮前8—9天体力逐渐上升，直到月经来潮前1—3天体力达到高峰；月经来潮后体力急剧下降。等到月经结束后体力逐渐恢复：月经结束后3—5天体力比平时稍高，此后又很快回复到平常水平，直至下一次月经的到来。知道了这个规律，你就不要在月经期间对自己的体力有太高的要求，不要过分劳累、用功，要适当地休息。如果条件容许，不妨把那些需要高体力、动脑力的事情放在自己体力最好的时间去做。

4. 调整好情绪。有的女孩会发现自己在月经期之前的几天里会突然发生情绪变化，表现为烦躁易怒、焦虑不安、精神紧张、缺乏自信、注意力不能集中，甚至还会出现一些躯体症状，如失眠、乳房胀痛、头痛、腹胀、浮肿等。不必担心，月经来过以后，症状自然消失，医学上称之为经前期紧张综合征。

5. 不参加激烈的体育活动。在行经期遇到体育课或体育比赛，你需要向老师请假，因为剧烈运动或重体力劳动会加快下身的血液循环，从而加重盆腔脏器的充血。轻者容易造成经血过多，经期延长，体质虚弱；重者会留下妇科病，影响终生。不必难为情，无论男老师还是女老师，他们都是过来人，会体谅你的。

总之，月经是正常的生理现象，月经期间，要采取良好的保护措施，不要把自己看作病人，以免加重经期身心不适。

◉ 2. 女孩在痛经时，应当注意哪些事项？

女孩痛经在月经过后会自然消失，但若不采取积极的预防措施，将会造成肉体和精神上的痛苦。所以要注意月经期中的痛经的发生，应当注意

以下事项：平时加强体格锻炼、保持心情开朗。对月经生理知识有正确的认识，消除对月经的恐惧、紧张情绪，注意营养及经期卫生。行经时避免过度劳累，少吃寒凉生冷或刺激性的食物，并避免淋雨或洗冷水澡、在冷水中劳动等。经常痛经者平时可以服用一些调经片、痛经丸，疼痛较重时也可以服用去痛片等。

一天，校辅导员办公室来了一位女学生，她对辅导员说："这些天自己总是全身冒冷汗，想吐，在床上打滚，服止痛药也不管事。如果再这样痛下去，什么药都不起作用，我该怎么办？我的同学中没有一个是这样的，我真担心自己能否活到 20 岁。这是由什么引起的？"

或许这位女孩不知道，痛经在十几岁的女孩子里是非常普遍的，因为在这个年龄里，女孩子开始有排卵月经了，不排卵的月经是不会感到疼痛的。痛经与来月经早晚没有因果关系。随着年龄的增长，疼痛会有所减轻，起码是可以忍受的。因此，这位女孩不必担心自己短寿。对于痛经现象，医学的观察是这样的：15 岁以下的少女很少发生痛经，只有年龄在18—20 岁间的姑娘所具有的痛经更接近于成年妇女，她们的月经周期大多数是排卵型的。她们的月经周期不再像少女那样容易出现不规律的情况，但是痛经的发生率却大大增加。如果出现下腹部疼痛，她们的妇科疾患的发生率，也高于 13—17 岁的少女。如果出现白带异常，由于性病所致的可能性增高。

经过观察，现代医学认为，凡在月经前后或月经期间发生下腹部疼痛以致影响劳动及生活者称为痛经，痛经分为原发性痛经和继发性痛经两类。痛经的主要症状是月经来潮前 12—24 小时开始腰、腹部疼痛，到月经来潮前数小时疼痛加剧，呈阵发性绞痛，并向会阴部、大腿部放射，同时还可出现恶心、呕吐。待经血排出后，疼痛即减轻，一般两三天后疼痛消失。痛经产生的原因有：

原因一，一些生殖器官的疾病导致痛经。不过，这种痛经并不常见。痛经所引起的疼痛主要是由于子宫平滑肌强烈收缩造成的，就好像我们的手脚抽筋所引起的疼痛一样。因此，在治疗痛经时可以选用任何对自己有效的镇痛药、解痉挛药，以及活血化淤的中药。也可热敷下腹，这可在一定程度上使子宫放松，从而缓解疼痛。还要注意保暖，避免剧烈的运动，精神放松。如果这些办法都不奏效，就需要去找医生了。

原因二，青春期少女发生的下腹部疼痛的最常见原因是月经间痛和非典型性痛经。然而，偶尔也能遇到器质性损伤，如卵巢肿瘤或卵巢肿瘤出现突然病变（扭转、出血和破裂）等也可引起下腹痛。所以对于主诉脐下腹痛的所有少女都要进行包括肛门指诊和腹部双合诊在内的妇科检查，绝不可掉以轻心。

原因三，与心理精神因素有关，如情绪激动（生气）、抑郁、精神紧张等，有时过度疲劳、剧烈活动、淋雨、受凉、大量服冷饮等也可以引起痛经。

痛经固然在月经过后会自然消失，但若不采取积极的预防措施，将会造成肉体和精神上的痛苦。所以要注意月经期中的痛经的发生，注意些什么呢？

首先，要预防痛经的发生，做到平时加强体格锻炼、保持心情开朗。对原发性痛经有正确的科学认识，患有原发性痛经的青少年应对月经生理知识有正确的认识，消除对月经的恐惧、紧张情绪，注意营养及经期卫生。行经时避免过度劳累，少吃寒凉生冷或刺激性的食物，并避免淋雨或洗冷水澡、在冷水中劳动等。经常痛经者平时可以服用一些调经片、痛经丸，疼痛较重时也可以服用去痛片等。

其次，在行经期，多数女孩会感受到不同程度的下腹胀痛或腰部酸痛。如果你在月经期感到腹痛，可以喝一杯烫烫的红糖姜水，或采取俯卧位休息，也可在下腹部放一个热水袋。轻微活动一下也有助于排出子宫内的充盈物，从而缓解疼痛。下河趟水、淋雨、用凉水洗头、洗脸、洗脚、洗手、洗澡和坐凉地都会加重腹痛，应该尽量避免。行经期也不能吃冷食（饮），即便夏天也不例外。

◉ 3. 未成年人早恋，将会酿下什么苦果？

广大未成人对早恋要有正确的心态。保护未成年人的青春，是为了能保护青春未来的实现；过早地摘下青果，其实是在阻止完美未来的到来。

某校初三的两个尖子生王某和陶某相恋了。多情的陶某每天都要给王某写封信或一首诗。纸包不住火，不久，同学们的风言风语终于传到了老师的耳朵里。一天，班主任把王某和陶某叫到办公室："早恋是祸啊，你们都是好学生，我不想看着你们拿自己的前途开玩笑……"王某的父亲也来了，他咆哮着说："你再不好好学习，我打断你的腿！"看着老师和父亲震怒的脸，王某表示："以后两人关系一刀两断，集中精力学习！"多情的陶某却受不了这个打击，一下子病倒了，功课落了一大截，沉浸在失恋的痛苦旋涡中的她再也无心上学，便退学了。7月，王某考上了重点高中后，每天教室—食堂—宿舍三点一线的生活平静地过了一年。就快把那段初恋淡忘了的时候，偶然的一天，他俩在街上不期而遇，他们又重新相恋了，并陷入了爱的旋涡，每天的幽会成了他俩的必修课。一天晚上，两个人在街心公园花丛暗影中相偎着，陶某情不自禁地说："王某，我爱你，你再也不要伤害我了好吗？"朦胧的月光在陶某的脸上洒下一片银色的光亮，黑黑的眉毛、黑黑的睫毛，黑与白之间格外动人。王某举起右手："我发誓，我再也不会伤害你，不让你再受到任何人的伤害！"上课下课，白昼黑夜，王某满脑子都充满了陶某动人的笑靥，每天一放学，王某就直奔街心公园，成了昼伏夜出的动物，晚上神采奕奕，白天哈欠连天。没多久，王某的成绩滑落了一大截，课上，老师讲的东西听不懂了，他再也无心向学。加上父母的责骂，他俩决定离家出走。3天后，王某和陶某从家里偷了20000元钱，出走了。

从一个省到另一个省，从一个地方到另一个地方，转眼4个多月过去了，钱也快没了，整天无所事事的王某闷得慌，就给同学挂了个电话。同学焦急地说："你快回来吧，你再不回来，你父母都要着急死了。"

身陷困境的王某失去了理智，他对家里、学校及一切人都产生了怨恨，每天傍晚，他都在城市的天桥上怒视那些街头，"我恋爱，有什么错"？于是，他开始了诈骗他人，甚至抢劫杀人。不仅仅是为了生存和爱，也是为了报复。然而，他终于被公安机关抓获了，等待着他的将是法律无情的审判。

 案例评析

其实，早恋错的不是感情，而是时间，在青春期这个易冲动、意志力薄弱、心智尚不成熟的年纪，早恋不仅伤害了自己，伤害了父母，也伤害了对方——陶某退学，王某囿于牢狱，三败俱伤。如果他是成年人，也许他们不会那么冲动地出走，也不会那么轻易就动了抢劫杀人的念头；如果王某没有沉溺于早恋，而是把精力放在学业上，他的爱情一定会美满地到来。王某错了，敢爱敢恨不代表不是懦夫，为对方的将来负责任才是真正的勇者。那么，既然果子还青着，就等它成熟的时候再来采摘吧。之所以说早恋不成熟，是因为：一是朦胧性。对两性间的爱慕似懂非懂，不知如何去爱。二是单纯性。只觉得和对方在一起愉快，对方有吸引力，缺乏成年人谈恋爱对对方家庭、政治、经济等多方面的深沉而理智的考虑。三是差异性。表现为女生有早恋的较早、较多，可能与女生发育较早有关。四是不稳定性。早恋成功者实在少见，两个人随着各方面的不断成熟，由于理想、志趣、性格等方面的变化可以引起爱情的变化；恋爱越早，离结婚之日越长，就夜长梦更多，缺乏稳定性。五是冲动性。缺乏理智，往往遇事突发奇想，莽撞行事，一时冲动不计后果。有的心血来潮发生性交，饱尝苦果；有的聚散匆匆，聚时无真情，散时不动容，轻率交往，滑向道德败坏的泥潭之中。

这个典型案例告诉我们广大未成年朋友，对早恋要有正确的心态。保护我们的青春，是为了能保护我们青春未来的实现；过早地摘下青果，其实是在阻止那完美未来的到来。

◉ 4. 补药，真能补吗？

滋补品名目繁多，花样百出，许多有滋补作用的食品中都含有药物成分，而有些具有补益性能的食品，本来就介于药物与食物之间，其药理作用往往被人们忽略。如果长期给未成年人服用，其结果只会是事与愿违，反而会害了孩子。

有一位音乐家的母亲，为了让10岁的女儿比别人更聪明，早一些让女儿进入音乐的殿堂，她花了大量的钱，常给女儿买"人参蜂王浆""珍珠粉"之类的补品，带女儿上街时，还要买些"青春宝""奶油巧克力"之类的东西。这样一段时间后，女儿不但没有苗条、聪颖，反而乳房隆起，出现月经。没办法，只好到医院治疗。

某医院文献报告，有16例儿童病案记载，长期服用滋补品引起生理改变。其中女孩14例，年龄为4—8岁；男孩2例，均为10周岁。他们都未间断服用补药6个月至1年时间，女孩子普遍乳房增大，其中5例出现阴道分泌物，13例经B型超声检查，显示子宫、卵巢已处于青春期；2例男孩子睾丸增大，阴茎发育，喉结已明显凸出，并长出细细的胡须和阴毛，这意味着提前进入青春期的"早熟"征象。

某些补品对患有营养不良性疾病或发育迟缓的孩子确实有一定帮助，但绝大多数身体健康的孩子，根本没有服用补品的必要。盲目给孩子服用补品而带来的问题发人深省。虽然动机是好的，后果实堪忧虑。

盲目给孩子滥补的恶果，真是令人担忧，这是好心的家长们万万没想到的。许多补品、补药中都含有生长激素和性激素，甚至含有相当量的雌二醇（女性激素）或睾酮（男性激素），这些东西是未成年人，尤其是孩子们千万补不得的。有的家长为了造就出聪明的下一代，幻想通过某种补药来提高孩子的智商、增强记忆力，一股脑儿给孩子补充赖氨酸或吃加入赖氨酸的强化食品。这样无节制大剂量地服食赖氨酸，身体根本吸收不了，大多被排出体外，加重了孩子排泄器官的负担。还有的家长规定孩子每天必须服钙片，或者是多种维生素、葡萄糖酸锌片等，既无临床指征，亦无医嘱，只是凭自己的感觉，以为孩子缺少这些营养成分。这种盲目的做法，其实不是爱护孩子，而是害了孩子。当今的滋补品，名目繁多，花样百出，许多有滋补作用的食品中都含有药物成分，而有些具有补益性能的食品，本来就介于药物与食物之间，其药理作用往往被人们忽略。如果长期给儿童服用，其结果只会是事与愿违，反而会害了孩子。

◉ 5. 婚前性行为将会产生哪些恶果？

婚前性行为的后果很严重，将可能导致怀孕、生孩和堕胎，也可能导致感染淋病和梅毒等性病，一定要尽量避免。

（典型案例）

方芳是在两年前考上职业高中的那一年暑假，和 17 岁的无业青年小伟认识的。小伟的家境很不好，父母平常很少管束他，也管不了他。小伟从第一次看到漂亮单纯的方芳就穷追不舍，两人终于谈起了恋爱。不久，小伟就把方芳带到城郊亲戚家的空房，连哄带求，与方芳发生了两性关系。之后，他们又多次去附近的旅馆、录像厅过夜，不久方芳怀孕了。不得已，方芳只好把自己怀孕的事情告诉了母亲。但是，当方芳的父母带着孩子找到小伟家里，谁知他的父母不讲理，还倒打一耙，说什么男孩发育晚，女孩发育早，都怪方芳教坏了他们的儿子。还说孩大不由娘，儿子的事他们管不了。

然而，做完流产没有几天，小伟又把方芳带进了旅馆，使可怜的方芳没过多久再次怀孕。而且，还使方芳患上了妇科疾病。方芳的父母很着急，但他们却还不敢请求居委会出面。为了女儿的安全，他们对女儿和小伟说："等到你们长大后再在一起。"做完第二次流产后，方芳也努力想与小伟疏远，想好好读书，但小伟不肯。方芳在家里，承受了莫大的压力。妈妈经常说她不自爱，缺心眼儿，让人给骗了，长大了也嫁不了好丈夫了。在校园里，她也总遭人窃窃私语，老师同学都把她当作问题少女，她要好的女友，也被家里勒令不准和她来往了，她越来越孤立了。她想过一个正常人的生活，但小伟缠着不放，一天，小伟又在校门口拦住了她，强行将她拖上了出租车，带到一家旅馆，说他以前骂她是因为爱她、怕失去她，并答应只要再和他发生一夜性行为……可是，这是没完没了的事情，无奈方芳只好投奔小伟家中，开始与小伟同居。方芳的父母没有办法，只好报了警。

案例中的方芳正值少女青春期时，却是一个没有处理好青春期生理问题的典型。当然，父母如何引导青春期时生理正发生着变化的少女也是个问题。实际生活中不少家长为了防止自己的孩子走上弯路，发生早恋和性行为，不得已对自己的孩子采取"囚笼"式的防护方式，除了经常谈早恋的害处外，对孩子与异性的交往也高度警惕，甚至采取偷翻孩子的抽屉，偷看孩子的日记和信件去捕捉蛛丝马迹。这样的持久战，让做父母的一颗心总是悬着，总是处于一种不讨好的角色中，孩子也感觉压抑，感觉自尊心受到了伤害，而效果还未必好，往往会激起孩子的逆反心理。事实上，孩子长大是挡不住的。少男少女对异性萌生了爱慕之心，甚至是产生了性欲，这并不可耻，这是性成熟的表现，作为家长应该为孩子的健康发育感到高兴，就像当初为孩子长出第一颗乳牙而高兴一样。家长与其做个压制和监视者，不如做孩子的朋友，尊重孩子的人格和不断增长的独立意识，为他们导航。当然，做孩子的朋友，这对绝大多数家庭来说，只是一种理想状态，在孩子还不能理解家长苦心的特殊时期，做家长的不妨把做孩子的朋友当成一种策略，因为，我们必须以孩子最可能接受的方式让孩子知道，他们渴望自由本无可厚非，但人生在世必须遵从一些游戏规则，在那些必要的约束里，人才能获得更有价值的自由。这就如同他们上学，如果在该读书的年龄里放任自己，那么他们将会失去更多的机会和选择空间，两者情形相似。有些人担心，让孩子知道太多，会让孩子将注意力集中在自己身体的变化上。但专家认为，孩子没有从正规渠道得到知识，可能会从非法出版物、音像制品上找，这后果更糟。家长教孩子用火柴，并不等于教他们放火。学校和家庭的性教育，至少要让子女特别是女儿知道性行为的后果。

方芳和那男孩的同居和性关系，是非常令人担心的。性行为最明显的后果是怀孕。在我们社会上，婚前怀孕是一个非常严重的社会和经济问题。要避免这个问题的产生，女孩们更应该时时想到婚前性行为的可怕后果，以免在紧要关头把持不住。一般说来，女孩对性行为比男孩有比较罗曼蒂克的看法，许多女孩原来不想发生性行为，但是常常会受到当时的情绪和状况的左右，即使她们有避孕的常识，也会在毫无保护的情形下"奉献"自己。这样的性行为，会给未成年少男少女们什么样的"颜色"呢？第一种"颜色"是为了那还未出生的小生命，只能结婚，但通常这是很坏的选择，因为男女双方可能都还年轻，未成年的夫妇不适于组织小家庭，20岁以下的男孩养不起妻子。而且两个人的学业和前途都可能受到阻碍，在这种情形下结婚的男女，婚姻生活不会幸福。在美国，在未成年时结合的夫妇离婚率最高。第二种"颜色"是，让少女当小妈妈，生下小生命。同样的，这也不是一个很好的选择。因为未成年的妈妈通常没有办法靠自己的力量抚养孩子，孩子也缺乏正常的成长环境。此外，她还要面对着社会上的风言风语，对她本人和孩子都很不好。但是，即使如此，把生下来的孩子交给一个陌生人领养仍是一件非常痛苦的事情。第三种"颜色"更是不好的色彩——堕胎。但是偷偷摸摸的堕胎手术，常常由不合格或粗心的"医生"施行。到了流血不止转送大医院治疗的时候，可能已经来不及挽救生命了。更坏的堕胎方式是滥服堕胎药。这些方法都非常危险，足以使身体受伤害，甚或死亡。

总而言之，婚前性行为的后果很严重，怀孕虽然有三条路可走，每一条都是不能通往"罗马"的大道。几分钟的欢乐换来的就是这么多的不幸。其实怀孕不是婚前性行为唯一可怕的后果，另一种同样可怕的是感染淋病和梅毒等性病，这样的后果更是不堪设想。

◉ 6. 异性间正常交往遭到哄闹，应当如何处理？

几乎每个青春期少男少女都开始对异性发生兴趣，都渴望与异性交往，特别是与自己喜欢的异性交往。遇到哄闹是一种正常表现，多半不是存心对你进行人身攻击，也不意味着少男少女的行为不当。要消除憎恨情绪，平和理性地面对你的同伴，主动让哄闹停下来。

听说李某有一个精致的"快易通"，正考虑买一个英语学习机的王某想先看看，并参考一下价格。可是，他也知道，李某平时傲慢得像个公主，会理自己这样其貌不扬的家伙？不过，王某还是打算试一试。没想到李某特别爽快，第二天就借给了他。他发现，李某并不像自己想象的那么难以接近，后来他也常常借书给李某以示"礼尚往来"。

王某万万没有想到，好端端的礼尚往来竟被弄得复杂起来。课下，只要他和李某说话，班上的男生就会集体起哄，说他们就是"天生的一对"，有时，还模仿影视中热恋男女的语言和神态作"角色扮演"。王某越是为自己辩解，越是引来更响亮的哄闹。为了避免这种尴尬的"围攻"，王某开始有意回避与李某接触，以示自己的清白。这样虽然避开了同伴们尴尬的围攻和老师的追问，可是王某实在不明白，难道与异性交往是丢人的事吗？

李某也为此遇到了麻烦。同寝室的好朋友小萌差点儿与她绝交。那天，当小萌刚知道李某与王某交往时，竟然当着李某的面像孩子一样失声痛哭，还悲伤地责问："李某，你怎么能这样？"于是，李某便也与王某疏远了，当好朋友小萌知道后，破涕为笑了，恢复了往日的友好。好友失而复得该是件值得高兴的事，可是李某一点儿也笑不起来。"为什么同性朋友和异性朋友不能同时存在？"她为此困惑不解。

相信许多青春期少男少女都会遇到李某与王某类似的经历。同伴的哄闹使本来自然的异性交往变得不那么正常了。在憎恨同伴奚落的同时，我们也会在内心中对自己提出疑问：我们该不该交异性朋友？

其实，在这个年龄里，如果不是为了寻找结婚伴侣，不是为了追求感官刺激，与异性交往本身没有错。我们的世界就是由男女两性组成的。为了生存和发展，我们不仅需要与同性交往，也需要与异性合作。与异性合作的能力不是与生俱来的，而是通过与异性交往来培养的。

那么，这样一个正当的行为为什么会遭到同伴们的哄闹呢？一般来说，几乎每个青春期少男少女都开始对异性发生兴趣，都渴望与异性交往，特别是与自己喜欢的异性交往。然而，并不是每个人都能像王某那样有勇气与异性交流。不少人认为，如果不是恋人，与异性交往就是不正当的事。这种态度渗透在我们生活的各个领域。在我们的成长过程中，家庭、学校以及大众传播媒介给我们提出种种限制，影响着我们对异性的态度。也许你的同伴中就有这样的人，在理性上认为与异性交往是难为情的，可是又无法回避与异性交往的欲望，于是，哄闹别人不失为一种宣泄性欲安全的办法：在表明自己清白的同时，积聚已久的性冲动带来的压抑也得到了释放。

如此说来，同伴的哄闹多半不是存心对你进行人身攻击，也不意味着你的行为不当。消除憎恨情绪，你会更容易平和地面对你的同伴。

接下来的问题是，我们怎样面对同伴的哄闹。像王某那样有意回避李某不是明智之举。积极的处理办法是主动让哄闹停下来。

在青春期，我们大多数人还没有很强的自我肯定能力，同时又特别需要得到别人的认可和肯定，因此喜欢随大流。也就是说，围攻王某的人常常是带头的"孩子王"。如果你像案例中的情况而受到一群男孩子的"起哄"，告诉你的老师，叫他找到那些"孩子王"心平气和地谈一谈。问问他，大家为什么会对同学起哄？大家起哄时同学所受到的伤害，老师会引导他们、告诫"孩子王"们："你既然是对同学有号召力的，你就应该帮助你所起哄的同学。如果别的同学还要出现这样的事，作为有影响力的你应该阻止一下。这样，同学们不是更团结了吗?"

李某遇到的麻烦也是事出有因的。由于大多数青春期少男少女还没有足够的自信肯定自己，因此，在小萌看来，好友与异性交往已经对自己构成了威胁，这意味着李某已经"抛弃"了自己，不再像以前那样与自己分享100%的友谊，而她又是多么希望拥有好友的全部友谊啊!

这样的失落心情常常存在于那些发育稍晚的女孩。由于她们自己尚未对异性发生兴趣，她们很难理解，同伴与异性交往并不影响她与自己的友谊。李某也不必为此放弃自己与异性交往的权利，但需要关心小萌。等小萌再长大些，也开始有与异性交往的愿望时，她能够理解：同性友谊和异性朋友是可以并存的。虽说"喜欢异性不是错"，可是当我们鼓足勇气与异性交往的时候，常常会从周围人的态度中感受到一些"不快"。

◉ 7. "母子同眠"给未成年人带来怪异行为，应当如何避免?

儿童已经进入学校学习后，社会知识和活动范围进一步扩大。生活自理能力进一步加强，一切有条件的家庭均应与孩子分房而居。未成年人要学会如何保护自己，学会社会男女交往的一般道德规则。

一天，心理诊所接待了一位带着个头高过自己的儿子的母亲，这位母亲说："她虽然和儿子已经分床几年了，但儿子今年进入初中后行为怪异，每晚睡觉前都先到母亲的被子里睡上一会儿，然后才回到自己房中入睡。睡觉从不枕枕头，脚也露到床外。更奇怪的是，每次上厕所都把衣服脱光，赤条条小便后又穿上衣服。从不在学校上厕所，有好几次因为要回家上厕所不及时而尿湿了裤子。"

心理专家分析后认为，这起病例是家庭不当教育所致。孩子的母亲完全成了家庭中心。母子同眠且超过了分床年龄，导致孩子的性指向的错误，这种"恋母情结"在现实生活中碰壁后，他就将自己藏在想象的童年情景中。

婴儿期性教育的内容主要是母亲对孩子的抚育喂养，身体的接触，增加孩子神经系统的敏感性，促进孩子大脑的分化发育。与成人身体接触不足的儿童，其智力，性敏感性，都将受到程度不等的损害。所以婴儿期的教育特点是满足婴儿食欲的同时，还要满足婴儿皮肤触觉的发育需求。这一时期一般不超过 3 岁。此时，母子同被而眠对儿童的发育是有好处的。

小孩子的性教育内容则是开始认识自己的性别，并初步进入性别角色。例如，鼓励男孩子的勇敢坚强，鼓励女孩子的温柔甜美，爱清洁，等等。男孩子应该穿男孩子的衣服，女孩子应该有女孩子的服饰。那种从自己的好恶出发男孩女养，或女孩男育的做法是极为有害的，因为或许这正是日后发生同性恋的原因之一，或许会成为日后家庭不和的诱因。此时应该同时开始灌输初步的性道德观念，如爱护尊重女性等。学会基本的性卫生知识，例如大小便以前要洗手，不可把小棍等物塞入小便的孔窍中，等等。此时为便于关照幼儿，父母应该与孩子同床分被而眠。这一阶段是从断奶起到 6 岁，即孩子夜间不会自己起夜以前止。

儿童已经进入学校学习后，社会知识和活动范围进一步扩大。生活自理能力进一步加强，一切有条件的家庭均应与孩子分房而居。此时的孩子性意识进一步增强，出现了不愿意和异性同桌、同行，为自己的性别角色而骄傲、自豪。此时不应该粗暴干涉孩子的这一心理现象，而应该肯定之。如果发现孩子厌恶自己的性别角色，则应该及时纠正之，以防发生日后的性别角色倒错现象。此时要教给孩子性卫生的基本知识，学会保护保持性器官的卫生。同时应该教会孩子知道如何保护自己，鼓励孩子的独立倾向。教给孩子社会男女交往的一般道德规则。

少年期性教育有着特别的意义。因为，此时期内多数男女孩子先后进入青春发育阶段，女孩子表现为月经来潮，男孩子表现为初次出现遗精。此时期的少年已经开始注意异性，已有了朦胧的性意识，对异性开始有了好奇和交往的要求。此时的性教育内容主要为：青春期生理卫生知识，经期卫生知识，男女交往的原则及注意事项，女孩子更应该学会保护自己，初步的婚恋道德原则。明确法律与道德对两性关系的基本要求，防止不正当性行为的发生。

◉ 8. 如何防止未成年人低龄怀孕？

未成年人在处理青春期的两性关系时，应当积极学习和参与自身生理的科学知识普及活动，努力创造一个良好的学习环境，适当加强集体活动，以免过分孤僻而陷入情感深渊。

王某的母亲在她刚入初中的时候因车祸去世。不久后父亲再娶，从此她开始了在父亲家和奶奶家来回"打秋千"式的生活。即使她两个家都不回，也没有人会知道她去了哪儿。可能是没了妈的孩子格外地渴望爱的温暖，王某在放学的路上与街边卖水果的小伙子阿华相识了，这种关系很快发展成为一种十分亲密的接触。那时王某才16岁，当她的姑姑得知了他们的交往时她已经身怀六甲。王某的姑姑在医院工作，劝她赶快把孩子引产，回头还来得及。可王某却是认定了阿华，坚决要和他在一起过日子。两个人在郊区租了间民房，过起了小日子。两年后他们的女儿已有两岁，可王某赖以托付终身的丈夫阿华却迷上了打麻将，整日泡在麻将桌前生意也懒得做了。王某只好出去打工养活女儿和丈夫。一天，阿华到邻居家打麻将，将孩子一个人绑在了床上，结果过热的电热毯引着了床下的泡沫垫子。当邻居们发现了险情，幼小的孩子已经在浓烟中丧生。丧女之后不到

1 年，不堪忍受生活困苦的王某与阿华解除了同居关系。

这是一个低龄怀孕且引起严重后果的事例。但我们应该知道，这是很不幸的，这种不幸给家人造成了很大的感情伤害。

曾经有位家长知道自己未成年的女儿怀孕时，痛心地哭丧着脸叫起来了，说："可把人给气死了！"这样的家长，一般都劝过自己的女儿，但是孩子一般都听不进父母的劝告，有时候父母为了能劝住自己的女儿，不得不向社会如报社之类的地方诉苦，她们常常说，把这样的事告诉记者不是为别的目的，是想让女儿吸取教训快点儿回家，也让其他遇到类似情况的少女引以为戒。但是，"子不教父之过"，越来越多的未成年孕妇的出现，其父母的责任不可推卸。很显然，当这些尚未成年的小妈妈们受到伤害时，她们的监护人、她们的父母们在哪里？他们是否应为这些孩子所受到的伤害负责？已有过多年临床经验的中西医结合妇产科的医生介绍说，女性骨盆上的骨垢骨化时间一般要在 25 岁左右完成，也就是说女性在 25 岁才能够在生理上达到真正成熟。如果在 25 岁以前多次受孕分娩或是做人工引产手术将会使女性的腹韧带拉长，未成熟的骨骼和关节也会在生长过程中发生变形，如果年龄过小还会影响到今后的形体变化。若因滥交而感染上性病，后果将更不堪设想，目前多数性疾病的治愈率都非常低，有些几乎等于癌症。那么，作为家庭和学校等社会方面，应该如何对待青少年青春期的两性关系问题呢？

1. 明理。不断加深未成年人的以下四方面认识：一是对社会转型时期生活环境的认识；二是对青春期自我的认识；三是对人际交往关系的认识，尤其是异性交往和校外人际交往；四是对未来社会对人的要求的认识，引导青春期的少男少女们不要只放眼于两人的"伊伊小天地"。

2. 加强青春期的教育。积极开展各种旨在引导少男少女们认识自身生理的科学知识普及活动。

3. 创造一个良好的学习环境，比如校园中男女学生在公共场所过分亲昵化的动作，要禁止。

4. 适当加强青春期少男少女们的集体活动，以免过分孤僻而陷入情感深渊。

◉ 9. 未成年异性间交往，应当注意哪些事项?

未成年人在与异性交往时，要注意选择交往形式。未成年男女以集体交往为宜。课堂上的讨论发言，课后的议论说笑，课外的游戏活动等，为大家创造了异性交往的机会。同时，要把握交往的尺度。女孩子应端庄、坦荡，不使对方产生误解和非分之想；男孩子要沉稳、庄重，尊重对方。

朱某一出校门，就发现那个陌生男子又在等她。她退到传达室，心里很乱：女同学们总传说校门口有坏人专找女生交朋友，可这个人可不像坏人，他文雅、礼貌，他说自己只是想做她的"哥哥"，保护她，他夸她漂亮。上次，朱某只是说"没时间"，就仓皇摆脱了。今天他又来了。朱某心里有一种满足感，莫非自己当真漂亮！和这样一位"马路先生"认识，也很有情调。不过，朱某又很不安，万一他是个情场老油条呢？万一是一个玩弄女性的色狼呢？但是他似乎更像一个陷入单相思的可怜虫，或是个受人怂恿的傻小子。朱某躲在传达室，不知该怎么办？

李某正在图书室里埋头阅读，突然传来一位女孩子的声音："你好，借用一下你的字典好吗？"他抬头一看，这个女孩子他并不认识。他还未来得及回答，女孩拿起字典就到邻桌翻了起来。一会儿后还过来了，看着他一笑，很客气地说："谢谢，你的字典非常好，我真想经常看到它。"李某平时就不爱说话，更很少与女孩说话。此时，他脸红得低下头，客气话也没能说出来。当他打开他的字典时，发现有一张字条，"我已经一个星期注视着这张桌子上的你了，我会永远在这儿等你的"。李某大吃一惊，心"嗵嗵"地跳，不敢看女孩一眼，收拾起书匆匆离开。他再也不敢去那张桌上了，但每次他都会不经意地看看那张桌旁的女孩，如果她不在，他心中就很失意，甚至会读不下书。

其实，男女生的交往不仅是正常的，而且是必要的，有益于青少年身心健康成长。心理学的研究和实际观察发现：青春期交往范围广泛，既有同性知己，又有异性朋友的人，比那些少有朋友，或只有同性朋友的人的个性发展更完善，情绪波动小，情感丰富，自制力较强，心理健康水平较高，容易形成积极乐观、开朗豁达的性格。朱某所碰到的现象，校园中是常有的，从那情况看来，那男孩子看来并不是坏人，所以，朱某的回避是不正确的，她应该主动与他交流、沟通，必要时还可以请老师出面。而李某的情况也是青春期时期少男少女们常有的心理，但是李某显然过于拘谨、畏缩，这对他会造成一定的心理障碍。那么，怎样才是正确的异性交往呢？

首先，注意选择交往形式。未成年男女以集体交往为宜。课堂上的讨论发言，课后的议论说笑，课外的游戏活动等，为大家创造了异性交往的机会。都能使一些性格内向、不善交际的同学，免除了独自面对异性的羞涩和困窘；一些喜欢交际的同学，满足了与人交往的需要。这样每个人都融入了浓浓的集体气氛中，在集体中的异性交往，每人所面对的是一群异性同学，他们各有所长，或幽默健谈，或聪明善良，或乐观大度，或稳重干练……使他们在吸收众人的优点的同时，开阔了眼界和心胸，避免了只盯住某一位异性而发展"一对一"的恋爱关系。集体交往的形式各种各样，如兴趣小组、科技小组、学习小组等。集体活动也是丰富多彩的，如娱乐、游戏、竞赛、旅行、小发明、小制作等。

其次，要把握交往的尺度。对方约你一同参加某项活动，如听音乐、看电影、观画展、逛书市，这是正常的、公开场合的两性交往，完全可以大大方方地赴约。女孩子应端庄、坦荡、不使对方产生误解和非分之想；

男孩子要沉稳、庄重，尊重对方。假如两人互有好感，相处愉快，约会的次数会增多，每次约会的时间会延长，直到两人难分难舍，恨不得每时每刻都和对方在一起。这时一定要注意适可而止，不能占用对方太多的时间，不能因为两人的约会，使一方或双方无法集中精力学习，无暇与家人、同学、亲友相聚。必须有所节制，减少单独在一起的次数、时间，见面时多谈谈学习上的事情，使双方的感情降温。为防患于未然，对于抱着谈情说爱为目的的约会，最好婉言谢绝，让对方明白你的心思，放弃对你的追求。当然，不可伤害对方的自尊心。只要把握与异性交往的尺度，诚恳对人，热情大方，自尊自重，便能处理好与异性的关系，以自身良好的修养和人品赢得异性的尊重和友情。

但是像朱某所碰到的情况，如果对方真是个有恶意的青年，那处理这样的事情必须冷静、慎重。中学时代的青少年处于青春发育的旺盛时期，一方对异性采取的好感表示，这是青春期性心理特征的正常的具体反映。作为被动方，要理智地处理好这种事情，既不可感情用事，也不必顾虑重重，更不要在同学中宣传。首先，"爱情"对中学生这个世界观、价值观、人生观和对社会的看法等还未成熟、可塑性极大的群体来说，太早了，中学生还不具备谈恋爱的心理适应能力和条件。其次，如果被动方不方便拒绝对方，可请老师或家长婉拒或协助处理。再次，如果对方纠缠不休，可请家长、老师加以干预制止。最后，要注意平时与异性同学的接触，掌握时间、地点和分寸。应避免单独与异性过密接触，特别当家中无人时，不要轻易带异性回家，夜间女生不要单独外出。

◉ 10. 未成年人如何正确看待脸上的青春痘？

粉刺或青春痘是青春期身体发育的正常生理现象，一般不必处理。随着青春期的平安度过，体内激素分泌趋于平衡，多数人的皮肤会自然而然地变得光洁可人。需要尽量避免的是，由于处理不当，青春痘对皮肤健康的进一步损害。因此，进入青春期后，学习一些皮肤自我保健的方法。

"不知从何时开始，我的脸上竟然莫名其妙地长了一些小痘子，有的甚至还可以挤出一些白色的东西，怪难看的。天气热的时候，脸上还像抹了一层油似的，特别不舒服。为什么我的皮肤不能像有些大人那样光洁呢？"这是 16 岁小芳的疑问。"我的头发总是油腻腻的，头皮、脖子、额头到处都是小疙瘩，我担心自己一辈子就是这副'尊容'。"这是 17 岁小军的担心。

这是两位少年朋友在诉说来自皮肤的烦恼。青春痘是怎么回事呢？这是人在青春期时的一种性征表现。因为青春期的变化不仅表现在身高的猛增和第二性征的出现，也会表现在皮肤上。在人的皮肤表层下面有许多皮脂腺，它们能够分泌一种被称为皮脂的油性物质。皮脂沿着导管被输送到皮肤表面，用以保持皮肤的弹性和光泽，同时，防止体外的水分渗入体内。将皮脂排放到皮肤表面开口就是我们常说的汗毛孔。进入青春期后，体内增多的雄性激素刺激皮脂腺增生肥大，分泌的皮脂比以前多了许多。对于许多少男少女来说，这会引发一些皮肤上的问题。比如，我们的皮肤可能会变得比以前多油；如果皮脂分泌过多，毛孔就很容易堵塞，皮肤上就会出现一些不讨人喜欢的小疙瘩，这就是人们常说的粉刺，或青春痘。尽管面部、颈、肩、前胸、后背、头皮等皮脂腺丰富的地方都是青春痘的好发部位，然而，最让青春期少男少女苦恼的是脸上出现青春痘，因为它对自己的容貌影响最大。不过，医生们普遍认为，粉刺或青春痘是青春期身体发育的正常生理现象，一般不必处理。随着青春期的平安度过，体内激素分泌趋于平衡，多数人的皮肤会自然而然地变得光洁可人。需要尽量避免的是，由于处理不当，青春痘对皮肤健康的进一步损害。比如，由于不经常洗澡，阻塞毛孔的皮脂慢慢地变得干燥，经过氧化和污染，变成黑头粉刺；如果再遇上细菌感染，粉刺就会变成一个个小脓包，出现暂时性的色素沉着或瘢痕，有的消退后仍很明显。因此，进入青春期后，学习一些皮肤自我保健的方法就显得非常重要了。主要注意这样几个方面：

首先，要尽量及时清除皮肤上的油性物质和污物，以减少毛孔堵塞的机会。如果你的皮肤油性比较大，经常洗脸、洗澡就显得特别重要了。请注意，只将皮肤用水浸湿，然后匆匆擦干，这种清洗方式对皮肤保健毫无助益。相反，不彻底的清洗还会增加皮肤的感染机会。有效的方法是，用温水和中性香皂经常清洗。如果你在清洗之前先用热毛巾热敷一下，清洗效果会更好一些。这是因为温热刺激会使皮肤的毛孔扩张，排出淤积其中的皮脂更容易一些。

其次，要正确使用化妆品。比如，不要经常往脸上涂油性化妆品，甚至临睡前也不放过，这不但不能保护皮肤，相反，会使淤积的皮脂更难于排出。还要注意，现在市面上有许多标明可治疗粉刺的"霜"和"露"，如果你不能肯定它们的效果究竟如何，请不要拿自己的皮肤冒险。为了保险起见，最好到正规医院的皮肤科请教医生。

最后，科学地选择自己的食品，这样能使皮肤分泌皮脂少一些。比如，少吃油腻、辛辣的食品，也要少吃糖。多吃新鲜蔬菜和水果。保持心情愉快也是很重要的，因为人的情绪状态会影响到内分泌系统的变化。

最忌讳的是用手挤压已经生成的粉刺。因为挤捏并不能把粉刺赶跑，只能使情况恶化：细菌很容易被挤到深层，造成感染扩散，局部会形成永久性的瘢痕。特别需要注意的是，我们的鼻子周围分布的皮脂腺最多，形成粉刺的机会也多。由于这个部位的血管比较丰富，且多与颅内的血管（窦）相连，挤捏造成的感染扩散不仅会引起败血症，而且感染可直接波及大脑。

◉ 11. 未成年人如何正确对待手淫?

偶尔有手淫行为是青少年在青春发育期的一种正常性冲动表现，是青春期男女少年的普遍现象，并不影响健康。因手淫而造成的羞愧、悔恨、自责心理，甚至产生恐惧感、负罪感，形成沉重的心理负担是不必要的。

正确认识手淫可以消除心理负担，振作精神，稳定情绪。一旦形成手淫习惯也不可怕，树立坚定的信念，相信手淫是可以克服的，也要相信，只要戒掉手淫习惯，对身体不会遗留不良后果。

有这样一个学生，一次看电影时见到手淫的镜头。由于好奇，想试试而染上手淫习惯。此后，他经常手淫，事后觉得十分不自在，想改又改不了，有负罪感，精神压抑。

另一位 18 岁的高二男生这样描述自己对自慰的体验："大约在小学四年级的时候，由于年少无知，受坏学生的影响，不幸染上了手淫的恶习。我知道，这是很不道德的。尽管我竭力克服这个坏毛病，可是兽性的我总是克制不了自己，因为它也毕竟给我带来不少快乐。这难道是胸有大志者所为？我痛斥自己是个沉溺于肉体快感的'大色狼'……"

其实这两个学生并不了解，偶尔有手淫行为是青少年在青春发育期的一种正常性冲动表现，是青春期男女少年的普遍现象，并不影响健康。因手淫而造成的羞愧、悔恨、自责心理，甚至产生恐惧感、负罪感，形成沉重的心理负担是不必要的。正确认识手淫可以消除心理负担，振作精神，稳定情绪。一旦形成手淫习惯也不可怕，树立坚定的信念，相信手淫是可以克服的，也要相信，只要戒掉手淫习惯，对身体不会遗留不良后果。

为了正确认识这种现象，我们先来看它是如何产生的呢？经调查形成手淫习惯的原因有以下几种：（1）好奇、模仿、试试看而染上手淫习惯；（2）因性无知而染上手淫习惯，刚刚进入青春期的学生缺乏性知识，误以为手淫可以帮助排尿从而染上手淫习惯；（3）因生理原因，包皮过长包茎，而染上手淫习惯；（4）因阅读色情小说或者是有爱情故事情节描写的书刊，受其影响而导致手淫习惯。

此外，从心理的角度看，手淫行为是在性冲动时自我发泄性欲的举动。手淫是人从出生后就存在的行为。在儿童时期常是一种不自觉的玩弄动作。青春发育期由于性激素的作用，促进生殖器官和第二性征的发育，外生殖器敏感性加强，有时偶然因手接触，意外引起性兴奋产生一时快感。到青春期后在性激素的影响下，随着正常的性发育会自然而然地产生冲动和性要求。这个阶段青少年处于性生理趋于成熟而性心理并未成熟的性不平衡发展阶段，对性问题充满憧憬、好奇、幻想，他们会在性生理和性心理的驱使下处于好奇开始手淫。手淫是一种泄欲的方式，取得心理平衡。手淫行为不会对身体有什么影响。但是，量变到一定程度就有质变了，如果手淫次数过多，会造成什么样的坏处呢？

第一，过分强烈会形成习惯，以手淫为嗜好，那它就像暴饮暴食会造成消化不良，运动过度会使肌肉劳损一样，无论从生理和心理上都会产生一些不良影响。有手淫习惯的青少年，思想往往过度集中于性刺激。不少青少年内心处于矛盾状态，想戒掉手淫习惯却不能自拔，产生悔恨、自责、羞愧心理。受"手淫危害论"的影响，甚至产生恐惧、负罪感。一方面是手淫发生快感和新鲜的诱惑；另一方面是沉重的精神负担，给有手淫习惯的青少年带来无法解脱的精神枷锁，使他们一直处于自责、担心及想改又不能自拔的痛苦与焦虑之中。形成恶性循环，转换为躯体症状出现失眠、多梦、疲乏无力、注意力不集中、记忆力减退、学习成绩下降。

第二，如果手淫时过分、粗暴的刺激还会使生殖器出现损伤、充血、破溃、感染。女青少年染上手淫习惯，经常手淫可以引起盆腔充血或由于手不干净，引起外阴部或尿道发炎等。

对于不良习惯是要认真克服的，如何克服呢？专家们认为，一些行之有效的具体方法是：

1. 自我教育、自我暗示法。就是进行意志和毅力的锻炼，当性冲动一旦出现时，可以进行自我调节，自我控制先从减少次数开始，减少到手淫只是极为偶然的现象，直至戒除。

2. 分神法。每当出现手淫念头时，去做对自己最有吸引力、兴致最浓的事情。如：下棋、听音乐、做俯卧撑、看书……这样可以转移大脑性冲动的兴奋点，制约性冲动。

3. 抑制法。利用大脑皮层的机能特性——"优势法则"，有意识地增强学习兴奋灶，抑制手淫冲动的杂念，大脑皮层中形成学习优势兴奋灶，从而使其他部位处于抑制状态，学习越专注，处于优势兴奋灶的区域越具有良好的应激机能，并能进一步提高学习效率，有利于克服手淫习惯。

4. 对于在校的青少年，积极地参加正当的文娱、体育活动，扩大业余爱好，充实课外生活，使课外生活丰富多彩，可以淡化和转移性欲而无暇想手淫之事。

5. 建立有益身心健康的生活制度，养成有规律的生活习惯。定时睡觉、起床，不睡懒觉，不赖床，睡前避免过度兴奋，不看色情书、画，这对减少性的刺激与控制性欲起积极作用。睡眠以右侧卧为佳，不要俯卧，被子不要过厚。

6. 有选择地阅读书刊，要选择科学的性知识读物，可以帮助青少年从医学和健康卫生的观点去了解性生理、性心理现象，使之作出积极的适当的反应，从而排除有碍身心健康发展的消极因素，不要阅读黄色淫秽书刊，交朋友要采取谨慎态度。

7. 消除形成手淫习惯的生理原因，如包皮过长、包茎应进行手术治疗。

8. 日常生活中应当注意：（1）经常清洗外阴，消除积垢对生殖器的刺激；（2）不要憋尿，避免膀胱过分充盈引起刺激；（3）内裤不要过于紧小，防止摩擦外生殖器而引起刺激；（4）膳食上多吃新鲜蔬菜和豆类食品，少吃刺激性食物；（5）健康咨询，个别心理辅导。手淫者不要过分担心，因为辅导者都会严格保护你的隐私权，会及时正确地解答和指导你的问题。

四、未成年人心理健康的自我保护

◉ 1. 未成年人身陷挫折和困境，应当如何正确引导?

当未成年人身陷挫折和困境时，应当给予及时正确的引导。一要对症下药，找准了未成年人的心理根源；二要积极营造宽容信赖的外部环境；三要始终以一种润物无声、潜移默化的方式进行，避免说教和指令，避免露骨造作的帮助。

当未成年人身陷挫折和困境时，应当给予及时正确的引导。一要对症下药，找准了未成年人的心理根源；二要积极营造宽容信赖的外部环境；三要始终以一种润物无声、潜移默化的方式进行，避免说教和指令，避免露骨造作的帮助。

典型案例

王某本是一个开朗活泼、好学上进的女孩，平时同学关系比较融洽，也有几个谈得来的朋友，一直生活在一种和谐温暖的氛围中，可是自从那件事发生之后，一切都改变了。

那是个春光明媚的中午，新建的校图书馆宽敞明亮。埋头全神贯注学习英语已两个小时的王某猛一抬头，发觉阅览室里静悄悄的，什么人也没有，自习桌上堆满了同学们的书包、书。原来同学们都吃午饭去了。蓦地，王某看到对面桌子上一个闪亮的"快译通"英语学习机，她心中猛然一动，她是多么渴望有一个学习机呀。犹豫许久，她终于忍不住了，她走了过去，拿起了它，正在她犹豫着如何办时，"快译通"的主人恰好走入阅览室……于是，王某的"春天"就这样结束了。

从此，她变得抑郁消沉、寡言少语，平常独来独往，成绩也急速下降。她正在那片心灵的沼泽地里苦苦地挣扎无法自拔，她自责、悔恨，甚至对自己的生活和学习失去信心。此时，她的班主任发觉了这一情况，及时地对她进行有效的心理疏导，首先从王某本身的心理入手。先是聆听她的倾诉，让她把自己的忏悔和自责倾泻出来，放下心理的包袱；引导她主动地与同学正常的交往，得到同学的理解；指导她通过自己主观的努力重塑自己在同学中的形象，赢得同学的信任。另一方面，从外部环境入手，营造有利于王某改过自新的班内气氛，培养同学对她的理解和宽容。

经过班主任老师认真、细致、温暖的工作，王某走出了因深深的自责而带来的心理重负，也让同学们了解了王某要痛改前非的决心和勇气，给王某创建了一个证明自己的环境，使王某又找回了从前的自己。

案例评析

王某这种心理上的巨大变化，一方面，来自对自己行为的悔恨和自责；另一方面，也来自她生活周围不良气氛的刺激。比如，来自同学的冷眼相待甚至恶语中伤。心理学专家认为，当一个人身陷挫折和困境时，来自外界的积极善意的干预对其帮助是巨大的。这位年轻的班主任是一位很好的心理辅导员，她的启发方法是积极的：一是对症下药，找准了王某的心理根源。二是平等的师生关系，这样一种宽容信赖的环境是师生间所应有的。三是当学生陷入心灵沼泽的时候，一个宽容理解的外部环境尤为重要，作为辅导者的班主任对此一定要积极地营造和建设。这份宽容和理解也许就是学生找回自我，走出沼泽的原初动力。四是辅导者在帮助学生走出心灵沼泽的过程中，要始终以一种润物无声、潜移默化的方式进行，避免说教和指令，避免露骨造作的帮助。因为这类学生对外界的反应非常敏感，一不小心就会造成辅导的失败甚至走向反面。

◉ 2. 未成年人如何自我调解，摆脱压力和心理障碍？

心理压力主要是由于对挫折情境的不合理认识造成的，因此，缓解压力的主要办法，就是改变错误认知，用合理的观念来代替不合理的认识。同时，采取合理宣泄、自我放松等方法，主动适应环境、搞好人际关系，多一些宽容和大度，互相多点理解。也可向心理机构进行心理咨询。

夕阳照在这座新建的宿舍楼上，新建的宿舍楼住进的是新招的大学一年级的学生们，开学才一个礼拜，却发生了一件令人震惊的事情。一名叫贾某的新生从高楼上纵身跳下——他就这样轻生了。经公安局法医鉴定，的确是自杀的。事发第二天上午，新生的家长接到学校的通知后赶到学校。在殡仪馆里，看到已摔得面目全非的孩子，外婆伤心欲绝地说："我也跳楼死了算了。"这位痛失外孙的外婆因悲伤过度已卧床打吊瓶，而她至今仍不敢将孩子自杀的消息告诉孩子的外公，生怕老人无法承受如此打击。贾某一向是个性格温顺听话的孩子。因为是独子，外加家庭条件优越，他从小就得到全家人的溺爱。这造成了他独立生活能力较差，经常要家人为他做好一切，甚至连理发都需要家人陪伴。很小的时候，他的母亲便不幸去世，父亲、外公、外婆就更把他视若珍宝。高校开学时，在家人"护驾"下，贾某到校报名，为贾某打点好一切后，家里人就离开了，怎料离开了熟悉的亲人和生活环境，贾某非常不适应，连续 3 天，他给家中打电话说，6 个人住一间宿舍，又没空调，没办法睡觉，很痛苦，严重失眠。当时贾某外婆表示可以去学校陪他几天，可他拒绝外婆来学校。家里实在没想到他竟就这样走上了不归路！其实学校的住宿条件还算不错：贾某入住的宿舍楼宽敞明亮，干净整洁。6 人规格的宿舍房，还配备有小书架、书桌，还有独立卫生间、阳台，装有吊扇。据同宿舍一名新生说，因为都是新生，同学间不了解。同学们根本不知道他失眠或是想不开。对贾某的轻生，学校的老师和学生均表示"非常震惊""根本想不到会发生这样的事"。

据了解，某省高校大学生每1万人就有1人死于自杀，其中心理障碍竟为这些"天之骄子"的夺命隐形杀手。一些专家分析认为，大一新生容易出现心理问题。高考前，"考大学"是千万学生生活十年如一日的唯一重心，父母师长给予的照顾更是"无微不至"。但没想到，这样的生活使孩子成了生活的"矮子"。因此一旦进入大学，人也失去了生活重心，尤其是离开师长保护开始独立生活时，大多数学生都会发现自己有"心理失衡"的倾向：无法判别自己喜恶，不懂得选择今后生活，对生活、交往等问题不知所措。那么如何摆脱压力，避免轻生情绪及后果？

1. 重新认识所熟悉的事物，包括自己的思维。心理压力主要是由于对挫折情境的不合理认识造成的，因此，缓解压力的主要办法，就是改变错误认知。青年对挫折的不合理认识，主要表现在绝对化的要求，即对客观情境的要求，过于绝对化。这样的偏差也往往是引起恐惧、诱发悲观、产生心理压力的重要因素。这与青年期个体辩证思维的发展水平不高有直接关系。实际上，挫折发生后，要冷静，多用辩证的思想来分析其原因及后果。俗话说，"塞翁失马，安知非福"，更何况"失败是成功之母"，大可以"吃一堑，长一智"的，用合理的观念来代替不合理的认识，能够有效地减少来自困境的压力，同时，也可以消除因高期望而形成的对未来可能失败的恐惧、紧张和焦虑。

2. 合理宣泄。压力是个人在面对具有威胁性刺激的情境时，一时无法消除威胁、脱离困境而产生的一种被压迫的感受。合理的宣泄，会使这种沉重的压力感得到释放、缓解，并逐步消失。如一吐为快、哭泣、大笑，等等。美国生物学家威廉·弗雷说："强忍着自己的眼泪，就等于慢性自杀……"必要时的哭泣，可以缓解疼痛和减轻情绪紧张，转移心理对抗，有利于心理健康。"男儿有泪不轻弹"的错误观念需要改变。但是，宣泄法要注意合理运用，不可违背法律和道德规范，如报复性破坏，恶性攻击，或将愤懑不满转移到弱小无辜的人身上，诸如此类，都是不合理的和不道德的，甚至是违法的，需要坚决制止。

3. 自我放松。在生理上，焦虑、紧张等可以通过肌肉放松而得到有效释放。放松时站、坐、卧的姿势都可以，但相对来说，卧式效果最佳。心理学家的研究表明，放松的方式有很多，如渐进性放松，即从头到脚依次放松的方法；或采用上中下、前中后、左中右等大部分的肌肉"整体放松"。还可以利用想象、音乐、体育运动、睡眠等多种方式进行自我放松。如，想象美好的大自然，回忆自己过去的成功经历，积极的自我暗示；此外，音乐对调节心境，改善不良情绪也有着独到的功用，如圆舞曲《蓝色的多瑙河》、歌曲《卡门》《意大利协奏曲》、第三交响曲《苏格兰（C小调)》等名曲，都可以给人一种明朗、轻松、畅快的音乐感受，帮助人们走出压力。过重的压力对人的健康与发展都是十分有害的，对于青年人来说，只有"轻装上阵"，才能将自己的才能淋漓尽致地发挥出来。

4. 良好的人际关系。主动适应环境、搞好人际关系，多一些宽容和大度，互相多点理解。正确评估自我，不可自高自大自满是度过这个心理灰色期的关键。

5. 向心理机构进行心理咨询。据资料显示，20世纪80年代中期以来，心理方面问题已为大学生休学、退学乃至产生轻生的主要原因。于是，许多大学或研究机构纷纷成立咨询中心。1985年，上海交大率先在全国高校成立面向大学生的心理咨询机构———益友咨询中心。至今，北京已有70%的大学成立了心理咨询机构。据来自国内各高等院校的资料显示，全国30%的大学设立了心理咨询机构。

◉ 3. 未成年人心理失调，应当如何处理？

对于未成年人的心理失调，要给予认真的咨询与矫治，使他们能适应社会生活，处理好人际关系，顺利完成社会角色转移。未成年人也要学会

自我调节，以减少冲突，降低压力，转移对抗，达到新的心理平衡。

我是一个女孩，学习成绩优秀。因小时患慢性中耳炎，听力一直较差，进入中学后产生了嫉妒、敏感心态，经常抑郁苦闷。曾几次想轻生，认为自己是世界上多余的，怨父母对自己照顾不周，认为做人没有意思，说不定哪一天自己就成了聋哑人了，"十聋九哑"是人们轻视残疾人的名词。那时多么难受，还拖累家人，不如趁学习成绩好给人留下一个好印象时而告别人生，求得解脱。

我是一个男孩，父亲在城市工作，母亲在乡下，初中时，我才跟随父亲到城市学习。由于我是农村户口，好不容易插班到了学校学习。我见人腼腆，遇生人或校领导更局促不安，如遇女性，会手足无措，面红心悸，交谈时口吃，惹同学嗤笑；性格内向，孤独，同班中无知心好友，严重时，心烦意乱，消沉苦闷，经常失眠。我多次想中止学业，回农村母亲身边。其实，我在乡镇中学很适应，学习成绩冒尖，只是较为内向。而我到城里后却形成了抑郁、焦虑，加上言语不通，产生人际交往障碍。现在，不知为何，我却产生了这样的现象，每次作业反复检查十余次，生怕遗漏出错，在家反复洗手，重复关门，生怕疏忽大意。寄封信，要拆了粘，粘了再拆，反复拆封十余次还不罢休。这是怎么回事呢？

据资料表明，上述案例的情况多见于16—30岁，男性多于女性，其中1/3的人具有强迫性格缺陷：过分怕脏，过分细心，过分不放心，过分穷思竭虑。他们中有些人在学校里是"小哑巴"，而在家庭中却是"小喇叭"。这些男孩们和女孩们有这样一种共同的心理：过分看重自己的弱点，容易产生心理不平衡，容易产生自卑、羞耻、怨恨、不满情绪，甚至严重者变得呆滞，如思维迟钝，记忆衰退；懒，如四肢乏力，懒于读书做事，忧心忡忡，对任何事提不起兴趣，甚至丧失理智，做出意外的出格行为。这是一种心理失调的表现，所谓心理失调，包括三种情况：第一种情况是轻微心理失调。如有时过分紧张、焦虑而引起学习困难，有时由体象变化、异性交往、情感误区引起青春烦恼，等等。第二种情况是轻度心理疾病。如神经衰弱，社交恐惧症，紧张焦虑症，从而产生了人际危机、情感危机、学习危机引起轻生念头，等等。当然，第三种情况是严重的精神疾病，如精神分裂症、精神幼稚病（低能）、情感性精神病乃至变态人格、性变态，等等。如果长期这样，就无法从事正常的学习和活动，需住院或长期治疗。为此，更要给予认真的咨询与矫治。我们应该主动做到：

1. 加强心理咨询。这是帮助受询者克服在人生道路上可能遇到的心理障碍，使他们能适应社会生活，处理好人际关系，顺利完成社会角色转移。广大青少年朋友应该相信咨询员，他们会理解你、帮助你的，会替你做好保密工作，所以，你都不用担心。相互信任是咨询取得成功的基础。咨询过程是双方情感和心理交流的过程，只有这样方能取得消除精神压力，达到心理转化的效果。

2. 加强心理治疗。心理医生有意识地和困于心理问题的青年朋友建立关心、尊重、了解和指导的关系，并依问题的需要，使用适当的心理矫治方法，减轻或消除不适应的心理现象及行为，培养适应习惯，促进青少年朋友健全成熟的人格发展。

3. 及时发现心理行为偏异，早期诊断，早期矫治，使自己适应学习与社会生活。我们要学会自我调节，以减少冲突，降低压力，转移对抗，达到新的心理平衡。

4. 家庭和社会应该加强心理教育，提高青年朋友的心理素质，保护和促进他们的身心健康，联系实际对他们进行心理健康与修养的教育。

4. 未成年人性格孤僻封闭，应当如何处理？

对于性格孤僻封闭的未成年人，老师和妈妈要注意培养孩子的自信，帮助消除孩子的惧怕心理，给孩子建立一个展示、宣泄的平台。一句话，家长、老师配合，共同给孩子营造一个温暖、健康、宽松的环境。

张某是个女孩子，她有一个幸福的家，慈爱的奶奶，读博士的妈妈，当总经理的爸爸。入学前，因为爸爸妈妈都很忙，张某由奶奶带大，老人缺少教育孩子的方法，常常用老师来吓唬孩子，经常挂在嘴边的口头禅是：把你关到幼儿园去，看老师怎么收拾你……在她幼小的心灵中打下了这样的烙印：学校可怕，老师更可怕。她是在万般无奈与恐惧之中接受完了幼儿教育。今年，她就要进入小学五年级了，而她的妈妈也正好从大学博士毕业。当把精力关注到张某身上时，妈妈吃惊地发现张某的教育出现了断层。表现之一，就是她不适应集体生活。她不像其他同学那样，有亲密的伙伴，同学们爱做的游戏，她不会；孩子们爱聊的话题，她不知道，只是坐在角落里当观众，她成了孤单的"局外人"。表现之二，上课的时候，她本来就紧张地坐在那儿，如果看到别的小朋友受到老师的批评，她就害怕，好像批评的是她一样。老师告诉张某的妈妈，好长时间，没听她大声讲过一次话，没见她开心地笑过一次，也没见过她为什么事生气或跟谁吵架。上课的时候她有时会瞪着眼睛专心地听讲，有时则会漠然地坐在那儿。她从不主动举手发言，老师点名叫到她，她只是涨红着脸站在那儿一言不发。可是，张某妈妈知道在家里，张某却是个爱说爱笑，好玩好动，甚至有些"霸气"的女孩。问题的关键在于进入学校后，张某就变了。读过博士的张某的妈妈知道，张某是进入了封闭的状态，这种封闭既影响了她正常的智力发展，又影响到她的人际交往，甚至逐渐改变了她的性格，使孩子变得懦弱而退缩。妈妈没有恐慌，而是和老师一起制定了帮助她、改变她，让她打开封闭的枷锁融入集体的方案。课间，老师经常把她留在教室里，让她帮着擦黑板，发发作业本，让她有机会多接触老师，消除恐惧心理，并试着与她交谈，经常了解一些她在家里的生活情况。尽管在课堂上她仍不敢开口，但有了明显的目光闪烁——有了讲话的欲望。暗地里，安排几个活跃的孩子拉着她一起游戏。虽然她仍有些格格不入，但至少从角落里走到了大家的旁边，这就使得她向集体靠近了一步。上课的时候，老师经常找一些简单的、容易的问题让她答，告诉她："别着急，慢慢讲。"尽管开口很难，可只要她开口，总能受到老师真诚的表扬。渐渐地，她终于偶尔地举起了小手。看到她的进步，老师就进一步有意安排她搞一些"外交活动"。比如，到别的班级借一些东西，到操场上找个人，等等。刚开始，她往往是事没做成就怏怏地回来了，后来老师让别的同学陪她去，她才渐入角色。经过一段时间的训练，张某终于走出了封闭的状态，彻底地融入了集体，融入了课堂。看来，对于每个有自闭状态孤独的孩子，只要找到心理问题的症结再"对症下药"，都能让他们走出封闭的状态，走向活泼可爱。

案例评析

从张某的这一典型案例，我们应该注意些什么呢？或者说，张某的妈妈和老师的成功之处在什么地方呢？

第一，她们培养了孩子的自信。自信心就是确信自己所追求的目标是正确的，并坚信自己有力量与能力去实现所追求的目标。青少年自信心的建立不是天生的，更不会随心而得。青少年的自信心与他的成功概率成正比。自信心越大，越能够产生强大的精神动力和进取激情，排除一切障碍去实现自己的目标。如何培养青少年朋友的自信心呢？（1）要积极参与有益的实践活动，在参与的过程中，培养自身的集体主义精神、主人翁意识和全局意识，切身体会到自己在集体中的作用和地位；（2）要实事求是，自己有缺点就是有缺点，不怕曝光、不怕被别人嘲笑，有则改之，只要你的态度端正了，虚心学习，久而久之，你就会成为自信心强的人。张某的老师首先从让她在众人面前开口说话下手，从这里打开她自信的大门，走出懦弱、封闭的状态。

第二，她们知道要消除孩子的惧怕心理。由于幼年时奶奶对张某的恐吓，使她在幼小的心灵里就埋下了对学校、老师惧怕的阴影。进学校动不动就要被关、老师就是关人的打手的恐惧感一直伴随着她，使她害怕进教室，害怕见老师，不敢和同学接近，更不愿意参加集体活动。学校成了她的桎梏，目睹一个天真烂漫的孩子走向了自闭状态，老师采用了循循善诱的方法，一点点地启发、诱导她，从上课发言、找同学带着她玩等一点点小事入手，帮她消除恐惧心理，进一步融入到集体中来。

第三，给孩子建立一个展示、宣泄的平台。比如在家里，让张某宣泄，哪怕有些"霸气"，也让她发泄出来，在学校，老师有意地给她"找事"做，给她创造各种与人打交道的机会，让她进一步走出自我，正常地和大家一起学习、生活。当然，青少年宣泄消极情绪的方法是很多的，比如出去散散步，听听音乐，打打球，或是逛逛商店；也可以向知心的朋友哭诉一下。心理学研究表明，哭泣有一种"治疗"的功能，人在痛哭一场后，往往心情就变得好多了，因此你不必为哭泣而害羞。

第四，家长、老师配合，共同给孩子营造一个温暖、健康、宽松的环境。在这个环境中，张某的身心得以舒展，阴影一点点消失。在这样一个温暖的家园中，哪一个孩子的成长不是健康的呢？

◎ 5. 如何正确运用心理自我保护机制，保护未成年人？

心理自我保护机制普遍存在于人的心理活动中，其功能类似生理上的免疫系统。当人们由于某种原因将要或已经陷入紧张焦虑状态时，就可借助心理自我保护机制来减轻或免除内心的不安与痛苦以更好地适应生活。常见的自我保护机制有潜抑、合理化、仿同、投射、反向作用、躯体化、置换、幻想以及补偿和升华等。

学生李某，从小因父母关系紧张、家境不好，形成了既自卑又自傲的性格和异常敏感的心理。入学时在学校对所有新生进行的艾森克个性测试和心理健康调查时，心理辅导员发现他个性偏差明显，有自杀和他杀倾向，情绪不稳定分偏高。于是，他成了该校心理咨询教研室的重点关怀对象。心理辅导员经常与其谈心，使他的心态逐渐趋于平和。李某同宿舍有位与他经历相似、性格容易起冲突的同学，两人常因琐碎小事互相出言不逊，逐渐发展成了冤家对头。有一天李某突然用刀架在那位同学的脖子上，企图把他杀了以后自杀。就在他握刀的手准备用力的一刹那，他想起了两年多来心理辅导老师对他的谆谆教导，他立刻放下刀，跑到心理咨询中心向心理辅导员求助。

也是同一个学校。有一个学生，从小在受人欺压、轻视中长大，养成了仇视社会、不信任别人的心态。他总认为有位老师对他们那地方的学生不好，一次纠集了一帮老乡同学，准备把这位老师干掉。他犹豫一个星期后，找到了心理咨询辅导员。经过一段时间的心理调适，他强烈的仇恨心理终于舒缓了下来。针对他要求别人尊重、承认他个人价值的心理，心理辅导员引导他集中精力学习。最后他以优秀的成绩从高中升到专科。

还有一个从边远山村来的大学生，上大学前村里摆了十几桌酒席送他。但入学后，一个学期下来，他学习成绩比不上别人，评不上先进，经济条件又不如别的同学，这都让他萌生了悲观绝望的思想，他选择了割脉自杀。两刀子下去，望着流淌的鲜血，他想起了为他的学费辛苦劳作的父母，他向校医院跑去……后来，他成了学校心理咨询中心的常客。当他顺利毕业时，他说，心理辅导员是对他一生影响最大的人之一。

这三个放下刀子的年轻人，都是心理咨询中心首先让他们走出了阴暗的心理，才使他们放下了手中罪恶的刀子。深层的根源又是什么呢？在现实生活中，每个人的心理上都有一套自我保护机制，它使我们敏感而脆弱的心理能够由此更坚强一些，能够对危机和挫折有所防御，有所淡化，从而得到自我解脱。心理自我保护机制普遍存在于人的心理活动中，其功能类似生理上的免疫系统。当人们由于某种原因将要或已经陷入紧张焦虑状态时，就可借助心理自我保护机制来减轻或免除内心的不安与痛苦以更好地适应生活。常见的自我保护机制有潜抑、合理化、仿同、投射、反向作用、躯体化、置换、幻想以及补偿和升华等。

这个案例告诉我们：

1. 社会、学校要建立一个关心青少年心理健康的咨询机构，为青少年走出心理误区保驾护航。

2. 心理咨询员要具备良好的文化素质、专业知识，要懂得将心理学知识的普遍性应用到青少年这一特殊群体时的技能。

3. 青少年心理误区应引起高度重视。因为轻者少年自杀，重者少年杀人，引起严重社会问题。

4. 青少年要相信自己的未来，相信能度过躁动的青春心理期。

◉ 6. 情感为什么不能作为游戏？

爱情需要强大的责任感和风雨同舟的牺牲精神。伟大的爱情要由成熟和坚贞的心灵去承担。因此，青春期的未成年人千万不要将情感作为游戏，应从性幻想中走出来，满怀信心地正视现实，用青春的热情去创造真实的美好人生。

许某是正在上职高二年级学生，也许是因为正处于青春期加之学习的压力，他感到自己的感情就像脱缰的野马，总是在漫无目的地乱跑。班上的李某是个含蓄内向的女孩，长得有点像林黛玉，性格也像。班上不止一个男同学对她有好感，但是许某发觉李某喜欢的是他，这一点后来同学们也都看出来了，同学们都说他俩是天生的一对，地配的一双。和李某相爱以后，她告诉他，父亲在她很小的时候就抛弃了她们母女俩，她一直和母亲相依为命，所以，总想找一个大哥哥似的能呵护她的男朋友。他决心好好地爱护她，可是时间一长，他就感到自己有点吃不消，他受不了她的娇气和小心眼儿，他感到厌倦极了，提出和她分手。那天，李某的眼泪几乎流成了河，他也哭了，虽然分手是由他提出来的，但是他还是感到了情感的分量。李某很快被另一个男孩追上了，于是，许某也想找一个性格和他相似的女朋友来代替李某，就这样，他遇到了王某。王某和他一样，大大咧咧的，性格很爽快，他们很谈得来，但是他发现和她就是很难"来电"，好像她是哥们儿一样。慢慢地，许某发现自己实际上喜欢的并不是王某，而是李某！他难以否认，因为他心里的确总是感到难以舍弃李某，于是，他又与王某凄惨地分手了，他和李某又走到了一起，他们彼此都很珍惜这份失而复得的感情。但是，奇怪的是，他总觉得李某不再是原来的李某了，他不知道李某心里怎么想，他们现在处得不远不近，李某也不像以前，总是怨言很多。许某陷入了深深的苦恼，他现在不知道怎样看待和处理这一摊乱七八糟的感情，他也深知职高生将来在社会难以立足，所以应当把精力放在学习上，但是没有用——他阻挡不了情感的纷扰，不知道该怎样处理这段感情。

案例评析

许某的问题的关键是由于他年龄小、生活阅历不足，对情感缺乏理性的把握。就像一辆汽车，发动机马力很足，但刹车却不灵。爱情对于青春期的男孩女孩还是似懂非懂的话题。也许，你觉得心里喜欢某个或某几个异性就是爱情。其实，爱情的真正含义很深重，它需要强大的责任感和风雨同舟的牺牲精神。伟大的爱情要由成熟和坚贞的心灵去承担。每个爱情本身都应该是幸福的，不幸的原因往往在于没有专一的信心和现实的基础。处在情感纠葛中的许某，明智之举是退出这个情感游戏圈子，就像他说的"他也深知职高生将来在社会难以很好立足"，在现今的社会里，知识的重要性越来越大。现在在学业上的进取，从另一个角度来说，也是为将来的爱情奠定物质基础。以现在的基础，许某还需要一个艰苦和漫长的奋斗过程，所以，实在应该从毫无意义的情感折磨中走出来，以"男儿当自强"的精神奋起直追。案例中的许某，也知道一定要在学业上进步，但这种情况不能任其发展下去，因为那样会陷入性幻想，就会不知不觉用幻想的东西替代现实的东西，用幻想里十全十美的异性代替真正的异性。如果长此以往成了习惯，很可能造成心理上的某些变态。对于花季的少男少女们来说，若只是一味幻想，特别是沉湎于性幻想中，则会延误学业，误入歧途，乃至走上性犯罪道路或产生性心理障碍。因此，青春期的未成年人应从性幻想中走出来，满怀信心、正视现实，用青春的热情去创造真实的美好人生！

◉ 7. 未成年人如何正确对待单恋现象？

面对未成年人的单恋现象，应该理解、尊重这种情感，给予其一个自我教育、自我发现的心理空间。不要粗暴地去干涉，去阻拦，而应循循善诱，以朋友的姿态，帮助未成年人走出单恋的误区。

典型案例

有这样一个女孩，初中二年级的时候，当别的女孩还在米老鼠唐老鸭的闹剧中乐不可支时，她已经能非常投入地欣赏港台言情影视了，看琼瑶小说能看得泪流满面。初三时，她迷恋流行歌曲，确切说是迷恋流行歌曲的男歌星。那些青春偶像的照片被贴在床头，压在书桌下，珍藏在日记的扉页里。其中有一位最使她着迷，她戴着耳机反复听他的磁带，脸上呈现出一种幸福的神情。凡是能搜集到的有关这位男歌星的照片、报道、评论，都被她剪贴成一本精致的专辑。一次她和一伙"追星族"同学谈到这位歌星，有个女生嫌他"太奶油味"，她仿佛自己受到了侮辱，两人发生争执，她竟然委屈地哭了，她大声喊着："我就是爱上了他，怎么啦？"

她的母亲是位作家，非常理解 15 岁小姑娘的这种纯真的感情，从不用恶言恶语去诋毁她的偶像。母亲知道，这种完全不现实的单恋，不过是小姑娘一厢情愿的表示，所以当她提出要去看这位歌星的演唱会，母亲同意了，买票陪着女儿去了，不但没有半点责备，相反还一路上和女儿一起欢快地评论和赞扬着这位歌星。她提出和歌星通信，母亲也同意了。她寄去一封十分热情的信和一本精心剪贴的专辑，真没想到，歌星回信了，回信内容很得体，很客气，但她感到意外的是歌星的字很差，而且有两个错字。不久，歌星的照片从她床头消失了，他的盒带也落上了灰尘。母亲知道，是歌星的文化素质粉碎了少女的追星梦，她成功地走出单恋的沼泽——母亲感谢那两个错别字。

单恋的基本心理特征就是痴情。由于痴情而产生专注、幻想、恋物、急躁等心理倾向，明知不能回报，依然持之以恒，执迷不悟，难以自拔。几乎可以说，没有哪位在少男少女时没有过单恋的经历，只是有的强有的弱，一些持久，一些短暂罢了。但是，走过这所驿站时，每个成年人都会惊呼："单恋是感情的悲剧，造成的是感情挫折。"尤其是豆蔻年华中的女孩子陷入单恋，更具有浓郁的理想色彩。她们在幻想中不断美化对方，不断编织美妙情节，来满足自己的心理需求。少女的单相思，是纯洁的感情磁场，是一种追求美好的向往，是一种高尚的情感体验，是一种引导她们走向成熟的学习过程。家长们应该理解、尊重这种情感，给予少女一个自我教育、自我发现的心理空间。如果简单甚至是粗暴地处理，将造成女孩子的逆反心理，使其陷入感情的危机之中而难以自拔，进而影响生活与学习。典型案例中的家长是开明的，母亲并没有粗暴地去干涉，去阻拦，而是循循善诱，以朋友的姿态，帮助女儿走出了单恋的误区。

面对少女单恋现象，这位作家母亲的处理是恰当的，同时，专家也建议：

1. 在心理咨询中，由医生向女孩子指出单恋发生的原因及危害性，促进其逐步恢复对父母的信任感。这种心理咨询的次数，由开始的每周一次，到一个月以后的两周一次。与此同时，由其父母创设感情转移的环境，支持其在文化学习和课余爱好方面的要求与发展。通过四个月的心理咨询，使女孩子从感情危机中解脱出来，战胜了失落、自卑自弃的消极情绪，与父母关系也重新变得十分融洽，学习成绩不断上升。

2. 防止青少年"爱情错觉"的发生。青少年心理尚未完全成熟，单恋现象比较常见，且较多地出现在敏感、富于幻想的少女身上，从而造成因受对方言谈举止的吸引，或自身主观体验的影响，而产生爱上对方的"爱情错觉"。克服单恋，一是要避免产生"爱情错觉"以杜绝单恋的发生；二是在单恋发生后应面对现实抛弃"爱情错觉"。这不仅需要青少年培养自己的冷静细致的观察能力与分析能力，而且还需要家长的理解、关怀和帮助，必要时应通过心理医生的咨询来解决可能出现的心理问题。

3. 注意方法态度。如果家长与子女在谈到这类问题时，千万不要用"不要脸"的字眼，这会深深地伤害孩子们单纯的自尊心。特别是在青少年时期，自尊心是最不容侵犯的，那样会造成一定的逆反心理。因此，在处理此类问题时，家长、老师的方法非常重要，稍有不慎，伤害了孩子的自尊心，将会适得其反。

◉ 8. 如何帮助未成年人克服性认识的障碍？

自我保护要点

未成年人要学会不断调适自己的心理，特别是调适自己的性心理，消除对性的神秘感，有意识地培养自己高尚的情操和坚强的意志品质，用理智战胜本能，正确处理好青春期性心理问题，学会培养自己广泛的爱好兴趣，把旺盛的精力投入到学习科学知识，掌握技能上，投入到健康有益的活动中去，让青春闪耀，青春无悔，终生无悔。

典型案例

一个16岁的高一学生，一次到一个朋友家去玩，看见朋友家正放黄色录像，他便跟着一起看。从看完黄色录像后，电视上的淫秽镜头，时常浮现在他脑子里，很难消失，学习成绩直线下降，见到女生总是低着头，不敢抬头正视。后来便上课精神不集中，学习成绩下降，记忆力减退，乏力，失眠，人际关系也变得复杂了。

本案例表明，青春期心理障碍，影响了学习成绩，在高中毕业前夕，不能把旺盛精力投入到学习和其他有益健康的活动中去，很值得引起注意。无论男女生，进入青春期，性发育成熟，性激素达到一定程度，性欲自然地萌发各种性想象，对性的好奇和追求，是青春期内多数同学的正常现象，不必大惊小怪。但这个同学此时看到的黄色镜头不仅加重了性幻想，而且占据头脑空间太大，时间过长，这样必然造成魂不守舍，影响学习和健康。所以，未成年人必须学会驾驭自己的心理和行为，不接触黄色的刊物或录像。未成年人要知道自己的发育特点，包括性心理发育的特点，知道自己对性的好奇是生理上、心理上的正常现象，把握好自己，不要因为自己的性幻想或者性好奇而感到内疚或恐惧，更不要背上包袱，而要理智地控制自己的行为。一些未成年人的性犯罪及其他各种犯罪往往与自控力低有着密切关系，所以，未成年人要学会不断调适自己的心理，特别是调适自己的性心理，消除对性的神秘感，有意识地培养自己高尚的情操和坚强的意志品质，用理智战胜本能，正确处理好青春期性心理问题，学会培养自己广泛的爱好兴趣，把旺盛的精力投入到学习科学知识，掌握技能上，投入到健康有益的活动中去，让青春闪耀，青春无悔，终生无悔。为此，社会各界应当帮助未成年人认识"性"和克服性认识的障碍。

第一，对未成年人，要根据他们生长发育的年龄特点及所处的文化背景进行适时、适量、适度的性教育。让未成年人知道性道德是人类文明的标志，懂得高尚品德的可贵，懂得在社会生活中，要被社会认可和接纳，就必须遵守社会公德，其中也包括性道德。在进行性教育的同时，还应注意改善不良的外界环境，安排好未成年人的业余生活，把他们引导到正当的活动中去，激发他们正当的生活情趣。

第二，青少年好奇心及模仿性强，这种心理状态使他们很容易受外界影响。如何正确引导青少年讲究心理卫生是家庭、学校和社会的共同责任。我们应该把对青少年的担忧变成了解、理解和关心，培养和发扬青少年的优点，如青少年思维敏捷，对新生事物敏感，勇敢、热情、有朝气、积极向上。帮助他们树立远大理想，培植健康的心理状态，使他们身心健康地成长，帮助他们顺利地度过青春发育期。

◉ 9. 应当如何正确对待未成年人的"完美主义"心理？

自我保护要点

世界上没有完美的人。人要活在现实之中，应当理性而正确地看待社会中的人与事。

典型案例

女孩余某，曾以优异成绩考取某全国重点大学。但是，来自童年的某种深刻的自卑心理使她坚定地认为自己给异性同学留下的印象不完美，而这是她所不能容忍的。她历来的生活原则是：要么最好，要么不要。她总想给人以最美好的印象，但是又常常感觉到不能。于是，她"毅然"决定退学。余某的"毅然"换来了母亲无尽的泪，也使自己的学业受到了影响。在家长和学校的帮助下，她被送到了学校心理训练班。通过学习，她认识到了过去自己的想法是一种纯粹的完美主义，这是非常不现实的。她深刻地意识到："不再苛求完美时，燃烧的生命才能成为照亮生活的火炬。"

案例评析

生活中像余某这样的青少年朋友有很多。他们有的追求感情和婚姻上的完美，一旦发现对方的某些弱点就不能容忍；有的追求工作上的完美，永远只能是第一，不能第二；有的追求人际关系上的完美，希望所有的人都喜爱自己，容不得别人对自己有半点不满，也容不得别人有闪失和错误；有的追求生活上的完美，无论吃饭、穿衣，每个细节都要考虑再三。可是，残酷的现实总是和完美唱反调。完美有现实的土壤，有现实的花，却永远没有现实的果。而当一个人曾经拥有完美的梦，而又不能实现理想中的完美时，就会产生自暴自弃的行为。而现实是，水至纯则无营养。

有人曾经从微观上分析，发现过分追求完美的人内心深处往往有一种不安全感和自卑感。他们希望时时事事都能得到别人的肯定和夸奖，而害怕被别人拒绝或否定；为了避免不完美，他们不惜多花许多时间、气力去做事情，结果降低了自己的生活效能。另外有些完美主义者，是想法的巨人，行动的矮子。他们当中有些人想上蓝天却又怯于飞翔；想采硕果却又惰于耕作。有个接受心理训练的小伙子，那一天正帮厨房择芹菜，另一位新学员在一旁谈天说地侃人生，而对他择菜却视若无睹。在晚上的训练日记中他写道："那人讲了那么多海阔天空的大道理，却没有任何实际作用；我择芹菜虽不伟大，却让大家吃了一顿饺子。这件事情说明一个道理：一个人的价值不在于他想到什么感到什么说到什么，而在于他事实上做到什么。"多深刻的人生感悟！

本案例中余某的醒悟是及时的，也是深刻的，我们应以她为榜样，做一个现实的人。

◉ 10. 未成年人患上焦虑症，应当如何处理？

焦虑症可发于任何年龄，但以青、中年者居多。患了焦虑症且严重者可在医生指导下使用安定、多虑平等抗焦虑药物。但更重要的是认识焦虑症的本质和特点，进行适当的心理治疗与心理调适。

一个中学生向医生诉说他近来总是心烦意乱，莫名的紧张。这种感觉

常常使他坐立不安，胡思乱想，并伴有头痛、失眠、多汗、心悸等现象。这种情绪赶不走，又理不清，越想越烦躁，真有"剪不断，理还乱"的味道，不知中了什么邪。

这个学生并没有中什么邪，而是患了焦虑性神经症，也称焦虑症。这是一种持续不安、紧张、恐惧等的情绪障碍。它或者是缺乏具体指向性的心理紧张和不愉快的期待情绪；或者是在接连遭受不如意事件的冲击，心理上招架不住，身心均陷入过度疲惫状态而逐渐形成的紧张和不安情绪；或者是"预感""设想"某种事件的产生而带来的恐惧情绪。这些生理异常正是由于情绪紧张，使大脑过度敏感，以及植物性神经系统感受性增高的缘故，医学上称之为焦虑症。

焦虑症可发于任何年龄，但以青、中年者居多。如青春期由于身体迅速生长发育和第二性征的出现，青少年对自己的体态、生理、心理变化，会产生神秘感，甚至不知所措，而出现恐惧、紧张、羞怯、孤独、自卑、敏感、烦恼、头晕脑胀、心慌气促、情绪不稳等青春期焦虑症的表现。有的青少年还会因为对学校的学期考试、高考、招工等考试感到紧张而产生焦虑情绪，使正常的生理功能和心理功能失调，出现学校焦虑症、考场焦虑症等。

患了焦虑症且严重者可在医生指导下使用安定、多虑平等抗焦虑药物。但更重要的是认识焦虑症的本质和特点，进行适当的心理治疗与心理调适，专家们认为应注意以下几个方面的心理调适：

1. 自信。自信是治愈焦虑症的必要前提。因为焦虑症患者对自己解决问题、适应环境的能力往往持怀疑态度，夸大自己的失败。忧虑、紧张、盼望别人的支持，具有依赖性。这些都不利于消除焦虑症。所以，患者首先应自信，相信自己的能力，减低自卑感。每增加一分自信，就可使焦虑程度降低一分，同时也会使自己更自信。

2. 自我反省。有的焦虑症是由于患者对曾经历过的情绪体验或欲望进行压抑，压抑到无意识中去。但这些被压抑的情绪体验并未消失，而是仍然潜伏下来,因此便产生了病症。患者只知道痛苦、焦虑,而不知其因,所以才产生一种莫名其妙或不知中了什么邪的感觉。在这种情况下,患者应进行自我反省,把潜意识中引起痛苦的事情说出来。适当的情绪倾诉、发泄可以减轻或消除焦虑。倾诉、发泄的方式有向他人诉说、写日记、唱歌、吟诗、绘画、书法,等等。

3. 注意力转移。患了焦虑症后,脑中常常胡思乱想、坐立不安、百思不得其解、痛苦异常。如果总是注意自己的病状,有害而无益。应当转移注意力,如制定一个有意义的活动计划,并全力以赴去实现。当你沉浸在新的活动中时,焦虑便自然被消除了。

4. 默想色彩法和默想音乐法。色彩和音乐对人的情绪是有影响的。采用默想色彩法减轻焦虑的具体做法是:在安静的环境中,闭上双眼,想象自己的身体受到光线照耀,以红色光线代表紧张与疼痛,以蓝色的柔和光线代表松弛、安宁的体验;再想象红光与蓝光在自己身上的不同部位交替更迭,随着想象的进行,集中注意自身的感受。达到这个意境后,就把想象中的光线全部转为蓝色,即可体验到全身的松弛。默想音乐法的具体做法:选择一段柔和、宁静的音乐,至少要半小时。在一个舒适、宁静的环境中,闭上眼睛来聆听这段音乐。此间要排除一切杂念,全身放松,将注意力集中于音乐,想象着音乐所展现的优美、柔和、宁静的意境。待音乐终止后,自我对比聆听前后的心身状态。如此反复进行,可以减轻或消除焦虑。

◉ 11. 未成年人患上"窥阴癖",应当如何处理?

一般而言,"窥阴癖"是未婚青少年所特有的心理现象,随着婚姻的到来会慢慢消失,但其危害却不可低估,轻则影响学习,重则导致违法犯罪,因此,对"窥阴癖"者进行正确引导是非常必要的。可以采用知识教育、"不净观"法或者活动转移法等手段,教育未成年人养成健全的性格,培育开朗豁达的胸襟,彻底改变孤僻、拘谨、狭隘、自私的不良性格

特点。

张某，某校初三年级学生，15 岁，身体健康，无精神病史。性格内向孤僻、沉默寡言。一次，在山上看书时，偶然看到女生解手，心里非常紧张，害怕被人发现，同时又感到十分喜悦。后来，常常回想看到的情景，于是他想到了女生厕所后墙通气窗。课后，他便趴在女生厕所后墙的通气窗打碎了暗淡的玻璃，偷看女生解手，几次得手后，便频繁地偷看，每次偷看后心情很舒畅、精神亢奋，以至于上课时也老想看，致使其心神不安，精力不集中，成绩急速下降。后来，他忍不住把邻居 10 岁的小女孩骗到野外，强行扒下小女孩的裤子，在其下身乱抓乱摸，受了惊吓的女孩回家就把这事告诉自己的父母。张某的父亲当着女孩父母亲的面，狠揍了他一顿。最后，父母带他到省城精神病医院做检查，检查结果却表明：张某大脑生理机能正常，没有精神病。

根据张某的表现，虽然不是精神病，但可以确认为"窥阴癖"。"窥阴癖"是一种较为常见的性心理障碍，多发于男性，通常是心胸狭隘孤僻的男性躲在不显眼处或自认为安全的地方偷看异性的洗澡、换衣服、上厕所，从偷看中获得性快感，取得性心理的暂时满足。由此，还会表现为抚摸或收藏与异性性敏感区有关的东西，如胸罩、三角裤、裙子、衬衣等。一般的"窥阴癖"没有性暴力，但发展下去就往往用暴力手段来达到性要求的满足，如案例中的情况。

对"窥阴癖"的心理治疗，大致可从以下几方面着手：

1. 知识教育。"窥阴癖"是一种不健康的心理活动，所谓心病还得心药治，因此，要帮助他们寻找偷看异性的根源，使他们认识到用这种方式来满足性心理需求是幼稚的和愚蠢的，也是违背社会人伦道德和侵犯异性隐私权的行为。由此达到矫正性心理障碍。

2. "不净观"法。所谓"不净"，就是不干净的意思。即让患者将意识中幻想的东西转换成不干净的东西，使其产生厌恶感。比如，当患者出现窥视异性隐私的想法时，马上用弹拉橡皮筋产生的疼痛来警示提醒自己，或者想象关押坐牢时冰冷或满屋蚊虫叮咬的情形来告诫自己，想象高大魁梧的警察睁圆着眼睛阴森着脸在注视着自己，从而达到减少或控制此种不良行为的目的。

3. 活动转移法。培养广泛的兴趣爱好，养成健全的性格，培育开朗豁达的胸襟，积极参与集体活动，加强体育锻炼，广泛交友，学习一些健康的性心理方面的知识，彻底改变孤僻、拘谨、狭隘、自私的不良性格特点。

一般而言，"窥阴癖"是未婚青少年所特有的心理现象，随着婚姻的到来会慢慢消失，但其危害却不可低估，轻则影响学习，重则导致违法犯罪，因此，对窥阴癖者进行正确引导是非常必要的。

◉ 12. 未成年人整日陷入幻想之中，应当如何处理？

一般的幻想对人体并无大碍，也不属病态。只有当幻想达到一种无休止程度，严重影响工作和学习时，才能称为心理病态，如不能及时矫治，还可能发展成为妄想症状。未成年人整日陷入幻想之中，可通过阅读、听音乐、交谈等方式，转移注意力，逐渐杜绝这种现象发生。要避免早恋，以减少对异性的敏感刺激，注意不要看淫秽书画和色情影视，尽量减少不良的性刺激。

王某，某高中学生，15岁，喜欢成天耽于幻想。在王某上初中时就开始喜欢幻想，先前多半是在睡觉前奇思遐想，后来发展到白天上课时也爱幻想。他经常幻想自己是个极聪明的孩子，能轻松地考上一所好学校，又奇迹般地干出一番事业；又幻想自己会武术，机智勇敢，行侠仗义，受人尊敬。后来王某读过一些坏书和看过不少淫秽录像，于是幻想能得到女孩们的青睐，常与漂亮的女孩拥抱在一起……当自己的成绩一落千丈时，王某有意识地控制自己的幻想，但这种控制简直没有多大用处，他还是仍旧整日沉迷于幻想中。为此王某十分自责、自卑和多疑，身体也越来越差。

幻想，是人类思维的一大特色，尤其是正值青春期的男女，思维活跃，其幻想更是丰富多彩，可说是发明创造的一大帮手，只要能有明确的目标，能适当控制就不为过。但应懂得，青少年正是长身体、学文化的关键时期，而且幻想毕竟不同于理想，它往往是漫无边际而且脱离现实的，尤其是那些低级趣味的，与学习无关的，就应尽量少去想。随着青春期性心理的成熟，对有关性意识方面的幻想，也很正常，是青年男女青春期心理的一种自然流露，但应通过学习有关的性心理知识去消除这个谜，而不应陷入荒唐的，不切实际的空想之中。因此，要加强对其进行这一阶段的感性和理性教育，能对日常生活学习中的事物作出恰当的评价。通常，一个心理发育正常的青少年能够分清什么是理想什么是幻想，而且完全能够控制自己的思维程序，至少能掌握自己不受过多的幻想的干扰。上述案例中的中学生出现的这种情况，就已经超出正常幻想的范围，实际上已进入臆想状态。臆想又可叫作白日梦，是使人愉悦的空想，通常带有对希望的满足，它是一种随心所欲的想法，也是逃避自己生活现状的一种企图。臆想与幻想有本质的不同，是幻想的系统化、梦境化和病理化，其思维是难以自控的流程。尽管白日梦的意识是存在的，但他已不能行使真正意识的权利，而是按照潜意识去勾画美妙的意境，借以达到欲望的满足。因此，一个美梦没有做完，他是不会醒过来的。一般的幻想对人体并无大碍，也不属病态。只有当幻想达到一种无休止程度，严重影响工作和学习时，才能称为心理病态，如不能及时矫治，还可能发展成为妄想症状。遇到这种情况该怎么办呢？一是认识幻想的实质，肯定了爱幻想是一大优点，如果运用得当可促进学习进步和为以后的事业打下良好的坚实的基础。二是分析幻想与性方面的联系，指出一味沉湎于性的幻想对身心、学业都无好处，而且那是一种对自己不负责任。三是多与同学交往，培养自己正当爱好，多参加集体活动和体育活动。一旦再次出现不良幻想时，可通过阅读、听音乐、交谈等方式，转移注意力，逐渐杜绝这种现象发生。四是要避免早恋，以减少来自异性的敏感刺激，注意不要看淫秽书画和色情影视，尽量减少不良的性刺激。

◉ 13. 未成年人遭受挫折性格异常，应当如何对待？

当未成年人遭受挫折性格异常时，要劝告他学会达观，豁达乐观，辩证地看待，正确地看待生活带来的挫折和痛苦。要开导他，应学着多想想别人，在家要主动关心长辈、兄弟姐妹，在校要主动关心同学，为老师分忧，千万不能因为自己有烦恼就迁怒于周围的人，那样会把人际关系搞坏的。

毛某是一个高大、帅气的16岁男孩。小学阶段他学习成绩优秀，尊敬师长，热爱集体，老师、同学们都喜欢他。他家庭经济条件富裕，花钱方面父母从不吝啬，要多少给多少。可以说，他是在父母的娇宠和亲朋好友的称赞声中成长的。刚入初中，毛某各方面表现也还不错，学习成绩属于中上等。可到初二下学期，他开始逃学旷课到处游荡，还学会了抽烟、喝酒、交女朋友。他的情绪波动很大，常违反校纪校规，或顶撞老师。有一次，他极端烦躁，竟骑着摩托车到几十里以外去兜风散心。是什么原因使毛某变化这么大呢？老师多次走访了同学和他的邻居。经过调查得知，毛某初二下学期时，他父亲突然病故，随之父亲经营的企业也破产了，造成家里经济的困难。当他向母亲提出初中毕业要上重点中学时，他母亲表示拿不出钱支持他。为此，他非常恼火，一下子从快乐的顶峰跌落到痛苦的深渊。于是，常因一点小事与母亲争吵。他不服母亲管教。母亲因生气而常常住到姥姥家，后来他母亲干脆不管他了，学校召开家长会她也不参加，老师家访她也不接待，母子关系非常紧张。

我们应如何帮助毛某摆脱这种不利的情况呢？从他自身角度看：

首先，要劝告他学会达观。万事如意只是人们的一种良好的愿望，实际上万事不可能按照人们的良好愿望去发展。法国作家大仲马说过："人生是一串由无数小烦恼组成的念珠，达观的人总是笑着面对这串念珠。"人就应该学会应付不如意的事。有能力的人是在不如意的事到来之时，豁达乐观，辩证地看待。

其次，要告诉他正确面对家庭的变故。父亲的病逝和他的企业的破产，无疑会给他的生活带来挫折和痛苦，但这种挫折也会使他快些长大，变得成熟和坚强。促使他下定决心，凭自己的能力，考取重点中学，为妈妈排忧解难。父亲不在了，就应勇于担起家庭重担，要像个男子汉啊！

最后，还要开导他，人活着不能光替自己打算盘，应学着多想想别人，在家要主动关心祖母、母亲、哥哥，在校要主动关心同学，为老师分忧，千万不能因为自己有烦恼就迁怒于周围的人，那样会把人际关系搞坏的。

从老师教育的角度，应努力做到：

1. 帮他补课，提高他的学习成绩，为他考取重点中学奠定坚实的基础。

2. 家访做他母亲的工作。直言不讳地指出他对待孩子确有欠妥的地方，特别是孩子失去父爱最痛苦之时，母亲采取"抛弃"的做法是极端错误的。提醒他母亲要给孩子更多的关爱，尤其是孩子大了，应该尊重孩子的意见，要多开导孩子，要为改善亲子关系主动做出努力。

3. 发挥他写作的特长，鼓励他参加作文兴趣小组。让他负责班内的板报组，搞版面设计工作，一方面为他展示自己的才能创造机会，另一方面用这些有益的活动占领他的业余阵地，帮他克服不良嗜好，截断他与校外的不良影响。

　　这个案例具有普遍的意义，那就是当青春期到来的时候，许多未成年人也许会愕然发现，自己还没有做好准备，还处在"半梦半醒"之间，那么多的困惑和烦恼扑面而来。心理专家们认为，一个人的心理健康和身体健康紧密相连。社会的日益工业化、都市化、自动化使各方面的活动节奏大大加快，竞争加剧、交通拥挤、事故增多、环境污染、居住环境狭窄，都会给青少年带来或多或少的压力。另外，来自学业方面、同伴方面、家长方面的种种压力，也使青少年不得不接受各种挑战。这些外界的和自身的因素都有可能导致心理疾病。心理疾病表面上看不疼不痒，实际上却严重地刺激着人的躯体。一些心理疾病如果得不到及时的治疗，就会引发躯体疾病。

　　所以，我们提倡青少年朋友学会自我保护，不仅是自身生命安全的保护、危急关头的自我救助，还应包括心理健康方面的自护。

◉ 14. 因家庭变故而性格孤僻，怎样才能勇敢地走出阴影？

自我保护要点

　　因家庭变故而性格孤僻，老师应该采取措施帮助其勇敢地走出阴影走入人群。建立平等信任的师生关系，帮助其正确理解社会、认识自己，再次从家庭入手，改善亲子关系。最后，改善其学习环境，协调其与同伴关系。

典型案例

　　王某是小学三年级的学生，在她上小学时，爸爸妈妈便离婚了。爸爸离家到很远的地方打工，并且结婚建立了新的家庭，从此不来看她了。王某是和奶奶、妈妈一起生活的。因为离婚，妈妈脾气变得暴躁，经常与奶奶吵架，而且常常因为一点小事，就对她发脾气，甚至打她。王某和奶奶的感情很深，奶奶也很疼她，但是，妈妈却不许王某与奶奶在一起。奶奶也因为怕妈妈，也只是敢怒不敢言。于是，在她幼小的心灵深处蒙上了一层厚厚的阴影，认为自己是多余的，没有人会爱她了。一次，班主任和她谈心，她愤愤地说："我恨死妈妈了，就知道打我，等她老了，我才不管她呢！""我凭什么为别人着想，谁为我想呢！""她越让我干什么，我偏不干，她让我好好学习，我就考个 0 分让她瞧瞧，气死她！"言谈中对母亲充满了敌意。班主任发现她上课时总是往桌子上一趴，不闹，也不打开书，每次提问她，她就像刚从梦中惊醒一样，"蹭"地一下站起来，起来后，也不知道要干什么，只是下意识地看看老师和周围的同学，学习成绩一直较差。渐渐地，性格变得越来越内向、孤僻，不合群，不爱与其他同学交往，也很少与老师接触，且逆反心理很强。她开始不相信任何人，即使老师和同学真心帮助她，她也很冷漠甚至拒绝。

王某的心理问题主要来自家庭，这种不良的家庭氛围很难让王某走出阴影，因此，矫正王某的责任也就落到了学校。那么，老师应该采取什么样的具体措施呢？

她的老师是这样做的：首先，建立平等信任的师生关系。平时，如课间休息，别的同学都出去玩了，她依旧安静地趴在桌子上时，老师就走到她的面前，有意识地跟她聊天，谈她感兴趣的话题。多次之后，她就放松了对老师的戒心。老师还不失时机地鼓励她，让她把心里话说出来，不要总憋在心里，那样对身体没好处。告诉她，老师愿意做她的知心朋友，一定会为她保守秘密。慢慢地，她便向老师道出了内心深埋已久的一些想法。

其次，老师还帮助她正确理解母亲、认识自己。开始时，老师引导她从母亲的角度思考问题，父亲不在家，母亲的收入又不高，还得养活她，供她上学。于是老师帮她算了一笔账，引导她从内心感受母亲的不易，并希望她能够主动缓解与母亲的关系，多体谅母亲，回家自觉帮母亲做些家务，多与母亲聊聊天。

再次，从家庭入手，改善亲子关系。老师与她母亲取得了联系，告诉她孩子在学校的表现和目前存在的心理问题，使她认识到孩子学习成绩不好与家庭尤其是母亲有很大关系，希望母亲多关心爱护自己的孩子，改变教育孩子的方式，努力调整家庭气氛，特别是孩子与奶奶的感情很深，母亲要改变与奶奶的关系，同时，要鼓励她对奶奶孝顺。

最后，改善学习环境，协调同伴关系。为了改善王某与同学间的关系，老师找到班上几位学习比较好并住在她家附近的同学，希望她们在学习上多帮助她，课余时间主动找她一块玩儿，她有什么不懂的问题要耐心进行解答。老师们仔细批改她的作业，让她充分感受到老师同学们对她的关心。

◉ 15. 如何正确引导未成年人的表现欲？

中学生在从事每一项活动时，尤其是做一件大事时，或进行危险的行动时，要冷静地考虑一下可能出现的后果，特别要考虑对社会的价值。有益则行，有害则不行。不要把冒险当作勇敢。

某中学是一所远近闻名的学校，校园坐落于郊外，后靠巍巍青山，左环古木树林，从右绕到学校正门的是一条小河。河水清清而涟漪层层。7月份大水时，河水涨到了岸边。一天放学，学生们涌出学校，蹦蹦跳跳地上了桥。有一同学触景生情，突然提出，下河救人真勇敢，我们这里谁敢跳？话音刚落，一位男同学挺身而出："我敢跳，什么代价？""代价由你自己开好了！""只要全班都喊我爸爸。""一言为定！"这位男同学二话没说，"扑通"一声，真的跳下去了。眼看这位男同学在河里挣扎，岸上的人一下子着急起来，有的失声大叫，有的设法搭救。在校门口站岗的保安闻声前来相救，这位男同学终于游上了岸，尽管冻得嘴唇发紫，却摆出胜利者的姿态："怎么样，快喊我爸爸！"许多同学翘起大拇指称赞，"爸爸真勇敢"，这位男同学得意洋洋地说："我不怕死！"闻讯赶来的校领导和班主任对这位同学进行了教育。

中学生总是有较强的表现欲，尤其在别人面前，他们更是想显示自己，以求得别人对自己的重视，来满足自己的虚荣心理。因此他们会常常不顾一切地采取过度冒险的行动，给社会和个人带来不好的后果。分析起来，这种过度冒险大致有以下几种原因：

1. 青少年容易争强好胜。他们的冒险行为常随着"你敢不敢"，"有什么不敢"之后就出现。他们争强好胜的心理很容易被激将法挑起，从而采取过度冒险行为。

2. 青少年感情容易冲动。从青少年高级神经活动的过程看，兴奋过程和抑制过程还不平衡，兴奋过程强于抑制过程，反映在情感上容易冲动，而不容易抑制即不容易控制感情。

3. 青少年知识比较贫乏，经验不足，不善于估价自己行为的后果。他们自以为自己是大人了，往往对自己的能力和水平估计过高，对其后果往往不作考虑，也不会考虑。

因此，教师和家长教育正在成长中的中学生们，在从事每一项活动时，尤其是做一件大事时，或进行危险的行动时，要冷静地考虑一下可能出现的后果，特别要考虑对社会的价值。有益则行，有害则不行。这是衡量一个人行为的社会标准，对少男少女的冒险行为应因势利导。不要把冒险当作勇敢。

● 16. "欲偷不能"是如何产生的？

未成年人"欲偷不能"是一种心理疾病。应与其一同分析这种不良行为的潜意识根源，使其领悟到自己错位的成功和报复心理对自己成长的不利。教育其勇敢面对自己，痛下决心，坚决不给自己重犯的机会，并且把所偷的物品和钱款送回商店，争取谅解。也可采取厌恶疗法，让其想象"想拿"和"被抓后"的情景，积极投入到集体活动中去。

小燕是个文静而庄重的女孩。一天，她满脸愁容地找到她的老师："老师，我想和您单独谈谈。"关上了门后，小燕双手绞了一会儿，终于开口说："老师，我做了一些很不好的事，却无法控制自己不做。"停了一会儿，小燕开始断断续续地讲述。

她说放学后常去书店、礼品店、超市闲逛。有一次，不知怎么回事，她突然产生了一种想偷东西的念头，于是趁人不备将一盒香皂藏到口袋中，伴着一阵心的狂跳很快走出商店。回到家中，看着偷来的东西，产生了一种从来没有的兴奋感。以后就一发不可收拾，只要一到商店，小燕就想顺手牵羊"带"走些东西。如能得手便感到很刺激，无法得手心里就觉得憋得难受。其实她自己并不需要那些东西，她常将偷来的东西送给同学。只是每次得手后，都会有种莫名的快感。然而，事后又会很紧张，常常自责，想不干又控制不了自己，常处于极端矛盾之中。后来，小燕和同学一起逛超市时忍不住又偷了一支钢笔，恰被同学发现，在她的再三恳求下，这位同学答应不张扬出去，但再不愿也不敢和她同行。小燕陷入了深深的痛苦，没有办法，她只好找到了她的老师。

小燕的"拿"与"不拿"有着激烈的内心冲突，她最担心的是被人揭发的难堪和难以预料的后果，而不被人发现恰恰是她"成功"的基点，这是她欲罢不能的根本矛盾所在。针对此原因，我们应该给小燕进行心理治疗。

第一，和小燕一起分析这种不良行为的潜意识根源，她是个聪明的孩子，很快就领悟到自己错位的成功和报复心理对自己成长的不利。

第二，勇敢面对自己，痛下决心，坚决不给自己重犯的机会。并且把所偷的物品和钱款送回商店，争取谅解。

第三，厌恶疗法。这是一种有效的方法，即让小燕清楚地意识到"想拿"和"被抓后"的情景，这样她会感到害怕。

第四，帮助小燕认识什么是真正的成功，让她发现与开拓自己真正的兴趣，鼓励她多与同学交谈，积极投入到集体活动中去。

通过上述矫治和帮助，我们相信，不久后，小燕不仅学习成绩会有进步，而且和同学的关系也会变得融洽。她一定会拥有真正的成功！

● 17. 如何让心境不再抑郁?

摆脱心境抑郁，自己要调整心态，要正确地认识人是不能脱离客观环境而生存的。对生活中出现的各种问题不退缩、不幻想、不逃避，把自己心灵深处的苦恼跟朋友、亲人说出来，在条件允许的情况下，可以去看心理咨询师。社会的理解支持也是十分重要的，对"心境抑郁"的人，不要随意使用"变态""精神不正常""神经有病"等刺激词语，要多给予他们理解和帮助。

以前一向活泼开朗的欣某，突然变得郁郁寡欢了，而且时常叹气，念叨活着累，没意思。她一下子变得沉默寡言了，整天把自己关在书房里不愿见人。原来，是一直自信能考上重点大学的她得知自己的分数不够分数线。同时，与她一直相思着的一位男同学告诉她自己已经上重点线了。尽管欣某嘴上没说什么，可她情绪上的变化揭示其内心的苦恼。一天，她苦笑着问班主任，自己会不会抑郁而死。母亲也担心这样下去会生病，可又不知该怎么办?

案例评析

"心境抑郁"的基本特征是情绪低落、兴趣索然，自感思维迟缓、反应慢，不愿与朋友、同事交往，严重时有悲观绝望、痛苦难熬、生不如死的感觉。心境抑郁者常用活着没意思、高兴不起来描述其内心的体验。有时会有自责自罪感，觉得自己是家人的累赘，是社会的废物和寄生虫，常把过去的一般性缺点或错误夸大成不可饶恕的罪行，甚至通过自杀来了结自己无用的生命。引起抑郁的原因通常有三种。

第一种最常见的是心理和社会因素引起的；第二种是与遗传有直接关系，多数人莫名其妙地发病，有时与季节性有关，这种情况的治疗以吃药为主；第三种是药源性引起的，如吃药过敏，一些治疗高血压的药物能引起有些人出现抑郁发作。一般的"心境抑郁"大多是由心理和社会因素引起的。随着现代生活节奏的日趋加快，人们的竞争意识越来越强，人际关系也变得日渐复杂、冷漠了。客观上的精神压力以及随之而来的榜上无名、失业、失恋、工作变动、家庭矛盾、离婚、失去亲人、经济损失等心理打击都会导致人的情绪低落。"人非草木，孰能无情？"多数人的一生都会有一两次上述的经历，情绪低落是正常的，随着时间的推移和自我调适，这种情绪很快就消失了，像文章开头所提的欣某就属于情绪低落。但是如果这种低落情绪长时间挥之不去，并已妨碍了身心健康，就应引起重视。因为，严重者在抑郁的状态下不能自拔，容易酿成自杀的悲剧，像海明威、三毛等。

首先，自己要调整心态，要正确地认识到人是不能脱离客观环境而生存的。人生不如意事十有八九，对生活中出现的各种问题不退缩、不幻想、不逃避，把自己心灵深处的苦恼跟朋友、亲人说出来，不要憋在心里钻牛角尖，在条件允许的情况下，可以去看心理咨询师。

其次，社会的理解支持也是十分重要的。研究发现，社会的支持可缓解心理压力，从而预防或减轻抑郁。对"心境抑郁"的人，不要随意使用"变态""精神不正常""神经有病"等刺激词语，要多给予他们理解和帮助。

最后，关注世界，更要关注自己的心理世界。当你明白"心境抑郁"是怎么回事的时候，你就能挣脱"心境抑郁"的罗网，做一个健康快乐的人。

● 18. 未成年人对异性老师产生爱恋心理，应当如何正确处理？

自我保护要点

未成年人对异性老师产生爱恋心理，要给予正确的教育和引导，帮助孩子了解早恋的危害，摆脱"爱"的困扰，选择正确的人生方向。要教会学生与异性交往应持的态度，帮助他们剖析自己，引导他们对这种感情多做正、反两方面的思考，引导他们从更大的范围去认识别人，引导他们借助理智的力量拆除这虚筑的感情，鼓励他们更多地参与集体活动、娱乐活动以转移注意力，摆脱这烦恼的困扰。

典型案例

陶某是一个初三的女生，最近她的情绪糟透了。她初二的班主任是个刚毕业不久的大学生，他全身的肌肉和充满阳光的面庞使人看到了青春和活力，他也没有像有的年轻老师那样刻意将自己装扮成老气横秋的样子。同学们天天围着他转，陶某特别愿意和班主任在一起，有时单独和他在一起的时候就会走神，将他想象成自己心中的白马王子，于是在不自觉间她发现自己不愿意看到班主任和其他的女生说笑。她初二一年生活得幸福极了，一想到能够见到他，她就渴望夜晚快快过去，早晨快点到来，能够到学校马上见到他。进入初三以后她的这种情感更加强烈了。

一个周日陶某知道班主任会到学校，于是她一早就带着他爱吃的早点到了学校，没想到他正在和班里的另一个女生在办公室里有说有笑，桌子上摊着许多小吃。那位女生看到陶某来了就喊她快来吃，说班主任给她买了这么多好吃的，她怎么能吃得了。陶某愣了，她很难过，将自己手里的东西扔进了垃圾桶里。

这一周陶某过得闷闷不乐，不知什么原因总是打不起精神，并且总是存心和班主任过不去。周五中午班长从办公室回来说，班主任要求大家放学之后做大扫除，并且要做卫生区的卫生。大家纷纷小声议论，下周就要期中考试了，学校又没有强行安排，为什么要做大扫除呢？陶某觉得机会来了，她大声地和同学说："到这个时候班主任还要求我们做大扫除，真是太想出风头了，有病。"没想到，老师刚好进来，他听到了所有的话。陶某呆站着，脑袋里一片空白。

案例评析

这是异性师生之间的一种特殊的感情，事实上，陶某是一种单相思。

恋爱，是孩子成长中的必经历程。当我们听说孩子在恋爱时，千万不要以为孩子在堕落，虽然孩子过早地涉及爱情会影响他们的学习和身心发展，但我们要正确地认识到这是孩子青春期发育成熟的一种表现，我们要给予正确的教育和引导，帮助孩子了解早恋的危害，摆脱"爱"的困扰，选择正确的人生方向。

作为老师，尤其是年轻的老师，对学生中产生的这种特殊的情感观念，应该注意以下方面：

1. 教会学生与异性交往应持的态度。进入青春期后，男女同学都会产生对异性的好感和爱慕，都有相互接近、了解、交往并结为朋友的需要，这是十分正常的现象。要引导学生不能错把友情当爱情，正确地区分友情和爱情，掌握交往的分寸。男女交往时不可过分随便，避免过分亲昵的举动，避免单独交往，尽量在集体和公开的场合交往，对待异性和同性朋友应一视同仁，对自己的不妥言行应及时修正，始终把异性交往纳入健康的轨道。

2. 教会学生拒绝求爱的方法。拒绝别人是一件伤人感情的事，因而要特别注意言辞、方式和场合，要言辞明确又不失真挚，要拒绝爱情又不要丧失友情，要果断又不失委婉，不能伤害别人的自尊心。

3. 教会学生摆脱"单相思"的办法。学生患了"单相思"，家长老师要给予更多的理解和关心，帮助他们剖析自己，引导他们对这种感情多做正、反两方面的思考，引导他们从更大的范围去认识别人，引导他们借助理智的力量拆除这虚筑的感情，鼓励他们更多地参与集体活动、娱乐活动以转移注意力，摆脱这烦恼的困扰。

4. 教会学生终结早恋的方法。早恋是指未成年人的恋爱，若不及时敲响警钟、妥善解决，必然会铸成大错。学生早恋了，会从种种迹象中表现出来，此时万万不可强制压服，这样做可能会适得其反。

◉ 19. 面对重大灾难，如何弥合未成年人的心灵创伤？

面对突如其来的灾祸，同学、老师、学校、社会、政府携手并肩，共同努力，战胜灾难给未成年学生造成的巨大心灵创伤。科学运用心理疗法，请心理学专家进行危机干预和心理辅导，比简单的安慰要重要得多，可以帮助学生学会从灾难中感悟人生最难能可贵的东西。合理地适时地将未受伤的同学安排到别的班上上课，避免他们把消极情绪带到社会上，或是受社会负面信息的影响，保证了他们正常的学习。同学们要相互关心和鼓励，战胜困难。

某中学组织学生春游，临近返校时发生重大交通事故，致使高一（8）班6名同学、两名教师死亡，另有多人受伤。这次交通事故伤亡惨重，很多同学都目睹了血腥和凄惨的镜头。8名朝夕相处的同学和老师瞬间离开人世，这对十五六岁的中学生的心理影响是巨大的。事故发生的第二天上午，有关领导在看望受伤的同学时，鼓励同学们抬起头来，把灾难化作财富，从灾难中学会另一种人生本领、生存能力，更好地活着，同一天，该市市长还特别指示学校请心理学专家到校开展心理辅导。很快，学校请来几位著名的心理学专家，为该校师生开展心理指导，特别对高一（8）班没有受伤住院的同学进行一对一式的心理辅导。老师还和他们谈心、进行家访，帮助消除恐惧，恢复信心，同时到医院看望和慰问受伤住院的同学。心理学专家们多次进行了集体心理指导，心理指导课共进行了3天8场次。当时，同学们主要的问题是恐惧、惊吓，不敢相信这是真的。经过深入细致、有针对性的心理辅导，大家开始冷静地面对现实，从痛苦中选择振作，学会坚强。

事发后，该校师生相互关爱，共同面对，已度过艰难的时期。在高一（8）班教室，教室后墙的黑板上很不显眼的地方，贴着一位同学写的一封公开信："昨天，我回高一（8）班，这个我心中的家，看到大家苍白的脸上带着泪痕，很辛酸。我呼吁8班同学振作起来，对未来充满信心，为自己骄傲，也为8班骄傲。我永远爱你们！"这是多么感人的话语。而学校门前则贴着《致亲爱的校园和同学》："面对前所未有的灾难，我们要坚强地昂起头，从现在起珍惜生命，活出我们的精彩。更加努力，更加勤奋，用我们的力量，带来校园的重生……"这所已有一百多年的名校，在用一种精神鼓励被突如其来的灾难重击的师生。与此同时，学校采取有效措施，把高一（8）班没有受伤可以上课的同学安插到高一其他班级随班上课。这样既保证了他们不落功课，又让他们感受到新集体的温暖。这些措施让同学感到了温暖，也振奋起来。一位同学说："现在好多了！"另一位同学说："心里还很难过，但明天一定会好！"还有一位同学说："一想起来仍有点害怕，但新班级让我们尽量少回想过去。"很快地，该校已开始走出春游交通事故的阴影，学校教学秩序渐趋正常。

案例评析

这是一个在遭遇重大灾难之后学生互相关爱、自立自强，社会及学校共同保护未成年人的典型例子。面对突如其来的灾祸，同学、老师、学校、社会、政府携手并肩，共同努力，战胜了灾难给未成年学生造成的巨大心灵创伤。他们的许多做法值得我们学习：一是科学运用心理疗法。这是一种积极应对灾难的做法，是值得肯定的。事实证明，请心理学专家进行危机干预和心理辅导，比简单的安慰要重要得多，可以帮助学生学会从灾难中感悟人生最难能可贵的东西。二是合理地适时地将未受伤的同学安排到别的班上课，避免他们把消极现象带到社会上，或是受社会负面信息的影响，保证了他们正常的学习。三是同学们相互关心和鼓励，战胜困难。

　　同时该事件也提醒一些学校和部门要重视和加强对广大未成年学生的学习环境安全的保护。据调查显示，我国中小学生因交通事故、建筑物倒塌、食物中毒、溺水、治安事故等死亡的，平均每天有 40 多人，相当于每天有一个班的学生消失！这个触目惊心的数字再次敲响了校园安全警钟。

五、未成年人网络安全的自我保护

● 1. 未成年人沉迷于网吧，应当如何处理?

　　针对未成年沉迷于网吧的现状，网络业在推出更多有益青少年健康成长的网站内容的同时，也应当治理整顿那些给孩子们提供网络游戏、黄色暴力等内容的地下网吧。让那些遵守行业规定和接受规范管理的网吧，能给孩子上网提供一个相对健康的环境。有关部门要规范管理，改善孩子正确使用电脑和网络的外部环境。同时，家长和老师要加强指导教育，加强未成年朋友的辨别、控制力，让他们正确地利用先进的工具，这样，网络才能给未成年朋友带来积极的影响。

　　【典型案例】

　　当王某从晚报的"寻人启事"中看到寻找自己的消息时，他已经一个多月没回家了。一切都因为自己迷恋上了网络的缘故。

　　晚报的消息说，当爸爸听到自己没在学校时，赶快到网吧去找，好几次都没找着。爷爷、奶奶、爸爸、妈妈也放下工作，举着他的照片敲开无数间网吧的门，也找遍了火车站、旅馆、地下通道等所有能想到的地方，但是仍然没有任何线索。在一个多月的时间里，年迈的奶奶病倒了，妈妈的眼泪不知流了多少，爸爸也苍老了许多，本来和美的家庭一个多月来生活在悲伤和焦虑中。

王某是在一年前迷上了电脑，刚一开始，主要是玩游戏，后来又迷上了上网聊天。但慢慢地，他一进网吧就控制不了自己了。最初是玩的时间太长了，就在外面过夜，后来，由于怕回家受责备，就干脆连家也不回了。为此，父亲把他送到一所寄宿制学校，学习成绩上升很多，但他还是没能控制住自己，"不是我不小心是无法抗拒"，他深深地自责着。

一个月来，自己住的是什么地方呀！在那些狭窄的小胡同里，隐藏着一个地下网吧群；在大杂院儿里，像小仓库一样的房间内摆满了电脑，坐满了和自己差不多大的孩子。而一些被国家明令禁止的经营性游戏和黄色暴力不良网站在电脑屏幕上随处可见。因为是地下经营，而且条件极差，所以这些地方的价格都比较便宜，主要的经营对象就是没有多少经济能力的孩子。也同样是因为地下经营，逃避国家有关管理部门的制约，非法为少年儿童提供游戏服务和不良网站，有的甚至只要给点儿钱，就管吃管住，不回家的孩子，就住在这样的网吧里。

这一个多月中，王某除了偶尔去朋友家睡觉之外，几乎一直住在这样的网吧里。离开学校一个月的他，决定回家了，他想家，想爸爸妈妈，还有每天上午叫他起床、给他端来早点的奶奶，还有那未完成的作业。

他终于回到了家里。没有谁呵斥他，大家在安慰他，稳定他的情绪。家长找到了学校，一同做他的思想工作；找到了心理医生，为他进行了心理咨询。王某终于恢复了正常的学习和生活，并且以自己的亲身经历积极地开导身边一些正痴迷网吧的同学。

案例评析

随着电脑网络技术的普及，学电脑、上网络已日益成为未成年人闲暇生活的重要组成部分。据调查：在全国1700多万网民中，12岁到25岁年龄段成为上网族中的主力军。在中小学生中，上网已成为他们假期生活的主要内容。某市调查也显示，该市已有42.9%的青少年选择"上互联网"作为自己的重要休闲方式。此外，现在不少大学班级尤其是毕业班都在网络上面申请了BBS专版或建立了集体网页，这些专版或网页一旦设立就成为相关青年的公共领域而吸引这些青年经常前来访问。据统计，在全部上网人员中，35岁以下的青少年占86%左右，因此，包含未成年人在内的广大青少年群体已经成为中国网络用户的主要群体。由于互联网具有全球性、开放性、交互性、及时性、综合性等特点，其运用必将对青少年的思想观念、生活方式乃至综合素质等带来全方位的影响。但是未成年人的上网也给他们带来了一系列的问题，主要有：（1）一些未成年人玩起游戏来，不加节制，沉迷不能自拔。（2）一些未成年人更钟情于聊天，大有网恋成风之势，这是学校、家庭和社会所未曾料及的。（3）非法网吧危害青少年健康成长的问题时有发生，如北京"蓝极速"网吧发生纵火事件，等等。由此看来，未成年人网络特护问题是摆在全社会面前的一个并不轻松的任务。

面对未成年人的教育，网络业应该加强管理。

1. 网络业在推出更多有益青少年健康成长的网站内容的同时，也应当治理整顿那些给孩子们提供网上游戏、黄色暴力等内容的地下网吧。让那些遵守行业规定和接受规范管理的网吧，能给孩子上网提供一个相对健康的环境。

2. 有关部门要规范管理，改善孩子正确使用电脑和网络的外部环境。

3. 通过家长和老师的指导教育，加强未成年人的辨别、控制力，让他们正确地利用先进的工具，这样，网络才能给未成年人带来积极的影响。

全社会都要来关心、管理网吧问题，共同担负起教育下一代的任务，这是人民的需要，这是祖国的需要。只要我们努力处理好网吧的管理与发展关系，对网吧整顿形成齐抓共管的局面，对青少年教育做到常抓不懈，那么，我们就能为青少年营造一个健康向上的文化氛围，他们就能与高速发展的网络时代同步前进。

◉ 2. 面对不良"网友",应当如何应对?

自我保护要点

针对网络上的骗子、色情等情况,广大未成年人上网时要特别注意:不要说出自己的真实姓名和地址、电话号码、学校名称、密友等信息;不与网友会面,如非见面不可,最好去人多的地方;对网上求爱者不予理睬;对谈话低俗网友,不要反驳或回答,以沉默的方式对待。

典型案例

"网友",是人们对那些通过在网络上聊天探讨问题所结识的朋友的称谓。互联网的出现拓展了人们的交往空间,也因此改变了某些人的交友方式。茶余饭后,打开电脑,在网上聊天,你写一句,我回一句,好多朋友会感到这是一种非常有趣的交流方式。14岁的小雯是个旅游爱好者,也是一个小"网虫"。她特别关注世界各地的风土人情和奇闻逸事,梦想有朝一日能够周游世界。暑假里的一天,在征得妈妈的同意之后,她开始在网上的电子布告栏(BBS)上发出旅游咨询信息。她给自己起了一个非常有趣的名字——"世界旅游"。从此,她每天都会收到数十条来自四面八方的信息,这真让小雯大开了眼界。众多网友中,"江上渔舟"可不是一般人物,此人谈吐不凡,妙语连珠,出口成章,真让小雯觉得相见恨晚。可是,最近,让小雯感到为难的是"江上渔舟"开始不断打探她的真实身份。有几次,小雯都想如实告之,可最后还是忍住了。可上周,"江上渔舟"却发出了会晤邀请。小雯非常苦恼,心想不去,又唯恐会失去一位网上密友;如期赴约,又担心对方人面兽心。最后,聪明的小雯想出了一个两全其美的办法,她请武术班的大表哥作陪,将约会地点定在公园门口。小雯和表哥提前10分钟赶到公园门口,左等右等都不见"江上渔舟"踪影。此人终于还是没出现。从此,小雯上网多了许多安全意识。

案例评析

现代社会是数码时代，即网络时代，网络给人们带来了巨大的好处，对未成年人亦如此，网络对未成年人有哪些有益的方面呢？概括起来有如下方面：

第一，由于互联网上获取信息具有信息传递最快、信息来源最多、信息种类最全的优点，网上的新闻信息、娱乐信息、教育资源等都对未成年人有所裨益。使他们获得知识的途径不再单一，而且多样无比。

第二，在互联网上聊天可以增加交际经验，还可以在互联网上购物、听音乐、看录像等。未成年人能开拓知识视野，扩宽认识世界和掌握知识的渠道。

第三，更使得未成年人个性得到充分的舒展，潜能更有可能得到尊重和开发。在网络世界个性能得到适度的伸张，能够根据兴趣创作一些个性极度张扬的电子作品。

第四，与他人交流更加自由，渠道更宽广。网上 BBS、聊天室等技术手段使得上网的朋友从不认识的他人更加接近讨论问题。

第五，他们可以得到专家的指导，同学善意的批评，老师不倦的指点，或者得到一些热心人士的解答。尤其一些老师已经主动把这些手段引入到课堂中去，这对学生认识网络更有积极作用。

但是，正如案例中所言，网络也给未成年人的交往带来了不利的一面，如网上骗子、色情等。所以我们要从多方面来保护未成年人的网络安全，从社会法制方面来考虑是：

1. 青少年的健康成长离不开法律。（1）青少年正处于长身体、长知识的重要时期，各方面都不成熟，缺乏自我保护的能力，容易受到外界不良影响，同时社会生活中还存在一些不利于青少年健康成长的因素，青少年需要法律给予特别保护。（2）青少年是国家的未来、民族的希望，是社会主义现代化建设事业的接班人。青少年能否健康成长，肩负起历史重任，关系到国家的存亡和民族的兴衰。所以，在使用网络方面，要重视对青少年的教育、引导和保护，并为青少年的健康成长创造良好的条件和环境。

2. 依据《未成年人保护法》有关知识，针对社会上还存在的影响未成年人健康成长的不利因素及一些侵害未成年人合法权益的现象，学校、家庭、社会在青少年朋友上网问题上要依法保护未成年人的健康成长。

3. 必须重视《中共中央、国务院关于进一步加强和改进未成年人思想道德建设的若干意见》，积极营造有利于未成年人思想道德建设的社会氛围，要净化未成年人的成长环境，加强对互联网上网服务营业场所和电子游戏经营场所的管理。

上述是法律依据和政府措施，此外，广大未成年人上网时要特别注意：不要说出自己的真实姓名和地址、电话号码、学校名称、密友等信息；不与网友会面，如非见面不可，最好去人多的地方；对网上求爱者不予理睬；对谈话低俗网友，不要反驳或回答，以沉默的方式对待。

◉ 3. 未成年人"网中猝死"，应当如何处理？

自我保护要点

网络不良游戏可能造成青少年人格上的不健全，对他们人生信念、生活态度的形成都有着十分消极的影响，甚至会令他们养成用极端方式解决问题的恶习。针对这种状况，父母、家庭的关怀是最好的方式，要不断对这些孩子进行安抚，要努力发现他们各自的优点并沿着这一方向加以引导，培养他们的自信心，增强他们与人交往的能力，使他们逐步适应现实社会。社会也应多开展一些健康、有益的文体活动，让青少年旺盛的精力得到发泄。

典型案例

李某是一位高中生，就在同学们紧张复习准备考试的时候，他却每天背着书包到网吧"上学"，一天，在玩网络游戏"传奇"的过程中，由于过分的刺激，心理的紧张、激动，他猝然倒在了网吧的电脑游戏机前。从此，他再也没能醒过来。他的青春岁月，还没来得及谱写"传奇"的人生，他就如此离去了……

据李某的班主任老师介绍，自寒假补课、开学以来，李某一直没到学校上过课。而李某的父母则反映，这段时间他每天都按时背着书包上学，按时回家。网吧老板和那一带上网的网民也反映，每天都看到李某在上网玩游戏。那天中午，李某在父母的催促下背上书包"上学"了，他像往常一样没有去学校，而是进了逃课的老地方"辉荣网吧"，继续他的"传奇"游戏。据事发当时坐在李某旁边的一个叫朱某的年轻人说，他来到"辉荣网吧"，看见面熟的李某坐在机子上玩游戏。几分钟后，他听到"砰"的一声，接着看见李某往后倒在椅子上，两手不停地抖动，口喘粗气。朱某立刻叫网吧老板过来，网吧老板很快叫来附近一个社区诊所的王医生。后来王医生在当地派出所的"'辉荣网吧'李某死亡笔录"上称：当时，医生为李某听诊把脉时已听不到心跳，脉搏也没有了。不得已，把他送往市人民医院急诊科，检查后，李某被宣布为"临床死亡"。

案例评析

这是一个令人震惊的因迷恋网吧而死亡的典型案例。是什么原因让一些未成年人如此至死不渝地"忠贞"于网络呢？有关专家从心理学的角度对这种青少年上网对身心所受到的影响进行了分析，认为青少年上网成瘾的原因主要有四个：

第一，少年进入青春期之后，成人意识强烈，觉得自己已经是一个大人了，什么事都可以自己处理，不需要别人帮助。但事实往往相反，他们经常无法解决现实生活中遇到的困难。尤其是一些独生子女，从小受娇宠惯了，一点小小的挫折可能就会令他们无法接受，情绪波动比较大，控制情绪能力不强。由于无法解决实际问题、受挫后情绪不稳定，使得这些孩子不自觉地去寻找一个能充分满足自己的世界，网络恰好为他们提供了这一条件。使他们陷入了难以解脱的误区：在网络世界里，他可以解决任何问题，可以完全逃避现实，不满的情绪可以得到充分的宣泄。

第二，一些家庭关系紧张，无法与父母进行很好的沟通。事实上，父母是孩子最好的老师，孩子在确立人生观、世界观最关键的时期尤其需要来自父母的正确指导。但是很多父母更习惯于那种"家长命令式"的教育方法，忽视了青少年的叛逆心理，造成了青少年偏要和父母对着干的局面：你们不让我打游戏，我偏要这么做。

第三，学习成绩差，自暴自弃。大多数沉溺于网络世界不能自拔的孩子，学习成绩都比较差，他们在现实生活中体验不到学习所带来的成就感，往往会选择网络来满足自己。

第四，青少年自控能力差，冲动性强，一旦陷入网络游戏，明知会影响学业，但是却不能自拔。尤其是一些充满暴力、色情的网络游戏。

专家们认为，这些网络游戏会造成青少年人格上的不健全，对他们人生信念、生活态度的形成都有着十分消极的影响，甚至会令他们养成用极端方式解决问题的恶习。专家们开出了"药方"说："父母、家庭的关怀是最好的方式。"父母不要动辄就打骂孩子，不要流露出对孩子彻底失望的想法，要耐心地与孩子进行沟通，要让他们充分地感受到自己并没有被抛弃。要不断对这些孩子进行安抚，要努力发现他们各自的优点并沿着这一方向加以引导，培养他们的自信心，增强他们与人交往的能力，使他们逐步适应现实社会。同时，专家还呼吁社会多开展一些健康、有益的文体活动，让青少年旺盛的精力得到发泄。

4. 未成年人会堕入虚幻的网络中吗？

与现实的社会生活不同，青少年在网上面对的是一个虚拟的世界，它不仅满足了青少年尽早尽快占有各种信息的需要，也给人际交往留下了广阔的想象空间，而且不必承担现实生活中的压力和责任。虚拟世界的这些特点，使得不少青少年宁可整日沉溺于虚幻的环境中而不愿面对现实生活。而无限制地泡在网上将对日常学习、生活产生很大的影响，严重的甚至会荒废学业。这个问题必须引起家长、学校和社会的充分重视。

南京市一个没日没夜沉溺网吧的 15 岁少年，在被父亲找到说了几句话后，突然跳水身亡。济南一名 15 岁的少女迷恋网吧遭到父亲的训斥后，制造出遭人"拘禁"的假象。后经过警方 1 个多月的调查，发现她只是住到了网友的家中，与 5 个离家出走的"难友"混在一起，故意制造出所谓的"拘禁"假象来吓唬父母。

上述案例也许不是普遍现象。但是，如此极端的现象，却让人们深思，网络游戏何以有如此魅力，竟让上网的青少年无法自拔呢？

网络游戏之所以对青少年学生有如此强大的吸引力，在于网络游戏的虚幻性。网络游戏大多是以历史上某个帝国或以武侠小说为蓝本，充分考虑游戏参与者的感受，从而产生某种虚幻的真实，使参与者置身其中，具有身临其境的感觉。它通常以武侠世界或神话传说等为背景，形成一个虚拟的社会，参与其中的玩家要选定一个角色，成长并且拜师学艺，之后便"行走江湖"。至于玩家选定的人物要以怎样的形象出现在游戏的社会中，则完全取决于每个人了，或成为一代"大侠"，或成为"大魔头"，或成为一个专门陪人聊天的"开心果"。

现在游戏的激励机制往往是很强的，游戏通过游戏者的练功或成就，不断提升游戏参与者的能力，使他们逐渐的由一个小角色，成长为一代大侠，且威力无比。单是这一激励机制，就可以使很多人，包括很多的成年人，沉浸在游戏中，更何况尚未成年的中小学生呢？

在网络游戏中，很多未成年人为了过把满足"理想"成为大侠的瘾，便拼命地练功。当他终于如其所愿，成了数一数二的"高手"之后，他便开始"游戏江湖"，剪除邪恶，扶助弱小，快意恩仇，着实过了一把"大侠瘾"。这不能不说我们的教育有误区。未成年朋友反社会心理就是这样形成的。

网络游戏的虚幻的真实，除了形成未成年人反社会心理外，还给沉溺于其中的上网者带来危害。如导致人际交往、社会适应能力下降、情绪低落、思维迟缓、孤独、焦虑、食欲不振、植物神经功能紊乱、睡眠障碍，甚至消极自杀。对青少年上网，关键在于正确引导和积极预防，注意教育孩子不要把网上交际代替现实生活，鼓励或带孩子进行适当的户外活动、伙伴交流等。

互联网使许多青少年沉溺于网络虚拟世界，脱离现实，也使一些青少年荒废学业。与现实的社会生活不同，青少年在网上面对的是一个虚拟的世界，它不仅满足了青少年尽早尽快占有各种信息的需要，也给人际交往留下了广阔的想象空间，而且不必承担现实生活中的压力和责任。虚拟世界的这些特点，使得不少青少年宁可整日沉溺于虚幻的环境中而不愿面对现实生活。而无限制地泡在网上将对日常学习、生活产生很大的影响，严重的甚至会荒废学业。这个问题必须引起家长、学校和社会的充分重视。

◉ 5. 未成年人为何留驻在苦涩网恋驿站中?

自我保护要点

青少年沉溺于网恋，一是上网寻求寄托和解脱，不少人在现实中遭受失恋或其他挫折后便上网寻求寄托，进行发泄。二是游戏感情，或出于不相信网恋具有真实的一面，或由于水性杨花，大肆与异性网友调情、矫情，却缺乏真情、责任心，一方面有可能给真诚的一方造成严重的情感挫伤；另一方面则不利于自己情感的健康发展。青少年情感强烈，投入往往很大，但对于后果缺乏心理准备，容易造成心理挫伤。要引导青少年了解网恋的严重后果，教育他们在情感上要进行合理的控制，告诉他们要正确地对待网上交友，保证广大青少年朋友的情感朝积极、健康、平稳的方向发展。

典型案例

一些中学生因为迷恋网络而犯罪、甚至自杀的消息频频见诸报端：某市6名平均年龄为十五六岁的辍学学生因为没钱上网，而在市区实施抢劫。

某地一名连续三个通宵上网的少年，因父亲不准他再去网吧，竟从四楼窗口一跃而下，以身"殉"网；一名高中生因浏览黄色网站而出现了情感性精神障碍……

以下这个故事更具典型性。

一名沉迷于网恋的大学男生，因为"恋爱"不成，竟然轻率地选择自杀。一天晚上，某大学一间宿舍内，一年级男学生江某被发现用围巾吊死在床边，在他留下的遗物中，有一个木箱里整齐地放着磁盘、信件等物品，人们把磁盘中的内容打印出来，竟有201多页纸，上面的内容全是他和杭州一名女孩网上聊天的记录。信件也是杭州女孩过去写给他的。同室的同学回忆说，他与一名女孩网上聊天至少有两年了。女孩据说各方面挺优秀。两人虽然从未谋面，但感情已非同一般，江某就这样堕入了网恋，把两人聊天的所有内容都记录在磁盘中，女孩给他写了不少信件，有时寄来礼物。前不久，女孩还寄来自己的照片，表明了想与江某进一步发展关系的意思。但后来，江某曾流露过和女孩的关系产生波折的话，并对同学说要去见女孩一面。自杀前一天，他回家要钱想去找女孩，但没有要到钱。此后，有同学看到他哭了一场。他的一位同学回忆说，江某曾有3天晚饭后独自呆在校园的假山上。江某自杀后，女孩还打来两次电话找他，但老师和同学都没有把江某自杀的消息告诉她。

"网婚"已成为继"网恋"之后的又一新词汇。目前国内不少网站都开辟了虚拟婚姻的社区内容，诸如网上人家、GAMENOW等。因为好奇而加入"网婚"一族的中学生让成年人感到无法理解，但确实存在，有关教育专家分析，青少年"网恋"有各种原因和问题：

第一，上网寻求寄托和解脱。不少人在现实中遭受失恋或其他挫折后便上网寻求寄托，进行发泄。

第二，过分迷恋网恋，付出太多。不少青少年对网恋虚幻性缺乏认识或认识不足，一味真情、痴情地付出，结果是竹篮子打水一场空，感情受到很大伤害。

第三，游戏感情。或出于不相信网恋具有真实的一面，或由于水性杨花，一些青少年上网只是"玩玩"，他们大肆与异性网友调情、矫情，却缺乏真情、责任心，一方面有可能给真诚的一方造成严重的情感挫伤，另一方面则不利于自己情感的健康发展。

第四，情感挫伤。青少年情感强烈，投入往往很大，但对于后果缺乏心理准备，容易造成心理挫伤。总的来看，网恋花费大量的时间和精力，耽误正常的学习与作业时间，为自己的前途发展埋下隐患。中学生刚刚接触社会，辨别是非的能力还不高，过多地接触网络，缺少与社会的接触，容易产生内向、孤僻的性格，做事急躁、冲动，对网络恋情寄予厚望。如果遭受到网恋的打击，势必会影响自己的情绪，并且把这种情绪带到平时的学习与生活中，给心理造成不可磨灭的阴影。

所以，我们要引导青少年了解网恋的严重后果，教育他们在情感上要进行合理的控制，告诉他们要树正确地对待网上交友，保证广大青少年朋友的情感朝积极、健康、平稳的方向发展。

◉ 6. 未成年人上网过程中，应当注意哪些事项？

未成年人在上网过程中，应当注意以下事项：（1）只与网上有礼貌的人交流。在网络上交谈或写电子邮件的时候，请你保持礼貌与良好的态度；（2）不告诉网上的人关于你自己和家里的事情；（3）不打开陌生的邮件，并立即将它删除；（4）不要把自己在网络上使用的名称、密码告诉网友；（5）不轻易相信网上的人讲的话，在网上读到的任何信息都可能不是真的；（6）不邀请网上结识的人来家里，尤其是当你一个人单独在家时；（7）经常与父母交流网上有趣的事情，让父母了解自己在网上的所见所闻；（8）在公共场所上网后要关闭浏览器。

小学生顾某，是一个聪明好动的小男孩儿，因为顽皮，所以成绩一直不好。他经常去学校附近的网吧玩电脑游戏，每天很晚回家，不仅不写家庭作业，还逃课。一次因为没钱上网他甚至还偷了家里的钱。

女中学生李某，长得挺漂亮。她有许多网友，大家都聊得很好。渐渐地，她发现和其中一个男生特别投机。一次不太在意的见面，却让女孩更加心仪，因为她发现男孩比想象中的还要好，从此网恋就变成了现实中的恋爱。长时间的相处，让女孩发现该男孩竟有许多从网上骗来的女朋友。原来，男孩子一直在欺骗她，这就如晴天霹雳，李某心里接受不了这样的事实，没有心思做任何事，甚至要割腕自杀。

大一的他文静内向，上网聊天时间长了，便恋上了一位网上的"公主"。她是公司白领，25岁，工资丰厚。后来，他们相约相见于公园、电影院。时光很快，心情也美好。但是半年后，她的工作碰上了麻烦，对什么都不关心了，逃避现实。也不谈事业、未来，每天萎靡不振。他失望了，这不是他心中的"公主"，他陷入了深深的苦恼。

上网已是现代人生活中的一部分，可是当网络遭遇现实生活时，一种被称为"网络病毒"的东西正在悄悄影响着网民的心理健康。这些网民长时间在网络中生活，慢慢变得分不清什么是现实、什么是幻想——这就是网络心理障碍。网络心理障碍不仅影响日常生活、家庭幸福，有时甚至还威胁到生命。

在典型案例一中，小学生的控制能力比较差，有些聪明的小孩，学习虽差，但电脑玩得很好。平时老师都把他作为坏的典型，但在电脑方面他成了好榜样，别人都来向他学习，请教他。使他获得了自信和从来没有过的自豪感、满足感。因此，在他的心里自然认为网络世界才是最适合自己的世界。

典型案例二中，女中学生的这种网络心理障碍属于情景性忧郁，她把自己真实的感情给了一个并不真实的人，真正相处了以后，发现他根本没有网上那么优秀，感觉也不像在网上那么好，只是虚有外表而已。更没想到男孩是一个专在网上欺骗女孩感情的人。因此造成心理障碍甚至想要自杀。而从男孩的角度来看，这也是一种网络心理障碍。他经常欺骗网上的女孩，表现了他在平时生活中都存在着自卑心理，这样的人特别希望得到关注。网络是虚拟的，它可以让人们随意幻想，有些男孩把自己想成白马王子，把女孩想成白雪公主，过度的幻想就产生了病态心理。

典型案例三中，男大学生的学习节奏快，学习压力大，他们寻求一种现代化的放松。网络对他们来说成为了最好的选择和安慰，但现实击破了他心中的梦。

这三个案例从某一方面揭示了年轻人网上不平静的世界，事实上，除此以外，青少年朋友上网过程中，还时常受到来自网络的伤害。所以，我们要提醒广大青少年朋友的是：

1. 只与网上有礼貌的人交流。在网络上交谈或写电子邮件的时候，请你保持礼貌与良好的态度。

2. 不告诉网上的人关于你自己和家里的事情。网上遇见的人都是陌生人。所以你千万不可以随便把家里的地址、电话、你的学校和班级、家庭经济状况等个人信息告诉你在网上结识的人。

3. 不打开陌生的邮件。如果收到你并不认识的人发给你的电子邮件，或者让你感到奇怪、有不明附件电子邮件，请不要打开，不要回信，也不要将附件打开储存下来。请你立即将它删除。

4. 密码只属于你一个人。所以不要把自己在网络上使用的名称、密码（比如"下一代"会员名称和密码）告诉网友。

5. 不轻易相信网上的人讲的话。任何人在网上都可能告诉你一个假名字，或改变性别等。你在网上读到的任何信息都可能不是真的。

6. 不邀请网上结识的人来你们家。尤其是当你一个人单独在家时。

7. 经常与父母交流网上有趣的事情。让父母了解自己在网上的所见所闻。如果父母实在对计算机或互联网不感兴趣，也要让自己的可靠的朋友了解，并能经常交流使用互联网的经验。

8. 在公共场所上网后要关闭浏览器。有些信息会保留在机器里，所以如果你在学校、商场等公共场所上网后，请你一定要在离开时把浏览器关上。

7. 未成年人在与网友交往时，应当注意哪些事项？

未成年人在与网友交往时，应当注意以下事项：（1）如果要与网友见面，必须在父母的同意和护送下，或与可信任的同学、朋友，最好是自己的长辈结伴而行。（2）时常进同一个聊天室。在聊天室中，如果发现有人发表不正确的言论，应立刻离开，自己也不要散布不正确的言论，或攻击别人。（3）尽可能不要在网上论坛、网上广告栏、聊天室上公开你的 E-mail 地址，如果有多个 E-mail 信箱，尽可能设置不同的密码，如果收到垃圾邮件，应立刻删除。（4）对于"儿童不宜"的网站，不要进去。即使不小心进去了，应立刻离开。（5）如果遇到网上有人刻意伤害，应当立刻告诉家长或老师。

典型案例一

有报道说，市某中学初一女生袁某，瞒着父母出去约见网友，一直下落不明。据袁某父亲介绍，放暑假后，他女儿开始迷恋网上聊天，经常在网吧上网到深更半夜才回家。她抽屉里有20多张卡片，每一张卡片上都记满了网友的通信方式。一天晚上，她瞒着父母，一个人跑出去与网友见面，直到凌晨才回家。为此，她挨了父亲一顿打。为了限制女儿外出上网聊天，袁某的父亲上班后就将女儿反锁在家里，袁某寻机从家中溜走，不料此后，女儿一直没回来。

一位上高一的 16 岁少女，放暑假后她经常去网吧上网聊天，认识了不少网友，在网上聊得很开心，常常一聊就是几个小时。有一次，她约了一位已婚男子的网友，由于经不住好奇心的诱惑便去了，见了面很失望，聊了一会儿她就走了，幸好也没发生什么事。原来这位已婚男网友在网上说他虽然长得又高又瘦，却很英俊潇洒，而且网上聊天时也很幽默风趣，可是见了面却见那人又矮又胖，连说话都不利索。

有关人士分析认为，中学生正处在青春期，这个时期的他们渴望友谊和交流，网上聊天给了他们倾诉的空间和对象。但是网上也有陷阱，对于这些天真单纯、涉世不深的中学生，特别是一些爱幻想、充满了好奇心的女孩子来说，稍不留神，也许就会掉进网友设好的陷阱。

上述典型案例说明，人机对话代替不了师生对话，也代替不了亲子关系，所以，老师和家长应更细心地关心孩子的学习、生活，给他们多一点关切。网上有很多消极的东西，家长应督促孩子远离网络垃圾，教孩子自护。青少年朋友上网，应注意些什么呢？

1. 如果要与网友见面，必须在父母的同意和护送下，或与可信任的同学、朋友，最好是自己的长辈结伴而行。

2. 时常进同一个聊天室。在聊天室中，如果发现有人发表不正确的言论，应立刻离开，自己也不要散布不正确的言论，或利用文字攻击别人。

3. 不要在聊天室或 BBS 上散布对别人有攻击性的话语，也不能传播或转发他人那些违反中小学生行为规范甚至触犯法律的内容，网上网下都得做守法的小公民。

4. 尽可能不要在网上论坛、网上广告栏、聊天室上公开你的 Email 地址，如果有多个 E-mail 信箱，尽可能设置不同的密码，如果收到垃圾邮件，应立刻删除。

5. 对于"儿童不宜"的网站，不要进去。即使不小心进去了，应立刻离开。

6. 如果遇到网上有人刻意伤害你，应当立刻告诉家长或老师。

7. 适当控制上网时间，一般每次不要超过 1 小时，每天不要超过 3 小时。

◎ 8. 未成年人应当如何对"黄毒"说"不"？

未成年人上网时，应当注意以下事项：（1）向父母承诺：不下载网上的黄色游戏，照片，小说；不与网友讨论有关性的问题。（2）请成年人帮助安装保护软件，以便过滤出黄色、暴力节目。（3）从科技书籍上获取性知识。（4）上网时间不宜过长。（5）远离黄色淫秽的书刊和各种音像制品，包括不健康的小报、杂志，隐蔽性更强的电子光盘，带有黄色画面的游戏机。（6）凡拉拢未成年人观看黄色制品的人，都应该勇敢与其做斗争，及时报告有关部门。

据报道：某镇十几个中学生在参加完同学生日聚会饮酒后，在街道上遇到镇上居民陈某，双方因为小事发生口角，陈某当场被 11 名中学生打成重伤，经医院抢救无效死亡。当天参与打架的 11 名中学生的年龄都在 14 岁到 17 岁之间。在事发后的一两天内，他们由家长或老师陪同全部到派出所投案自首。根据调查，警方拘留了 3 个学生，检察院也提前介入。此事引起了当地群众强烈反映，一些同学和老师强烈反映这样一个现象，说他们学校许多同学自从上了一些黄色网站后，脾气变得越来越坏了，且动不动就抢女生的东西，还经常拉帮结派打架，影响了其他同学的学习。

作为高科技手段的计算机网络为人们的学习和休闲提供了方便，使人

大开眼界，但是它也可以传播有害信息，制造"黄色"毒品来腐蚀人们的精神世界，有时让人防不胜防。很显然，典型案例中的几个少年正是受了"黄色"毒品的影响而变坏的。据说这种情况在国外也广泛存在。美国就曾报道一户美国家庭中孩子受网络黄毒侵害的事。当家里开通因特网时，一家3口人都非常高兴，丈夫决定用它来管理投资，计划旅行；母亲是作家，可以用网络收集资料；女儿则兴奋地投入到与全国各地孩子们的网上闲聊中。起初，父亲还在孩子闲聊时去检查一下内容，后来一忙就疏忽了，只是简单地提醒女儿"要学会自我保护"。有一天，父母在女儿熟睡之后坐到电脑前，输入女儿的上网口令，屏幕上立即显示："你有电子邮件。"邮件附有图片，等图片下载完毕，父母大吃一惊，屏幕上全是不堪入目的性场面。

研究人员曾经作过长久而细致的调查，在1995年1月至1996年6月的18个月中，在国际互联网上曾发现了约90万幅的色情图片、小说和影视片，它们已经扩散到包括中国在内的40多个国家和地区，对青少年的身心健康成长构成了巨大的腐蚀和威胁。大量的色情图片涌入家庭，成为儿童犯罪的教唆犯，令无数家长对于新兴而极具诱惑力的Internet望而生畏。在信息时代，为了帮助儿童抵御网上的黄色诱惑，各国相继出台了一些对计算机网络上发布"黄色"内容信息的行为加以惩罚的法规，并即将成为制止和打击网络黄毒的有力武器。与此同时，我们也应看到，尽管人们已做出了种种努力，但真正消除网上"黄毒"并非容易，因此，每个入网者都要建立有效的防护机制，增强自身免疫能力才是抵御"黄毒"的最有效措施。青少年朋友上网时，请你这样保护自己：（1）向你父母承诺：不下载网上的黄色游戏、照片、小说；不与网友讨论有关性的问题。（2）请成年人帮助安装保护软件，以便过滤出黄色、暴力节目。（3）从科技书籍上获取性知识。（4）上网时间不宜过长。（5）远离黄色淫秽的书刊和各种音像制品，包括不健康的小报、杂志，隐蔽性更强的电子光盘，带有黄色画面的游艺机。做到不买、不看、不传、不藏，不受坏人的拉拢、利诱或胁迫。（6）凡拉拢你观看黄色制品的人，不管是成年人，还是你的同学、朋友，都是违法行为，应该勇敢地做斗争，及时报告有关部门。

◉ 9. 未成年人应当如何防止上网对健康的损害?

长期上网对身体健康非常有害,要真正掌握电脑,应该知道电脑代替不了人脑。学会自我调节。中小学生用电脑要控制时间,不可时间过长。1 小时左右应休息一段时间。用眼过度,视力下降。玩游戏入迷,甚至不觉得饿,吃喝拉撒无规律,体内代谢发生障碍,就难免诱发疾病。

乔某小学六年级,是一个电脑高手,时常在同学们面前以"网虫"自居,同学们也羡慕地称他为"黑客"。他当然还不是"黑客",但他的电脑技术确实让同学们羡慕不已。其父亲是个计算机老师,也是个电脑迷,乔某自小就受熏陶并且很早就开始独立操作计算机了。近些日子以来,父子俩挑灯夜战的事时有发生,妈妈经常下逐牒,可每次乔某都拿出自己的成绩单做挡箭牌。在班里,乔某的成绩真是数一数二,无可挑剔,加上父亲的怂恿,乔某在网上消磨的时光越来越多。于是他的视力开始下降,重配了一副眼镜,镜片的厚度也增加了一圈儿,那双漂亮的眼睛已经是 300 度的近视。老师找来了一本杂志,杂志上报道了一个 12 岁男孩独自一人在家,玩了 10 个小时的电脑,结果一夜暴盲。从此乔某不再熟视无睹,开始控制上机时间。

典型案例中的乔某很有电脑天赋,然而,过分的上网,对身体的危害是很大的。从本案例中看,他的父亲作为教师,更应懂得引导小孩上网的方法。美国学者穆蒂曾作过研究,认为这种不利影响首先是对脑电波的影响,会形成两种有害的脑电波,一种是睡眠性的脑电波,还有一种是快速锯齿脑电波,都会使人失去判断能力,容易使儿童患上痴呆症。所以,从乔某的情况来看,要及时控制上网时间。在这方面,我们的建议是:

1. 要真正掌握电脑，需要付出艰苦的努力。如果不下工夫，只是为了玩，是很容易滑入网络游戏，浪费钱财的。

2. 应该知道电脑代替不了人脑。在数理化及文史各科知识面前，基本技能应该掌握的，必须去训练。比如学习语文，提高听、说、读、写能力，如果一味盯在电脑上，便不会交谈，不会写作，交往语言的功能减退了，这是得不偿失。

3. 学会自我调节。中小学生用电脑要控制时间，不可时间过长。1小时左右应休息一段时间。用眼过度，视力下降。玩游戏入迷，甚至不觉得饿，吃喝拉撒无规律，体内代谢发生障碍，就难免诱发疾病。

4. 人机对话，不能代替人与人之间的交流，多与家人和同学交流。有些学生以电脑为伴，只愿坐电脑桌前，从事自己痴迷的事情，一旦离开它，总感到无所适从，焦虑不安。这是心理障碍，要及时纠正。

电脑毕竟是为人服务的，掌握电脑的是我们自己，不做电脑之奴隶，要做电脑的主人！

10. 未成年人上网时，应当如何防止电脑"黑客"的入侵？

未成年人上网时，应当采取以下措施防止电脑"黑客"的入侵。（1）先制作一张应急盘；（2）谨防入口，在交换使用U盘或光盘时用反病毒软件进行扫描查毒工作；（3）实施备份，应该是至少每周进行一次备份，而且最好是进行异地备份；（4）不要让别人随便乱动自己的电脑；（5）留心异状，及时查杀病毒；（6）不忘升级，更新病毒的查杀代码，升级反病毒软件。

曾经有一位小学五年级的学生说他的志向是做一名了不起的"黑客"。

在他的眼里"黑客"是世界上最神气的人，"'黑客'很像怪盗，穿着黑披风，在网络世界神出鬼没，电脑'黑客'能看到许多别人的秘密，'黑客'是水平最高超的电脑高手……"在对电脑黑客的描述中，这名 12 岁的小学生用尽了想象。他认为他当"黑客"的目的就是有一天他能把病毒通过各种方式传染给别人的电脑，让别人的电脑都陷入瘫痪，到时所有的人都手忙脚乱，多好玩。这位少年还认真地对别人表示：他有信心，只要他肯花时间"刻苦钻研"，一定会成为一个网络少年天才，一个出色的"黑客"。

　　典型案例中的小同学的观念是错误的，他不知道，所谓的"黑客"对社会的危害是巨大的，也是违反法律的，是要受到法律的制裁的。据有关资料统计：1993 年年底，中科院高能所就发现有"黑客"侵入现象，某用户的权限被升级为超级权限。当系统管理员跟踪时，被其报复。1994 年，美国一位 14 岁的小孩通过互联网闯入中科院网络中心和清华的主机，并向我方系统管理员提出警告。1996 年，高能所再次遭到"黑客"入侵，私自在高能所主机上建立了几十个账户，经追踪发现是国内某拨号上网的用户。同期，国内某 ISP 发现"黑客"侵入其主服务器并删改其账号管理文件，造成数百人无法正常使用。1997 年，中科院网络中心的主页面被"黑客"用魔鬼图替换。进入 1998 年，"黑客"入侵活动日益猖獗，国内各大网络几乎都不同程度地遭到"黑客"的攻击：2 月，广州视聆通被"黑客"多次入侵，造成 4 小时的系统失控；4 月，贵州信息港被"黑客"入侵，主页被一幅淫秽图片替换；5 月，大连 ChinaNET 节点被"黑客"入侵，用户口令被盗；6 月，上海热线被"黑客"侵入，多台服务器的管理员口令被盗，数百个用户和工作人员的账号和密码被窃取；7 月，江西 169 网被"黑客"攻击，造成该网 3 天内中断网络运行 2 次达 30 个小时，工程验收推迟 20 天；同期，上海某证券系统被"黑客"入侵；8 月，印尼事件激起中国"黑客"集体入侵印尼网点，造成印尼多个网站瘫痪，但与此同时，中国的部分站点遭到印尼"黑客"的报复；同期，西安某银行系统被"黑客"入侵后，提走 80.6 万元现金。9 月，扬州某银行被"黑客"攻击，利用虚存账号提走 26 万元现金。

这些可恶的"黑客"，他们或者修改网页进行恶作剧或流言恐吓；或者破坏系统程序或施放病毒使系统陷入瘫痪；或者盗用服务器磁盘空间建立自己的个人主页或兴趣站点，传播黄色、反动信息；或者窃取政治、军事、商业秘密；或者进行电子邮件骚扰；或者转移资金账户，窃取金钱。从而构成了一个复杂的"黑客"群体，对国内的计算机系统和信息网络构成极大的威胁。这是一种网络犯罪，是要受到法律的制裁的。

我们该如何自我保护，防止"黑客"对我们的电脑产生危害呢？

1. 先制作一张应急盘。制作一个无毒的系统应急引导盘是非常非常必要的，最好还要复制一个反病毒软件和一些你认为比较实用的工具软件到这个盘上，然后关上写保护。

2. 谨防入口。有了好用的东西，我们都喜欢与朋友共享，但在交换使用 U 盘或光盘时一定要用反病毒软件进行扫描查毒工作！建议你在扫描病毒前最好不要用软盘启动系统，90% 以上的病毒是引导型病毒？也不要执行未检验的压缩文件。还有，劝大家要小心电子邮件的附件（虽然有些从表面上看是文本形式的），即使是朋友发过来的也别轻易就去双击运行。

3. 实施备份。对于我们在日常工作中辛辛苦苦创作的论文、费时费力地从网上收集来的各种资料，这都是你的劳动成果，应该是至少每周进行一次备份，而且最好是进行异地备份（就是备份到你的电脑之外的存储设备，比如软盘或 USB 移动硬盘）。这样当电脑内的文件万一被病毒破坏后，它们就派上大用场了，当然在此之前一定要确认你的备份文件是"干净"的。

4. 你的私人电脑，最好不要让别人随便乱动，要严防他人在你的电脑上使用他自己的软盘或光盘，不管他是有意还是无意的。

5. 留心异状。平时使用电脑时一定要细心加小心地注意它的表现，如果发觉有异常症状出现，比如速度慢得像蜗牛、内存不够、突然增加一些从未谋面的文件、系统或自己熟悉的文件长度有所增减等，你的第一反应就应该是：中毒了！此时你务必要停下手头的工作，马上进行病毒的查杀，千万马虎不得！否则，你的损失只能是越来越严重，若等到系统崩溃、一切化为乌有的那一刻，就悔之晚矣！

6. 不忘升级。安装了反病毒软件并不是一劳永逸的，千万别让病毒从反病毒软件的眼皮底下溜入系统。所以你要时常关心反病毒方面的报道或常到对应的反病毒厂商的网页上溜达溜达，了解最近病毒的活动动向，更新病毒的查杀代码，升级你的反病毒软件。

◉ 11. 如何治理因网络导致的未成年人犯罪？

为了避免未成年人因沉迷网络而导致犯罪，应积极立法并做到司法介入，发展网络审查技术，将网络色情从源头切断。同时，要有针对性地对网吧从业人员进行素质培训，提高他们的道德水准。

在一项统计中显示，在我国互联网网民有 8700 万，其中学生占七成，未成年人占两成，超过 1500 万。然而在泛滥的色情网站面前，这样的数字变得十分沉重。据保守的调查估计，约 46% 的未成年网民光顾过色情网站。某少年法庭的随机调查显示，100 名在押少年犯中，61% 的人经常浏览色情网站。

某市检察机关提供的一份统计数据显示，未成年人犯罪呈直线上升之势，从该市的具体情况看，2010 年，检察机关共批捕未成年人犯罪 247 人，起诉 232 人；2011 年批捕 287 人，起诉 300 人；2012 年批捕 359 人，起诉 347 人；到 2013 年，这两项数据就较 4 年前分别上升了 61.5% 和 66.4%，更加令人不安的是，未成年人犯罪已呈现出低龄化、团伙化、恶性化的可怕特点。而 2013 年的未成年人犯罪就突出集中在抢劫、盗窃、故

意伤害、故意杀人等情节较严重的案件。这些犯罪的未成年人中相当一些是受了网络中色情和暴力等影响。

网络的出现是社会进步的标志，网络游戏是网络发展的产物。但是，当我们在享受现代的智力的同时，也被现代科技困扰了。有些未成年人创造新技术的头脑被幻想和虚拟的空间所代替，他们再创力的素质不但受到了挑战，有的人甚至因网络游戏而游戏人生，甚至于走上轻生的路。

如果说，中国是一个具有悠久历史的文化大国，五千年的文化底蕴为我们提供了丰富的想象空间，每个历史时期都有许多的传奇人物与故事，再加上古今无数的文学巨匠留下的传世之作，都能够为中国网络游戏提供完美的"脚本"。那么，我们为什么不以此塑造一个有利于青少年健康、提高青少年创造技能的网络知识呢？

作为网络技术的专家，为了下一代的健康，为了国家的栋梁，我们能做些什么呢？

1. 立法是当务之急，一些互联网规范还不全面，立法并做到司法介入，成为第一个有效解决网络色情的最好办法。

2. 发展网络审查技术，将网络色情从源头切断。比如，青少年浏览色情网页，可以用很好的分级审查技术来识别。同样，移动运营商完全有办法实现某些内容的无法传输，而非现在的光顾赚钱而不管不顾任何道德。再比如QQ，完全没有必要在自己每天发布的短信中提供色情诉求的信息，不光不能发布，还要引导青少年正确使用QQ。

3. 一些无道德心的网吧从业人员甚至给这些孩子提供色情网站，以利于自己的营收，这都是需要很好地管理。所以，要有针对性地对网吧从业人员进行素质培训，提高他们的道德水准。

◉ 12. 如何加强管理，避免未成年人上网逃学？

对于互联网，政府应当加强管理，减少家庭的负担，保证孩子们顺利完成学业。要通过政府立法和网络过滤的技术手段对网络进行管理，同时重视网络界自身的网络分级制度和自律规范。

谁不想让自己的孩子进入好学校，然而李家夫妇却到处为儿子寻找工读学校。这是为什么呢？提起孩子，李先生不住地叹气，他的妻子则是涕泪横流。他们的儿子上初三了，虽然成绩一般，但很老实，不招灾不惹祸。然而一个月前，儿子的班主任找到家长，说他已经一周没去上学了，李先生夫妇惊诧不已，儿子每天都背书包"正常"上学，还向家里要过两次钱，说班级交活动费，通过老师的说明，夫妇俩才知道儿子迷上一种游戏，为了过关升级，每天一早就钻进网吧，到放学时间再回家，从家里要的钱都用于上网了。

晚上，儿子回来后，李先生佯装一无所知，问他一些学校的事情，儿子都说得很清楚，要不是已经知道真相，李先生还真看不出他在撒谎。一气之下，李先生痛打了儿子一顿。从此，李先生夫妇每天接送儿子上学、放学，但是一个星期后，儿子开始采取跳大墙等办法躲避家长的"押送"，而后夜不归宿，还偷拿家里的钱，现在已经发展到一走一个星期，打他也起不到任何作用。为此，李先生夫妇苦恼不已，最后想出将儿子送到工读学校的办法。

典型案例中的因为孩子上网逃学的事情，家里人准备让他上工读学校。这实在不是个好办法。然而，这个现象说明，政府如何对网络进行管理，减少家庭的负担，保证孩子们顺利完成学业，实在是个重要的社会问题，也就是说，当家庭尽力了仍无法解决这一问题的，怎么办？据了解，世界各国目前对互联网的管理分两类：政府主导模式和政府指导行业自律模式。前者强调政府在互联网内容管理中的作用，通过政府立法和网络过滤的技术手段对网络进行管理；后者则重视网络界自身的网络分级制度和自律规范。从我国目前的情况看，单靠"行业自律"远远不能解决问题，政府主管部门的严格管理是解决问题的关键。为了有效地管理好网络，使互联网健康发展，国务院颁布并实施了《互联网上网服务营业场所管理条例》，要求切实加强对网吧等互联网上网服务营业场所的规范管理。各地也先后出台了相应的管理办法，如《浙江省网吧经营管理意见》《武汉市网吧管理暂行办法》等，并多次进行了专项清理整顿活动。如此看来，工读学校自有它自身的功能，但它不能承担起网络教育这样的职责。最有力的措施，只能是政府对网络行业的政策性管理。这是必须引起重视的。

附　　录

中华人民共和国未成年人保护法

（2005 年 8 月 28 日第十届全国人民代表大会常务委员会第十七次会议通过　2005 年 8 月 28 日中华人民共和国主席令第三十八号公布　自 2006 年 3 月 1 日起施行　根据 2012 年 10 月 26 日第十一届全国人民代表大会常务委员会第二十九次会议通过 2012 年 10 月 26 日中华人民共和国主席令第 67 号公布　自 2013 年 1 月 1 日起施行的《全国人民代表大会常务委员会关于修改〈中华人民共和国治安管理处罚法〉的决定》修正）

第一章　总　　则

第一条　为了保护未成年人的身心健康，保障未成年人的合法权益，促进未成年人在品德、智力、体质等方面全面发展，培养有理想、有道德、有文化、有纪律的社会主义建设者和接班人，根据宪法，制定本法。

第二条　本法所称未成年人是指未满十八周岁的公民。

第三条　未成年人享有生存权、发展权、受保护权、参与权等权利，国家根据未成年人身心发展特点给予特殊、优先保护，保障未成年人的合法权益不受侵犯。

未成年人享有受教育权，国家、社会、学校和家庭尊重和保障未成年人的受教育权。

未成年人不分性别、民族、种族、家庭财产状况、宗教信仰等，依法平等地享有权利。

第四条　国家、社会、学校和家庭对未成年人进行理想教育、道德教育、文化教育、纪律和法制教育，进行爱国主义、集体主义和社会主义的教育，提倡爱祖国、爱人民、爱劳动、爱科学、爱社会主义的公德，反对资本主义的、封建主义的和其他的腐朽思想的侵蚀。

第五条　保护未成年人的工作，应当遵循下列原则：

（一）尊重未成年人的人格尊严；

（二）适应未成年人身心发展的规律和特点；

（三）教育与保护相结合。

第六条　保护未成年人，是国家机关、武装力量、政党、社会团体、企业事业组织、城乡基层群众性自治组织、未成年人的监护人和其他成年公民的共同责任。

对侵犯未成年人合法权益的行为，任何组织和个人都有权予以劝阻、制止或者向有关部门提出检举或者控告。

国家、社会、学校和家庭应当教育和帮助未成年人维护自己的合法权益，增强自我保护的意识和能力，增强社会责任感。

第七条　中央和地方各级国家机关应当在各自的职责范围内做好未成年人保护工作。

国务院和地方各级人民政府领导有关部门做好未成年人保护工作；将未成年人保护工作纳入国民经济和社会发展规划以及年度计划，相关经费纳入本级政府预算。

国务院和省、自治区、直辖市人民政府采取组织措施，协调有关部门做好未成年人保护工作。具体机构由国务院和省、自治区、直辖市人民政府规定。

第八条　共产主义青年团、妇女联合会、工会、青年联合会、学生联合会、少年先锋队以及其他有关社会团体，协助各级人民政府做好未成年人保护工作，维护未成年人的合法权益。

第九条　各级人民政府和有关部门对保护未成年人有显著成绩的组织

和个人，给予表彰和奖励。

第二章　家庭保护

第十条　父母或者其他监护人应当创造良好、和睦的家庭环境，依法履行对未成年人的监护职责和抚养义务。

禁止对未成年人实施家庭暴力，禁止虐待、遗弃未成年人，禁止溺婴和其他残害婴儿的行为，不得歧视女性未成年人或者有残疾的未成年人。

第十一条　父母或者其他监护人应当关注未成年人的生理、心理状况和行为习惯，以健康的思想、良好的品行和适当的方法教育和影响未成年人，引导未成年人进行有益身心健康的活动，预防和制止未成年人吸烟、酗酒、流浪、沉迷网络以及赌博、吸毒、卖淫等行为。

第十二条　父母或者其他监护人应当学习家庭教育知识，正确履行监护职责，抚养教育未成年人。

有关国家机关和社会组织应当为未成年人的父母或者其他监护人提供家庭教育指导。

第十三条　父母或者其他监护人应当尊重未成年人受教育的权利，必须使适龄未成年人依法入学接受并完成义务教育，不得使接受义务教育的未成年人辍学。

第十四条　父母或者其他监护人应当根据未成年人的年龄和智力发展状况，在作出与未成年人权益有关的决定时告知其本人，并听取他们的意见。

第十五条　父母或者其他监护人不得允许或者迫使未成年人结婚，不得为未成年人订立婚约。

第十六条　父母因外出务工或者其他原因不能履行对未成年人监护职责的，应当委托有监护能力的其他成年人代为监护。

第三章　学校保护

第十七条　学校应当全面贯彻国家的教育方针，实施素质教育，提高教育质量，注重培养未成年学生独立思考能力、创新能力和实践能力，促进未成年学生全面发展。

第十八条　学校应当尊重未成年学生受教育的权利，关心、爱护学生，对品行有缺点、学习有困难的学生，应当耐心教育、帮助，不得歧视，不得违反法律和国家规定开除未成年学生。

第十九条　学校应当根据未成年学生身心发展的特点，对他们进行社会生活指导、心理健康辅导和青春期教育。

第二十条　学校应当与未成年学生的父母或者其他监护人互相配合，保证未成年学生的睡眠、娱乐和体育锻炼时间，不得加重其学习负担。

第二十一条　学校、幼儿园、托儿所的教职员工应当尊重未成年人的人格尊严，不得对未成年人实施体罚、变相体罚或者其他侮辱人格尊严的行为。

第二十二条　学校、幼儿园、托儿所应当建立安全制度，加强对未成年人的安全教育，采取措施保障未成年人的人身安全。

学校、幼儿园、托儿所不得在危及未成年人人身安全、健康的校舍和其他设施、场所中进行教育教学活动。

学校、幼儿园安排未成年人参加集会、文化娱乐、社会实践等集体活动，应当有利于未成年人的健康成长，防止发生人身安全事故。

第二十三条　教育行政等部门和学校、幼儿园、托儿所应当根据需要，制定应对各种灾害、传染性疾病、食物中毒、意外伤害等突发事件的预案，配备相应设施并进行必要的演练，增强未成年人的自我保护意识和能力。

第二十四条　学校对未成年学生在校内或者本校组织的校外活动中发生人身伤害事故的，应当及时救护，妥善处理，并及时向有关主管部门报告。

第二十五条　对于在学校接受教育的有严重不良行为的未成年学生，学校和父母或者其他监护人应当互相配合加以管教；无力管教或者管教无效的，可以按照有关规定将其送专门学校继续接受教育。

依法设置专门学校的地方人民政府应当保障专门学校的办学条件，教育行政部门应当加强对专门学校的管理和指导，有关部门应当给予协助和配合。

专门学校应当对在校就读的未成年学生进行思想教育、文化教育、纪律和法制教育、劳动技术教育和职业教育。

专门学校的教职员工应当关心、爱护、尊重学生，不得歧视、厌弃。

第二十六条　幼儿园应当做好保育、教育工作，促进幼儿在体质、智力、品德等方面和谐发展。

第四章　社会保护

第二十七条　全社会应当树立尊重、保护、教育未成年人的良好风尚，关心、爱护未成年人。

国家鼓励社会团体、企业事业组织以及其他组织和个人，开展多种形式的有利于未成年人健康成长的社会活动。

第二十八条　各级人民政府应当保障未成年人受教育的权利，并采取措施保障家庭经济困难的、残疾的和流动人口中的未成年人等接受义务教育。

第二十九条　各级人民政府应当建立和改善适合未成年人文化生活需要的活动场所和设施，鼓励社会力量兴办适合未成年人的活动场所，并加强管理。

第三十条　爱国主义教育基地、图书馆、青少年宫、儿童活动中心应当对未成年人免费开放；博物馆、纪念馆、科技馆、展览馆、美术馆、文化馆以及影剧院、体育场馆、动物园、公园等场所，应当按照有关规定对未成年人免费或者优惠开放。

第三十一条　县级以上人民政府及其教育行政部门应当采取措施，鼓励和支持中小学校在节假日期间将文化体育设施对未成年人免费或者优惠开放。

社区中的公益性互联网上网服务设施，应当对未成年人免费或者优惠开放，为未成年人提供安全、健康的上网服务。

第三十二条　国家鼓励新闻、出版、信息产业、广播、电影、电视、文艺等单位和作家、艺术家、科学家以及其他公民，创作或者提供有利于未成年人健康成长的作品。出版、制作和传播专门以未成年人为对象的内容健康的图书、报刊、音像制品、电子出版物以及网络信息等，国家给予扶持。

国家鼓励科研机构和科技团体对未成年人开展科学知识普及活动。

第三十三条　国家采取措施，预防未成年人沉迷网络。

国家鼓励研究开发有利于未成年人健康成长的网络产品，推广用于阻止未成年人沉迷网络的新技术。

第三十四条　禁止任何组织、个人制作或者向未成年人出售、出租或者以其他方式传播淫秽、暴力、凶杀、恐怖、赌博等毒害未成年人的图书、报刊、音像制品、电子出版物以及网络信息等。

第三十五条　生产、销售用于未成年人的食品、药品、玩具、用具和游乐设施等，应当符合国家标准或者行业标准，不得有害于未成年人的安全和健康；需要标明注意事项的，应当在显著位置标明。

第三十六条　中小学校园周边不得设置营业性歌舞娱乐场所、互联网上网服务营业场所等不适宜未成年人活动的场所。

营业性歌舞娱乐场所、互联网上网服务营业场所等不适宜未成年人活动的场所，不得允许未成年人进入，经营者应当在显著位置设置未成年人禁入标志；对难以判明是否已成年的，应当要求其出示身份证件。

第三十七条　禁止向未成年人出售烟酒，经营者应当在显著位置设置不向未成年人出售烟酒的标志；对难以判明是否已成年的，应当要求其出示身份证件。

任何人不得在中小学校、幼儿园、托儿所的教室、寝室、活动室和其他未成年人集中活动的场所吸烟、饮酒。

第三十八条 任何组织或者个人不得招用未满十六周岁的未成年人，国家另有规定的除外。

任何组织或者个人按照国家有关规定招用已满十六周岁未满十八周岁的未成年人的，应当执行国家在工种、劳动时间、劳动强度和保护措施等方面的规定，不得安排其从事过重、有毒、有害等危害未成年人身心健康的劳动或者危险作业。

第三十九条 任何组织或者个人不得披露未成年人的个人隐私。

对未成年人的信件、日记、电子邮件，任何组织或者个人不得隐匿、毁弃；除因追查犯罪的需要，由公安机关或者人民检察院依法进行检查，或者对无行为能力的未成年人的信件、日记、电子邮件由其父母或者其他监护人代为开拆、查阅外，任何组织或者个人不得开拆、查阅。

第四十条 学校、幼儿园、托儿所和公共场所发生突发事件时，应当优先救护未成年人。

第四十一条 禁止拐卖、绑架、虐待未成年人，禁止对未成年人实施性侵害。

禁止胁迫、诱骗、利用未成年人乞讨或者组织未成年人进行有害其身心健康的表演等活动。

第四十二条 公安机关应当采取有力措施，依法维护校园周边的治安和交通秩序，预防和制止侵害未成年人合法权益的违法犯罪行为。

任何组织或者个人不得扰乱教学秩序，不得侵占、破坏学校、幼儿园、托儿所的场地、房屋和设施。

第四十三条 县级以上人民政府及其民政部门应当根据需要设立救助场所，对流浪乞讨等生活无着未成年人实施救助，承担临时监护责任；公安部门或者其他有关部门应当护送流浪乞讨或者离家出走的未成年人到救助场所，由救助场所予以救助和妥善照顾，并及时通知其父母或者其他监护人领回。

对孤儿、无法查明其父母或者其他监护人的以及其他生活无着的未成年人，由民政部门设立的儿童福利机构收留抚养。

未成年人救助机构、儿童福利机构及其工作人员应当依法履行职责，不得虐待、歧视未成年人；不得在办理收留抚养工作中牟取利益。

第四十四条　卫生部门和学校应当对未成年人进行卫生保健和营养指导，提供必要的卫生保健条件，做好疾病预防工作。

卫生部门应当做好对儿童的预防接种工作，国家免疫规划项目的预防接种实行免费；积极防治儿童常见病、多发病，加强对传染病防治工作的监督管理，加强对幼儿园、托儿所卫生保健的业务指导和监督检查。

第四十五条　地方各级人民政府应当积极发展托幼事业，办好托儿所、幼儿园，支持社会组织和个人依法兴办哺乳室、托儿所、幼儿园。

各级人民政府和有关部门应当采取多种形式，培养和训练幼儿园、托儿所的保教人员，提高其职业道德素质和业务能力。

第四十六条　国家依法保护未成年人的智力成果和荣誉权不受侵犯。

第四十七条　未成年人已经完成规定年限的义务教育不再升学的，政府有关部门和社会团体、企业事业组织应当根据实际情况，对他们进行职业教育，为他们创造劳动就业条件。

第四十八条　居民委员会、村民委员会应当协助有关部门教育和挽救违法犯罪的未成年人，预防和制止侵害未成年人合法权益的违法犯罪行为。

第四十九条　未成年人的合法权益受到侵害的，被侵害人及其监护人或者其他组织和个人有权向有关部门投诉，有关部门应当依法及时处理。

第五章　司法保护

第五十条　公安机关、人民检察院、人民法院以及司法行政部门，应当依法履行职责，在司法活动中保护未成年人的合法权益。

第五十一条　未成年人的合法权益受到侵害，依法向人民法院提起诉讼的，人民法院应当依法及时审理，并适应未成年人生理、心理特点和健康成长的需要，保障未成年人的合法权益。

在司法活动中对需要法律援助或者司法救助的未成年人，法律援助机构或者人民法院应当给予帮助，依法为其提供法律援助或者司法救助。

第五十二条 人民法院审理继承案件，应当依法保护未成年人的继承权和受遗赠权。

人民法院审理离婚案件，涉及未成年子女抚养问题的，应当听取有表达意愿能力的未成年子女的意见，根据保障子女权益的原则和双方具体情况依法处理。

第五十三条 父母或者其他监护人不履行监护职责或者侵害被监护的未成年人的合法权益，经教育不改的，人民法院可以根据有关人员或者有关单位的申请，撤销其监护人的资格，依法另行指定监护人。被撤销监护资格的父母应当依法继续负担抚养费用。

第五十四条 对违法犯罪的未成年人，实行教育、感化、挽救的方针，坚持教育为主、惩罚为辅的原则。

对违法犯罪的未成年人，应当依法从轻、减轻或者免除处罚。

第五十五条 公安机关、人民检察院、人民法院办理未成年人犯罪案件和涉及未成年人权益保护案件，应当照顾未成年人身心发展特点，尊重他们的人格尊严，保障他们的合法权益，并根据需要设立专门机构或者指定专人办理。

第五十六条 讯问、审判未成年犯罪嫌疑人、被告人，询问未成年证人、被害人，应当依照刑事诉讼法的规定通知其法定代理人或者其他人员到场。

公安机关、人民检察院、人民法院办理未成年人遭受性侵害的刑事案件，应当保护被害人的名誉。

第五十七条 对羁押、服刑的未成年人，应当与成年人分别关押。

羁押、服刑的未成年人没有完成义务教育的，应当对其进行义务教育。

解除羁押、服刑期满的未成年人的复学、升学、就业不受歧视。

第五十八条 对未成年人犯罪案件，新闻报道、影视节目、公开出版物、网络等不得披露该未成年人的姓名、住所、照片、图像以及可能推断出该未成年人的资料。

第五十九条　对未成年人严重不良行为的矫治与犯罪行为的预防，依照预防未成年人犯罪法的规定执行。

第六章　法律责任

第六十条　违反本法规定，侵害未成年人的合法权益，其他法律、法规已规定行政处罚的，从其规定；造成人身财产损失或者其他损害的，依法承担民事责任；构成犯罪的，依法追究刑事责任。

第六十一条　国家机关及其工作人员不依法履行保护未成年人合法权益的责任，或者侵害未成年人合法权益，或者对提出申诉、控告、检举的人进行打击报复的，由其所在单位或者上级机关责令改正，对直接负责的主管人员和其他直接责任人员依法给予行政处分。

第六十二条　父母或者其他监护人不依法履行监护职责，或者侵害未成年人合法权益的，由其所在单位或者居民委员会、村民委员会予以劝诫、制止；构成违反治安管理行为的，由公安机关依法给予行政处罚。

第六十三条　学校、幼儿园、托儿所侵害未成年人合法权益的，由教育行政部门或者其他有关部门责令改正；情节严重的，对直接负责的主管人员和其他直接责任人员依法给予处分。

学校、幼儿园、托儿所教职员工对未成年人实施体罚、变相体罚或者其他侮辱人格行为的，由其所在单位或者上级机关责令改正；情节严重的，依法给予处分。

第六十四条　制作或者向未成年人出售、出租或者以其他方式传播淫秽、暴力、凶杀、恐怖、赌博等图书、报刊、音像制品、电子出版物以及网络信息等的，由主管部门责令改正，依法给予行政处罚。

第六十五条　生产、销售用于未成年人的食品、药品、玩具、用具和游乐设施不符合国家标准或者行业标准，或者没有在显著位置标明注意事项的，由主管部门责令改正，依法给予行政处罚。

第六十六条　在中小学校园周边设置营业性歌舞娱乐场所、互联网上网服务营业场所等不适宜未成年人活动的场所的，由主管部门予以关闭，依法给予行政处罚。

营业性歌舞娱乐场所、互联网上网服务营业场所等不适宜未成年人活动的场所允许未成年人进入，或者没有在显著位置设置未成年人禁入标志的，由主管部门责令改正，依法给予行政处罚。

第六十七条　向未成年人出售烟酒，或者没有在显著位置设置不向未成年人出售烟酒标志的，由主管部门责令改正，依法给予行政处罚。

第六十八条　非法招用未满十六周岁的未成年人，或者招用已满十六周岁的未成年人从事过重、有毒、有害等危害未成年人身心健康的劳动或者危险作业的，由劳动保障部门责令改正，处以罚款；情节严重的，由工商行政管理部门吊销营业执照。

第六十九条　侵犯未成年人隐私，构成违反治安管理行为的，由公安机关依法给予行政处罚。

第七十条　未成年人救助机构、儿童福利机构及其工作人员不依法履行对未成年人的救助保护职责，或者虐待、歧视未成年人，或者在办理收留抚养工作中牟取利益的，由主管部门责令改正，依法给予行政处分。

第七十一条　胁迫、诱骗、利用未成年人乞讨或者组织未成年人进行有害其身心健康的表演等活动的，由公安机关依法给予行政处罚。

第七章　附　　则

第七十二条　本法自 2007 年 6 月 1 日起施行。

中华人民共和国预防未成年人犯罪法

（1999 年 6 月 28 日第九届全国人民代表大会常务委员会第十次会议通过　1999 年 6 月 28 日中华人民共和国主席令第 17 号公布　自 1999 年 11 月 1 日起施行　根据 2012 年 10 月 26 日第十一届全国人民代表大会常务委员会第二十九次会议通过　2012 年 10 月 26 日中华人民共和国主席令第 66 号公布　自 2013 年 1 月 1 日起施行的《全国人民代表大会常务委员会关于修改〈中华人民共和国预防未成年人犯罪法〉的决定》修正）

第一章　总　　则

第一条　为了保障未成年人身心健康，培养未成年人良好品行，有效地预防未成年人犯罪，制定本法。

第二条　预防未成年人犯罪，立足于教育和保护，从小抓起，对未成年人的不良行为及时进行预防和矫治。

第三条　预防未成年人犯罪，在各级人民政府组织领导下，实行综合治理。

政府有关部门、司法机关、人民团体、有关社会团体、学校、家庭、城市居民委员会、农村村民委员会等各方面共同参与，各负其责，做好预防未成年人犯罪工作，为未成年人身心健康发展创造良好的社会环境。

第四条　各级人民政府在预防未成年人犯罪方面的职责是：

（一）制定预防未成年人犯罪工作的规划；

（二）组织、协调公安、教育、文化、新闻出版、广播电影电视、工商、民政、司法行政等政府有关部门和其他社会组织进行预防未成年人犯罪工作；

（三）对本法实施的情况和工作规划的执行情况进行检查；

（四）总结、推广预防未成年人犯罪工作的经验，树立、表彰先进典型。

第五条　预防未成年人犯罪，应当结合未成年人不同年龄的生理、心理特点，加强青春期教育、心理矫治和预防犯罪对策的研究。

第二章　预防未成年人犯罪的教育

第六条　对未成年人应当加强思想、道德、法制和爱国主义、集体主义、社会主义教育。对于达到义务教育年龄的未成年人，在进行上述教育的同时，应当进行预防犯罪的教育。

预防未成年人犯罪的教育的目的，是增强未成年人的法制观念，使未成年人懂得违法和犯罪行为对个人、家庭、社会造成的危害，违法和犯罪行为应当承担的法律责任，树立遵纪守法和防范违法犯罪的意识。

第七条　教育行政部门、学校应当将预防犯罪的教育作为法制教育的内容纳入学校教育教学计划，结合常见多发的未成年人犯罪，对不同年龄的未成年人进行有针对性的预防犯罪教育。

第八条　司法行政部门、教育行政部门、共产主义青年团、少年先锋队应当结合实际，组织、举办展览会、报告会、演讲会等多种形式的预防未成年人犯罪的法制宣传活动。

学校应当结合实际举办以预防未成年人犯罪的教育为主要内容的活动。教育行政部门应当将预防未成年人犯罪教育的工作效果作为考核学校工作的一项重要内容。

第九条　学校应当聘任从事法制教育的专职或者兼职教师。学校根据条件可以聘请校外法律辅导员。

第十条 未成年人的父母或者其他监护人对未成年人的法制教育负有直接责任。学校在对未成年人进行预防犯罪教育时，应当将教育计划告知未成年人的父母或者其他监护人，未成年人的父母或者其他监护人应当结合学校的计划，针对具体情况进行教育。

第十一条 少年宫、青少年活动中心等校外活动场所应当把预防未成年人犯罪的教育作为一项重要的工作内容，开展多种形式的宣传教育活动。

第十二条 对于已满十六周岁不满十八周岁准备就业的未成年人，职业教育培训机构、用人单位应当将法律知识和预防犯罪教育纳入职业培训的内容。

第十三条 城市居民委员会、农村村民委员会应当积极开展有针对性的预防未成年人犯罪的法制宣传活动。

第三章 对未成年人不良行为的预防

第十四条 未成年人的父母或者其他监护人和学校应当教育未成年人不得有下列不良行为：

（一）旷课、夜不归宿；

（二）携带管制刀具；

（三）打架斗殴、辱骂他人；

（四）强行向他人索要财物；

（五）偷窃、故意毁坏财物；

（六）参与赌博或者变相赌博；

（七）观看、收听色情、淫秽的音像制品、读物等；

（八）进入法律、法规规定未成年人不适宜进入的营业性歌舞厅等场所；

（九）其他严重违背社会公德的不良行为。

第十五条 未成年人的父母或者其他监护人和学校应当教育未成年人

不得吸烟、酗酒。任何经营场所不得向未成年人出售烟酒。

第十六条 中小学生旷课的，学校应当及时与其父母或者其他监护人取得联系。

未成年人擅自外出夜不归宿的，其父母或者其他监护人、其所在的寄宿制学校应当及时查找，或者向公安机关请求帮助。收留夜不归宿的未成年人的，应当征得其父母或者其他监护人的同意，或者在二十四小时内及时通知其父母或者其他监护人、所在学校或者及时向公安机关报告。

第十七条 未成年人的父母或者其他监护人和学校发现未成年人组织或者参加实施不良行为的团伙的，应当及时予以制止。发现该团伙有违法犯罪行为的，应当向公安机关报告。

第十八条 未成年人的父母或者其他监护人和学校发现有人教唆、胁迫、引诱未成年人违法犯罪的，应当向公安机关报告。公安机关接到报告后，应当及时依法查处，对未成年人人身安全受到威胁的，应当及时采取有效措施，保护其人身安全。

第十九条 未成年人的父母或者其他监护人，不得让不满十六周岁的未成年人脱离监护单独居住。

第二十条 未成年人的父母或者其他监护人对未成年人不得放任不管，不得迫使其离家出走，放弃监护职责。

未成年人离家出走的，其父母或者其他监护人应当及时查找，或者向公安机关请求帮助。

第二十一条 未成年人的父母离异的，离异双方对子女都有教育的义务，任何一方都不得因离异而不履行教育子女的义务。

第二十二条 继父母、养父母对受其抚养教育的未成年继子女、养子女，应当履行本法规定的父母对未成年子女在预防犯罪方面的职责。

第二十三条 学校对有不良行为的未成年人应当加强教育、管理，不得歧视。

第二十四条 教育行政部门、学校应当举办各种形式的讲座、座谈、培训等活动，针对未成年人不同时期的生理、心理特点，介绍良好有效的教育方法，指导教师、未成年人的父母和其他监护人有效地防止、矫治未成年人的不良行为。

第二十五条　对于教唆、胁迫、引诱未成年人实施不良行为或者品行不良，影响恶劣，不适宜在学校工作的教职员工，教育行政部门、学校应当予以解聘或者辞退；构成犯罪的，依法追究刑事责任。

第二十六条　禁止在中小学校附近开办营业性歌舞厅、营业性电子游戏场所以及其他未成年人不适宜进入的场所。禁止开办上述场所的具体范围由省、自治区、直辖市人民政府规定。

对本法施行前已在中小学校附近开办上述场所的，应当限期迁移或者停业。

第二十七条　公安机关应当加强中小学校周围环境的治安管理，及时制止、处理中小学校周围发生的违法犯罪行为。城市居民委员会、农村村民委员会应当协助公安机关做好维护中小学校周围治安的工作。

第二十八条　公安派出所、城市居民委员会、农村村民委员会应当掌握本辖区内暂住人口中未成年人的就学、就业情况。对于暂住人口中未成年人实施不良行为的，应当督促其父母或者其他监护人进行有效的教育、制止。

第二十九条　任何人不得教唆、胁迫、引诱未成年人实施本法规定的不良行为，或者为未成年人实施不良行为提供条件。

第三十条　以未成年人为对象的出版物，不得含有诱发未成年人违法犯罪的内容，不得含有渲染暴力、色情、赌博、恐怖活动等危害未成年人身心健康的内容。

第三十一条　任何单位和个人不得向未成年人出售、出租含有诱发未成年人违法犯罪以及渲染暴力、色情、赌博、恐怖活动等危害未成年人身心健康内容的读物、音像制品或者电子出版物。

任何单位和个人不得利用通讯、计算机网络等方式提供前款规定的危害未成年人身心健康的内容及其信息。

第三十二条　广播、电影、电视、戏剧节目，不得有渲染暴力、色情、赌博、恐怖活动等危害未成年人身心健康的内容。

广播电影电视行政部门、文化行政部门必须加强对广播、电影、电视、戏剧节目以及各类演播场所的管理。

第三十三条 营业性歌舞厅以及其他未成年人不适宜进入的场所，应当设置明显的未成年人禁止进入标志，不得允许未成年人进入。

营业性电子游戏场所在国家法定节假日外，不得允许未成年人进入，并应当设置明显的未成年人禁止进入标志。

对于难以判明是否已成年的，上述场所的工作人员可以要求其出示身份证件。

第四章　对未成年人严重不良行为的矫治

第三十四条 本法所称"严重不良行为"，是指下列严重危害社会，尚不够刑事处罚的违法行为：

（一）纠集他人结伙滋事，扰乱治安；

（二）携带管制刀具，屡教不改；

（三）多次拦截殴打他人或者强行索要他人财物；

（四）传播淫秽的读物或者音像制品等；

（五）进行淫乱或者色情、卖淫活动；

（六）多次偷窃；

（七）参与赌博，屡教不改；

（八）吸食、注射毒品；

（九）其他严重危害社会的行为。

第三十五条 对未成年人实施本法规定的严重不良行为的，应当及时予以制止。

对有本法规定严重不良行为的未成年人，其父母或者其他监护人和学校应当相互配合，采取措施严加管教，也可以送工读学校进行矫治和接受教育。

对未成年人送工读学校进行矫治和接受教育，应当由其父母或者其他监护人，或者原所在学校提出申请，经教育行政部门批准。

第三十六条　工读学校对就读的未成年人应当严格管理和教育。工读学校除按照义务教育法的要求，在课程设置上与普通学校相同外，应当加强法制教育的内容，针对未成年人严重不良行为产生的原因以及有严重不良行为的未成年人的心理特点，开展矫治工作。

家庭、学校应当关心、爱护在工读学校就读的未成年人，尊重他们的人格尊严，不得体罚、虐待和歧视。工读学校毕业的未成年人在升学、就业等方面，同普通学校毕业的学生享有同等的权利，任何单位和个人不得歧视。

第三十七条　未成年人有本法规定严重不良行为，构成违反治安管理行为的，由公安机关依法予以治安处罚。因不满十四周岁或者情节特别轻微免予处罚的，可以予以训诫。

第三十八条　未成年人因不满十六周岁不予刑事处罚的，责令他的父母或者其他监护人严加管教；在必要的时候，也可以由政府依法收容教养。

第三十九条　未成年人在被收容教养期间，执行机关应当保证其继续接受文化知识、法律知识或者职业技术教育；对没有完成义务教育的未成年人，执行机关应当保证其继续接受义务教育。

解除收容教养、劳动教养的未成年人，在复学、升学、就业等方面与其他未成年人享有同等权利，任何单位和个人不得歧视。

第五章　未成年人对犯罪的自我防范

第四十条　未成年人应当遵守法律、法规及社会公共道德规范，树立自尊、自律、自强意识，增强辨别是非和自我保护的能力，自觉抵制各种不良行为及违法犯罪行为的引诱和侵害。

第四十一条　被父母或者其他监护人遗弃、虐待的未成年人，有权向公安机关、民政部门、共产主义青年团、妇女联合会、未成年人保护组织或者学校、城市居民委员会、农村村民委员会请求保护。被请求的上述部门和组织都应当接受，根据情况需要采取救助措施的，应当先采取救助措施。

第四十二条　未成年人发现任何人对自己或者对其他未成年人实施本法第三章规定不得实施的行为或者犯罪行为，可以通过所在学校、其父母或者其他监护人向公安机关或者政府有关主管部门报告，也可以自己向上述机关报告。受理报告的机关应当及时依法查处。

第四十三条　对同犯罪行为作斗争以及举报犯罪行为的未成年人，司法机关、学校、社会应当加强保护，保障其不受打击报复。

第六章　对未成年人重新犯罪的预防

第四十四条　对犯罪的未成年人追究刑事责任，实行教育、感化、挽救方针，坚持教育为主、惩罚为辅的原则。

司法机关办理未成年人犯罪案件，应当保障未成年人行使其诉讼权利，保障未成年人得到法律帮助，并根据未成年人的生理、心理特点和犯罪的情况，有针对性地进行法制教育。

对于被采取刑事强制措施的未成年学生，在人民法院的判决生效以前，不得取消其学籍。

第四十五条　人民法院审判未成年人犯罪的刑事案件，应当由熟悉未成年人身心特点的审判员或者审判员和人民陪审员依法组成少年法庭进行。

对于审判的时候被告人不满十八周岁的刑事案件，不公开宣理。

对未成年人犯罪案件，新闻报道、影视节目、公开出版物不得披露该未成年人的姓名、住所、照片及可能推断出该未成年人的资料。

第四十六条　对被拘留、逮捕和执行刑罚的未成年人与成年人应当分别关押、分别管理、分别教育。未成年犯在被执行刑罚期间，执行机关应当加强对未成年犯的法制教育，对未成年犯进行职业技术教育。对没有完成义务教育的未成年犯，执行机关应当保证其继续接受义务教育。

第四十七条　未成年人的父母或者其他监护人和学校、城市居民委员会、农村村民委员会，对因不满十六周岁而不予刑事处罚、免予刑事处罚的未成年人，或者被判处非监禁刑罚、被判处刑罚宣告缓刑、被假释的未成年人，应当采取有效的帮教措施，协助司法机关做好对未成年人的教育、挽救工作。

城市居民委员会、农村村民委员会可以聘请思想品德优秀，作风正派，热心未成年人教育工作的离退休人员或其他人员协助做好对前款规定的未成年人的教育、挽救工作。

第四十八条　依法免予刑事处罚、判处非监禁刑罚、判处刑罚宣告缓刑、假释或者刑罚执行完毕的未成年人，在复学、升学、就业等方面与其他未成年人享有同等权利，任何单位和个人不得歧视。

第七章　法律责任

第四十九条　未成年人的父母或者其他监护人不履行监护职责，放任未成年人有本法规定的不良行为或者严重不良行为的，由公安机关对未成年人的父母或者其他监护人予以训诫，责令其严加管教。

第五十条　未成年人的父母或者其他监护人违反本法第十九条的规定，让不满十六周岁的未成年人脱离监护单独居住的，由公安机关对未成年人的父母或者其他监护人予以训诫，责令其立即改正。

第五十一条　公安机关的工作人员违反本法第十八条的规定，接到报告后，不及时查处或者采取有效措施，严重不负责任的，予以行政处分；造成严重后果，构成犯罪的，依法追究刑事责任。

第五十二条　违反本法第三十条的规定，出版含有诱发未成年人违法犯罪以及渲染暴力、色情、赌博、恐怖活动等危害未成年人身心健康内容的出版物的，由出版行政部门没收出版物和违法所得，并处违法所得三倍以上十倍以下罚款；情节严重的，没收出版物和违法所得，并责令停业整顿或者吊销许可证。对直接负责的主管人员和其他直接责任人员处以罚款。

制作、复制宣扬淫秽内容的未成年人出版物，或者向未成年人出售、出租、传播宣扬淫秽内容的出版物的，依法予以治安处罚；构成犯罪的，依法追究刑事责任。

第五十三条 违反本法第三十一条的规定，向未成年人出售、出租含有诱发未成年人违法犯罪以及渲染暴力、色情、赌博、恐怖活动等危害未成年人身心健康内容的读物、音像制品、电子出版物的，或者利用通讯、计算机网络等方式提供上述危害未成年人身心健康内容及其信息的，没收读物、音像制品、电子出版物和违法所得，由政府有关主管部门处以罚款。

单位有前款行为的，没收读物、音像制品、电子出版物和违法所得，处以罚款，并对直接负责的主管人员和其他直接责任人员处以罚款。

第五十四条 影剧院、录像厅等各类演播场所，放映或者演出渲染暴力、色情、赌博、恐怖活动等危害未成年人身心健康的节目的，由政府有关主管部门没收违法播放的音像制品和违法所得，处以罚款，并对直接负责的主管人员和其他直接责任人员处以罚款；情节严重的，责令停业整顿或者由工商行政部门吊销营业执照。

第五十五条 营业性歌舞厅以及其他未成年人不适宜进入的场所、营业性电子游戏场所，违反本法第三十三条的规定，不设置明显的未成年人禁止进入标志，或者允许未成年人进入的，由文化行政部门责令改正、给予警告、责令停业整顿、没收违法所得，处以罚款，并对直接负责的主管人员和其他直接责任人员处以罚款；情节严重的，由工商行政部门吊销营业执照。

第五十六条 教唆、胁迫、引诱未成年人实施本法规定的不良行为、严重不良行为，或者为未成年人实施不良行为、严重不良行为提供条件，构成违反治安管理行为的，由公安机关依法予以治安处罚；构成犯罪的，依法追究刑事责任。

第八章 附 则

第五十七条 本法自 1999 年 11 月 1 日起施行。

中华人民共和国义务教育法

（1986 年 4 月 12 日第六届全国人民代表大会第四次会议通过
2006 年 6 月 29 日第十届全国人民代表大会常务委员会第二十二
次会议修订　2006 年 6 月 29 日中华人民共和国主席令第五十二
号公布　自 2006 年 9 月 1 日起施行　根据 2015 年 4 月 24 日第十
二届全国人民代表大会常务委员会第十四次会议《关于修改〈中
华人民共和国义务教育法〉第五部法律的决定》修正）

第一章　总　　则

第一条　为了保障适龄儿童、少年接受义务教育的权利，保证义务教育的实施，提高全民族素质，根据宪法和教育法，制定本法。

第二条　国家实行九年义务教育制度。

义务教育是国家统一实施的所有适龄儿童、少年必须接受的教育，是国家必须予以保障的公益性事业。

实施义务教育，不收学费、杂费。

国家建立义务教育经费保障机制，保证义务教育制度实施。

第三条　义务教育必须贯彻国家的教育方针，实施素质教育，提高教育质量，使适龄儿童、少年在品德、智力、体质等方面全面发展，为培养有理想、有道德、有文化、有纪律的社会主义建设者和接班人奠定基础。

第四条　凡具有中华人民共和国国籍的适龄儿童、少年，不分性别、民族、种族、家庭财产状况、宗教信仰等，依法享有平等接受义务教育权利，并履行接受义务教育的义务。

第五条 各级人民政府及其有关部门应当履行本法规定的各项职责，保障适龄儿童、少年接受义务教育的权利。

适龄儿童、少年的父母或者其他法定监护人应当依法保证其按时入学接受并完成义务教育。

依法实施义务教育的学校应当按照规定标准完成教育教学任务，保证教育教学质量。

社会组织和个人应当为适龄儿童、少年接受义务教育创造良好的环境。

第六条 国务院和县级以上地方人民政府应当合理配置教育资源，促进义务教育均衡发展，改善薄弱学校的办学条件，并采取措施，保障农村地区、民族地区实施义务教育，保障家庭经济困难的和残疾的适龄儿童、少年接受义务教育。

国家组织和鼓励经济发达地区支援经济欠发达地区实施义务教育。

第七条 义务教育实行国务院领导，省、自治区、直辖市人民政府统筹规划实施，县级人民政府为主管理的体制。

县级以上人民政府教育行政部门具体负责义务教育实施工作；县级以上人民政府其他有关部门在各自的职责范围内负责义务教育实施工作。

第八条 人民政府教育督导机构对义务教育工作执行法律法规情况、教育教学质量以及义务教育均衡发展状况等进行督导，督导报告向社会公布。

第九条 任何社会组织或者个人有权对违反本法的行为向有关国家机关提出检举或者控告。

发生违反本法的重大事件，妨碍义务教育实施，造成重大社会影响的，负有领导责任的人民政府或者人民政府教育行政部门负责人应当引咎辞职。

第十条 对在义务教育实施工作中做出突出贡献的社会组织和个人，各级人民政府及其有关部门按照有关规定给予表彰、奖励。

第二章　学　　生

第十一条　凡年满六周岁的儿童，其父母或者其他法定监护人应当送其入学接受并完成义务教育；条件不具备的地区的儿童，可以推迟到七周岁。

适龄儿童、少年因身体状况需要延缓入学或者休学的，其父母或者其他法定监护人应当提出申请，由当地乡镇人民政府或者县级人民政府教育行政部门批准。

第十二条　适龄儿童、少年免试入学。地方各级人民政府应当保障适龄儿童、少年在户籍所在地学校就近入学。

父母或者其他法定监护人在非户籍所在地工作或者居住的适龄儿童、少年，在其父母或者其他法定监护人工作或者居住地接受义务教育的，当地人民政府应当为其提供平等接受义务教育的条件。具体办法由省、自治区、直辖市规定。

县级人民政府教育行政部门对本行政区域内的军人子女接受义务教育予以保障。

第十三条　县级人民政府教育行政部门和乡镇人民政府组织和督促适龄儿童、少年入学，帮助解决适龄儿童、少年接受义务教育的困难，采取措施防止适龄儿童、少年辍学。

居民委员会和村民委员会协助政府做好工作，督促适龄儿童、少年入学。

第十四条　禁止用人单位招用应当接受义务教育的适龄儿童、少年。

根据国家有关规定经批准招收适龄儿童、少年进行文艺、体育等专业训练的社会组织，应当保证所招收的适龄儿童、少年接受义务教育；自行实施义务教育的，应当经县级人民政府教育行政部门批准。

第三章 学 校

第十五条 县级以上地方人民政府根据本行政区域内居住的适龄儿童、少年的数量和分布状况等因素，按照国家有关规定，制定、调整学校设置规划。新建居民区需要设置学校的，应当与居民区的建设同步进行。

第十六条 学校建设，应当符合国家规定的办学标准，适应教育教学需要；应当符合国家规定的选址要求和建设标准，确保学生和教职工安全。

第十七条 县级人民政府根据需要设置寄宿制学校，保障居住分散的适龄儿童、少年入学接受义务教育。

第十八条 国务院教育行政部门和省、自治区、直辖市人民政府根据需要，在经济发达地区设置接收少数民族适龄儿童、少年的学校（班）。

第十九条 县级以上地方人民政府根据需要设置相应的实施特殊教育的学校（班），对视力残疾、听力语言残疾和智力残疾的适龄儿童、少年实施义务教育。特殊教育学校（班）应当具备适应残疾儿童、少年学习、康复、生活特点的场所和设施。

普通学校应当接收具有接受普通教育能力的残疾适龄儿童、少年随班就读，并为其学习、康复提供帮助。

第二十条 县级以上地方人民政府根据需要，为具有预防未成年人犯罪法规定的严重不良行为的适龄少年设置专门的学校实施义务教育。

第二十一条 对未完成义务教育的未成年犯和被采取强制性教育措施的未成年人应当进行义务教育，所需经费由人民政府予以保障。

第二十二条 县级以上人民政府及其教育行政部门应当促进学校均衡发展，缩小学校之间办学条件的差距，不得将学校分为重点学校和非重点学校。学校不得分设重点班和非重点班。

县级以上人民政府及其教育行政部门不得以任何名义改变或者变相改变公办学校的性质。

第二十三条　各级人民政府及其有关部门依法维护学校周边秩序，保护学生、教师、学校的合法权益，为学校提供安全保障。

第二十四条　学校应当建立、健全安全制度和应急机制，对学生进行安全教育，加强管理，及时消除隐患，预防发生事故。

县级以上地方人民政府定期对学校校舍安全进行检查；对需要维修、改造的，及时予以维修、改造。

学校不得聘用曾经因故意犯罪被依法剥夺政治权利或者其他不适合从事义务教育工作的人担任工作人员。

第二十五条　学校不得违反国家规定收取费用，不得以向学生推销或者变相推销商品、服务等方式谋取利益。

第二十六条　学校实行校长负责制。校长应当符合国家规定的任职条件。校长由县级人民政府教育行政部门依法聘任。

第二十七条　对违反学校管理制度的学生，学校应当予以批评教育，不得开除。

第四章　教　　师

第二十八条　教师享有法律规定的权利，履行法律规定的义务，应当为人师表，忠诚于人民的教育事业。

全社会应当尊重教师。

第二十九条　教师在教育教学中应当平等对待学生，关注学生的个体差异，因材施教，促进学生的充分发展。

教师应当尊重学生的人格，不得歧视学生，不得对学生实施体罚、变相体罚或者其他侮辱人格尊严的行为，不得侵犯学生合法权益。

第三十条　教师应当取得国家规定的教师资格。

国家建立统一的义务教育教师职务制度。教师职务分为初级职务、中级职务和高级职务。

第三十一条　各级人民政府保障教师工资福利和社会保险待遇，改善教师工作和生活条件；完善农村教师工资经费保障机制。

教师的平均工资水平应当不低于当地公务员的平均工资水平。

特殊教育教师享有特殊岗位补助津贴。在民族地区和边远贫困地区工作的教师享有艰苦贫困地区补助津贴。

第三十二条　县级以上人民政府应当加强教师培养工作，采取措施发展教师教育。

县级人民政府教育行政部门应当均衡配置本行政区域内学校师资力量，组织校长、教师的培训和流动，加强对薄弱学校的建设。

第三十三条　国务院和地方各级人民政府鼓励和支持城市学校教师和高等学校毕业生到农村地区、民族地区从事义务教育工作。

国家鼓励高等学校毕业生以志愿者的方式到农村地区、民族地区缺乏教师的学校任教。县级人民政府教育行政部门依法认定其教师资格，其任教时间计入工龄。

第五章　教育教学

第三十四条　教育教学工作应当符合教育规律和学生身心发展特点，面向全体学生，教书育人，将德育、智育、体育、美育等有机统一在教育教学活动中，注重培养学生独立思考能力、创新能力和实践能力，促进学生全面发展。

第三十五条　国务院教育行政部门根据适龄儿童、少年身心发展的状况和实际情况，确定教学制度、教育教学内容和课程设置，改革考试制度，并改进高级中等学校招生办法，推进实施素质教育。

学校和教师按照确定的教育教学内容和课程设置开展教育教学活动，保证达到国家规定的基本质量要求。

国家鼓励学校和教师采用启发式教育等教育教学方法，提高教育教学质量。

第三十六条　学校应当把德育放在首位，寓德育于教育教学之中，开展与学生年龄相适应的社会实践活动，形成学校、家庭、社会相互配合的思想道德教育体系，促进学生养成良好的思想品德和行为习惯。

第三十七条　学校应当保证学生的课外活动时间，组织开展文化娱乐等课外活动。社会公共文化体育设施应当为学校开展课外活动提供便利。

第三十八条　教科书根据国家教育方针和课程标准编写，内容力求精简，精选必备的基础知识、基本技能，经济实用，保证质量。

国家机关工作人员和教科书审查人员，不得参与或者变相参与教科书的编写工作。

第三十九条　国家实行教科书审定制度。教科书的审定办法由国务院教育行政部门规定。

未经审定的教科书，不得出版、选用。

第四十条　教科书由省、自治区、直辖市人民政府价格行政部门会同同级出版行政部门按照微利原则确定。

第四十一条　国家鼓励教科书循环使用。

第六章　经费保障

第四十二条　国家将义务教育全面纳入财政保障范围，义务教育经费由国务院和地方各级人民政府依照本法规定予以保障。

国务院和地方各级人民政府将义务教育经费纳入财政预算，按照教职工编制标准、工资标准和学校建设标准、学生人均公用经费标准等，及时足额拨付义务教育经费，确保学校的正常运转和校舍安全，确保教职工工资按照规定发放。

国务院和地方各级人民政府用于实施义务教育财政拨款的增长比例应当高于财政经常性收入的增长比例，保证按照在校学生人数平均的义务教育费用逐步增长，保证教职工工资和学生人均公用经费逐步增长。

第四十三条　学校的学生人均公用经费基本标准由国务院财政部门会同教育行政部门制定，并根据经济和社会发展状况适时调整。制定、调整学生人均公用经费基本标准，应当满足教育教学基本需要。

省、自治区、直辖市人民政府可以根据本行政区域的实际情况，制定不低于国家标准的学校学生人均公用经费标准。

特殊教育学校（班）学生人均公用经费标准应当高于普通学校学生人均公用经费标准。

第四十四条 义务教育经费投入实行国务院和地方各级人民政府根据职责共同负担，省、自治区、直辖市人民政府负责统筹落实的体制。农村义务教育所需经费，由各级人民政府根据国务院的规定分项目、按比例分担。

各级人民政府对家庭经济困难的适龄儿童、少年免费提供教科书并补助寄宿生生活费。

义务教育经费保障的具体办法由国务院规定。

第四十五条 地方各级人民政府在财政预算中将义务教育经费单列。

县级人民政府编制预算，除向农村地区学校和薄弱学校倾斜外，应当均衡安排义务教育经费。

第四十六条 国务院和省、自治区、直辖市人民政府规范财政转移支付制度，加大一般性转移支付规模和规范义务教育专项转移支付，支持和引导地方各级人民政府增加对义务教育的投入。地方各级人民政府确保将上级人民政府的义务教育转移支付资金按照规定用于义务教育。

第四十七条 国务院和县级以上地方人民政府根据实际需要，设立专项资金，扶持农村地区、民族地区实施义务教育。

第四十八条 国家鼓励社会组织和个人向义务教育捐赠，鼓励按照国家有关基金会管理的规定设立义务教育基金。

第四十九条 义务教育经费严格按照预算规定用于义务教育；任何组织和个人不得侵占、挪用义务教育经费，不得向学校非法收取或者摊派费用。

第五十条 县级以上人民政府建立健全义务教育经费的审计监督和统计公告制度。

第七章　法律责任

第五十一条　国务院有关部门和地方各级人民政府违反本法第六章的规定，未履行对义务教育经费保障职责的，由国务院或者上级地方人民政府责令限期改正；情节严重的，对直接负责的主管人员和其他直接责任人员依法给予行政处分。

第五十二条　县级以上地方人民政府有下列情形之一的，由上级人民政府责令限期改正；情节严重的，对直接负责的主管人员和其他直接责任人员依法给予行政处分：

（一）未按照国家有关规定制定、调整学校的设置规划的；

（二）学校建设不符合国家规定的办学标准、选址要求和建设标准的；

（三）未定期对学校校舍安全进行检查，并及时维修、改造的；

（四）未依照本法规定均衡安排义务教育经费的。

第五十三条　县级以上人民政府或者其教育行政部门有下列情形之一的，由上级人民政府或者其教育行政部门责令限期改正、通报批评；情节严重的，对直接负责的主管人员和其他直接责任人员依法给予行政处分：

（一）将学校分为重点学校和非重点学校的；

（二）改变或者变相改变公办学校性质的。

县级人民政府教育行政部门或者乡镇人民政府未采取措施组织适龄儿童、少年入学或者防止辍学的，依照前款规定追究法律责任。

第五十四条　有下列情形之一的，由上级人民政府或者上级人民政府教育行政部门、财政部门、价格行政部门和审计机关根据职责分工责令限期改正；情节严重的，对直接负责的主管人员和其他直接责任人员依法给予处分：

（一）侵占、挪用义务教育经费的；

（二）向学校非法收取或者摊派费用的。

第五十五条　学校或者教师在义务教育工作中违反教育法、教师法规定的，依照教育法、教师法的有关规定处罚。

第五十六条 学校违反国家规定收取费用的，由县级人民政府教育行政部门责令退还所收费用；对直接负责的主管人员和其他直接责任人员依法给予处分。

学校以向学生推销或者变相推销商品、服务等方式谋取利益的，由县级人民政府教育行政部门给予通报批评；有违法所得的，没收违法所得；对直接负责的主管人员和其他直接责任人员依法给予处分。

国家机关工作人员和教科书审查人员参与或者变相参与教科书编写的，由县级以上人民政府或者其教育行政部门根据职责权限责令限期改正，依法给予行政处分；有违法所得的，没收违法所得。

第五十七条 学校有下列情形之一的，由县级人民政府教育行政部门责令限期改正；情节严重的，对直接负责的主管人员和其他直接责任人员依法给予处分：

（一）拒绝接收具有接受普通教育能力的残疾适龄儿童、少年随班就读的；

（二）分设重点班和非重点班的；

（三）违反本法规定开除学生的；

（四）选用未经审定的教科书的。

第五十八条 适龄儿童、少年的父母或者其他法定监护人无正当理由未依照本法规定送适龄儿童、少年入学接受义务教育的，由当地乡镇人民政府或者县级人民政府教育行政部门给予批评教育，责令限期改正。

第五十九条 有下列情形之一的，依照有关法律、行政法规的规定予以处罚：

（一）胁迫或者诱骗应当接受义务教育的适龄儿童、少年失学、辍学的；

（二）非法招用应当接受义务教育的适龄儿童、少年的；

（三）出版未经依法审定的教科书的。

第六十条 违反本法规定，构成犯罪的，依法追究刑事责任。

第八章　附　　则

第六十一条　对接受义务教育的适龄儿童、少年不收杂费的实施步骤，由国务院规定。

第六十二条　社会组织或者个人依法举办的民办学校实施义务教育的，依照民办教育促进法有关规定执行；民办教育促进法未作规定的，适用本法。

第六十三条　本法自 2006 年 9 月 1 日起施行。

中华人民共和国治安管理处罚法

（2005 年 8 月 28 日第十届全国人民代表大会常务委员会第十七次会议通过　根据 2012 年 10 月 26 日第十一届全国人民代表大会常务委员会第二十九次会议通过的《关于修改〈中华人民共和国治安管理处罚法〉的决定》修正）

第一章　总　　则

第一条　为维护社会治安秩序，保障公共安全，保护公民、法人和其他组织的合法权益，规范和保障公安机关及其人民警察依法履行治安管理职责，制定本法。

第二条　扰乱公共秩序，妨害公共安全，侵犯人身权利、财产权利，妨害社会管理，具有社会危害性，依照《中华人民共和国刑法》的规定构成犯罪的，依法追究刑事责任；尚不够刑事处罚的，由公安机关依照本法给予治安管理处罚。

第三条　治安管理处罚的程序，适用本法的规定；本法没有规定的，适用《中华人民共和国行政处罚法》的有关规定。

第四条　在中华人民共和国领域内发生的违反治安管理行为，除法律有特别规定的外，适用本法。

在中华人民共和国船舶和航空器内发生的违反治安管理行为，除法律有特别规定的外，适用本法。

第五条　治安管理处罚必须以事实为依据，与违反治安管理行为的性质、情节以及社会危害程度相当。

实施治安管理处罚，应当公开、公正，尊重和保障人权，保护公民的人格尊严。

办理治安案件应当坚持教育与处罚相结合的原则。

第六条　各级人民政府应当加强社会治安综合治理，采取有效措施，化解社会矛盾，增进社会和谐，维护社会稳定。

第七条　国务院公安部门负责全国的治安管理工作。县级以上地方各级人民政府公安机关负责本行政区域内的治安管理工作。

治安案件的管辖由国务院公安部门规定。

第八条　违反治安管理的行为对他人造成损害的，行为人或者其监护人应当依法承担民事责任。

第九条　对于因民间纠纷引起的打架斗殴或者损毁他人财物等违反治安管理行为，情节较轻的，公安机关可以调解处理。经公安机关调解，当事人达成协议的，不予处罚。经调解未达成协议或者达成协议后不履行的，公安机关应当依照本法的规定对违反治安管理行为人给予处罚，并告知当事人可以就民事争议依法向人民法院提起民事诉讼。

第二章　处罚的种类和适用

第十条　治安管理处罚的种类分为：

（一）警告；

（二）罚款；

（三）行政拘留；

（四）吊销公安机关发放的许可证。

对违反治安管理的外国人，可以附加适用限期出境或者驱逐出境。

第十一条　办理治安案件所查获的毒品、淫秽物品等违禁品，赌具、赌资，吸食、注射毒品的用具以及直接用于实施违反治安管理行为的本人所有的工具，应当收缴，按照规定处理。

违反治安管理所得的财物，追缴退还被侵害人；没有被侵害人的，登记造册，公开拍卖或者按照国家有关规定处理，所得款项上缴国库。

第十二条 已满十四周岁不满十八周岁的人违反治安管理的，从轻或者减轻处罚；不满十四周岁的人违反治安管理的，不予处罚，但是应当责令其监护人严加管教。

第十三条 精神病人在不能辨认或者不能控制自己行为的时候违反治安管理的，不予处罚，但是应当责令其监护人严加看管和治疗。间歇性的精神病人在精神正常的时候违反治安管理的，应当给予处罚。

第十四条 盲人或者又聋又哑的人违反治安管理的，可以从轻、减轻或者不予处罚。

第十五条 醉酒的人违反治安管理的，应当给予处罚。

醉酒的人在醉酒状态中，对本人有危险或者对他人的人身、财产或者公共安全有威胁的，应当对其采取保护性措施约束至酒醒。

第十六条 有两种以上违反治安管理行为的，分别决定，合并执行。行政拘留处罚合并执行的，最长不超过二十日。

第十七条 共同违反治安管理的，根据违反治安管理行为人在违反治安管理行为中所起的作用，分别处罚。

教唆、胁迫、诱骗他人违反治安管理的，按照其教唆、胁迫、诱骗的行为处罚。

第十八条 单位违反治安管理的，对其直接负责的主管人员和其他直接责任人员依照本法的规定处罚。其他法律、行政法规对同一行为规定给予单位处罚的，依照其规定处罚。

第十九条 违反治安管理有下列情形之一的，减轻处罚或者不予处罚：

（一）情节特别轻微的；

（二）主动消除或者减轻违法后果，并取得被侵害人谅解的；

（三）出于他人胁迫或者诱骗的；

（四）主动投案，向公安机关如实陈述自己的违法行为的；

（五）有立功表现的。

第二十条　违反治安管理有下列情形之一的，从重处罚：

（一）有较严重后果的；

（二）教唆、胁迫、诱骗他人违反治安管理的；

（三）对报案人、控告人、举报人、证人打击报复的；

（四）六个月内曾受过治安管理处罚的。

第二十一条　违反治安管理行为人有下列情形之一，依照本法应当给予行政拘留处罚的，不执行行政拘留处罚：

（一）已满十四周岁不满十六周岁的；

（二）已满十六周岁不满十八周岁，初次违反治安管理的；

（三）七十周岁以上的；

（四）怀孕或者哺乳自己不满一周岁婴儿的。

第二十二条　违反治安管理行为在六个月内没有被公安机关发现的，不再处罚。

前款规定的期限，从违反治安管理行为发生之日起计算；违反治安管理行为有连续或者继续状态的，从行为终了之日起计算。

第三章　违反治安管理的行为和处罚

第一节　扰乱公共秩序的行为和处罚

第二十三条　有下列行为之一的，处警告或者二百元以下罚款；情节较重的，处五日以上十日以下拘留，可以并处五百元以下罚款：

（一）扰乱机关、团体、企业、事业单位秩序，致使工作、生产、营业、医疗、教学、科研不能正常进行，尚未造成严重损失的；

（二）扰乱车站、港口、码头、机场、商场、公园、展览馆或者其他公共场所秩序的；

（三）扰乱公共汽车、电车、火车、船舶、航空器或者其他公共交通工具上的秩序的；

（四）非法拦截或者强登、扒乘机动车、船舶、航空器以及其他交通工具，影响交通工具正常行驶的；

（五）破坏依法进行的选举秩序的。

聚众实施前款行为的，对首要分子处十日以上十五日以下拘留，可以并处一千元以下罚款。

第二十四条 有下列行为之一，扰乱文化、体育等大型群众性活动秩序的，处警告或者二百元以下罚款；情节严重的，处五日以上十日以下拘留，可以并处五百元以下罚款：

（一）强行进入场内的；

（二）违反规定，在场内燃放烟花爆竹或者其他物品的；

（三）展示侮辱性标语、条幅等物品的；

（四）围攻裁判员、运动员或者其他工作人员的；

（五）向场内投掷杂物，不听制止的；

（六）扰乱大型群众性活动秩序的其他行为。

因扰乱体育比赛秩序被处以拘留处罚的，可以同时责令其十二个月内不得进入体育场馆观看同类比赛；违反规定进入体育场馆的，强行带离现场。

第二十五条 有下列行为之一的，处五日以上十日以下拘留，可以并处五百元以下罚款；情节较轻的，处五日以下拘留或者五百元以下罚款：

（一）散布谣言，谎报险情、疫情、警情或者以其他方法故意扰乱公共秩序的；

（二）投放虚假的爆炸性、毒害性、放射性、腐蚀性物质或者传染病病原体等危险物质扰乱公共秩序的；

（三）扬言实施放火、爆炸、投放危险物质扰乱公共秩序的。

第二十六条 有下列行为之一的，处五日以上十日以下拘留，可以并处五百元以下罚款；情节较重的，处十日以上十五日以下拘留，可以并处一千元以下罚款：

（一）结伙斗殴的；

（二）追逐、拦截他人的；

（三）强拿硬要或者任意损毁、占用公私财物的；

（四）其他寻衅滋事行为。

第二十七条　有下列行为之一的，处十日以上十五日以下拘留，可以并处一千元以下罚款；情节较轻的，处五日以上十日以下拘留，可以并处五百元以下罚款：

（一）组织、教唆、胁迫、诱骗、煽动他人从事邪教、会道门活动或者利用邪教、会道门、迷信活动，扰乱社会秩序、损害他人身体健康的；

（二）冒用宗教、气功名义进行扰乱社会秩序、损害他人身体健康活动的。

第二十八条　违反国家规定，故意干扰无线电业务正常进行的，或者对正常运行的无线电台（站）产生有害干扰，经有关主管部门指出后，拒不采取有效措施消除的，处五日以上十日以下拘留；情节严重的，处十日以上十五日以下拘留。

第二十九条　有下列行为之一的，处五日以下拘留；情节较重的，处五日以上十日以下拘留：

（一）违反国家规定，侵入计算机信息系统，造成危害的；

（二）违反国家规定，对计算机信息系统功能进行删除、修改、增加、干扰，造成计算机信息系统不能正常运行的；

（三）违反国家规定，对计算机信息系统中存储、处理、传输的数据和应用程序进行删除、修改、增加的；

（四）故意制作、传播计算机病毒等破坏性程序，影响计算机信息系统正常运行的。

第二节　妨害公共安全的行为和处罚

第三十条　违反国家规定，制造、买卖、储存、运输、邮寄、携带、使用、提供、处置爆炸性、毒害性、放射性、腐蚀性物质或者传染病病原体等危险物质的，处十日以上十五日以下拘留；情节较轻的，处五日以上十日以下拘留。

第三十一条 爆炸性、毒害性、放射性、腐蚀性物质或者传染病病原体等危险物质被盗、被抢或者丢失，未按规定报告的，处五日以下拘留；故意隐瞒不报的，处五日以上十日以下拘留。

第三十二条 非法携带枪支、弹药或者弩、匕首等国家规定的管制器具的，处五日以下拘留，可以并处五百元以下罚款；情节较轻的，处警告或者二百元以下罚款。

非法携带枪支、弹药或者弩、匕首等国家规定的管制器具进入公共场所或者公共交通工具的，处五日以上十日以下拘留，可以并处五百元以下罚款。

第三十三条 有下列行为之一的，处十日以上十五日以下拘留：

（一）盗窃、损毁油气管道设施、电力电信设施、广播电视设施、水利防汛工程设施或者水文监测、测量、气象测报、环境监测、地质监测、地震监测等公共设施的；

（二）移动、损毁国家边境的界碑、界桩以及其他边境标志、边境设施或者领土、领海标志设施的；

（三）非法进行影响国（边）界线走向的活动或者修建有碍国（边）境管理的设施的。

第三十四条 盗窃、损坏、擅自移动使用中的航空设施，或者强行进入航空器驾驶舱的，处十日以上十五日以下拘留。

在使用中的航空器上使用可能影响导航系统正常功能的器具、工具，不听劝阻的，处五日以下拘留或者五百元以下罚款。

第三十五条 有下列行为之一的，处五日以上十日以下拘留，可以并处五百元以下罚款；情节较轻的，处五日以下拘留或者五百元以下罚款：

（一）盗窃、损毁或者擅自移动铁路设施、设备、机车车辆配件或者安全标志的；

（二）在铁路线路上放置障碍物，或者故意向列车投掷物品的；

（三）在铁路线路、桥梁、涵洞处挖掘坑穴、采石取沙的；

（四）在铁路线路上私设道口或者平交过道的。

第三十六条　擅自进入铁路防护网或者火车来临时在铁路线路上行走、坐卧、抢越铁路，影响行车安全的，处警告或者二百元以下罚款。

第三十七条　有下列行为之一的，处五日以下拘留或者五百元以下罚款；情节严重的，处五日以上十日以下拘留，可以并处五百元以下罚款：

（一）未经批准，安装、使用电网的，或者安装、使用电网不符合安全规定的；

（二）在车辆、行人通行的地方施工，对沟井坎穴不设覆盖物、防围和警示标志的，或者故意损毁、移动覆盖物、防围和警示标志的；

（三）盗窃、损毁路面井盖、照明等公共设施的。

第三十八条　举办文化、体育等大型群众性活动，违反有关规定，有发生安全事故危险的，责令停止活动，立即疏散；对组织者处五日以上十日以下拘留，并处二百元以上五百元以下罚款；情节较轻的，处五日以下拘留或者五百元以下罚款。

第三十九条　旅馆、饭店、影剧院、娱乐场、运动场、展览馆或者其他供社会公众活动的场所的经营管理人员，违反安全规定，致使该场所发生安全事故危险，经公安机关责令改正，拒不改正的，处五日以下拘留。

第三节　侵犯人身权利、财产权利的行为和处罚

第四十条　有下列行为之一的，处十日以上十五日以下拘留，并处五百元以上一千元以下罚款；情节较轻的，处五日以上十日以下拘留，并处二百元以上五百元以下罚款：

（一）组织、胁迫、诱骗不满十六周岁的人或者残疾人进行恐怖、残忍表演的；

（二）以暴力、威胁或者其他手段强迫他人劳动的；

（三）非法限制他人人身自由、非法侵入他人住宅或者非法搜查他人身体的。

第四十一条　胁迫、诱骗或者利用他人乞讨的，处十日以上十五日以下拘留，可以并处一千元以下罚款。

反复纠缠、强行讨要或者以其他滋扰他人的方式乞讨的，处五日以下拘留或者警告。

第四十二条 有下列行为之一的，处五日以下拘留或者五百元以下罚款；情节较重的，处五日以上十日以下拘留，可以并处五百元以下罚款：

（一）写恐吓信或者以其他方法威胁他人人身安全的；

（二）公然侮辱他人或者捏造事实诽谤他人的；

（三）捏造事实诬告陷害他人，企图使他人受到刑事追究或者受到治安管理处罚的；

（四）对证人及其近亲属进行威胁、侮辱、殴打或者打击报复的；

（五）多次发送淫秽、侮辱、恐吓或者其他信息，干扰他人正常生活的；

（六）偷窥、偷拍、窃听、散布他人隐私的。

第四十三条 殴打他人的，或者故意伤害他人身体的，处五日以上十日以下拘留，并处二百元以上五百元以下罚款；情节较轻的，处五日以下拘留或者五百元以下罚款。

有下列情形之一的，处十日以上十五日以下拘留，并处五百元以上一千元以下罚款：

（一）结伙殴打、伤害他人的；

（二）殴打、伤害残疾人、孕妇、不满十四周岁的人或者六十周岁以上的人的；

（三）多次殴打、伤害他人或者一次殴打、伤害多人的。

第四十四条 猥亵他人的，或者在公共场所故意裸露身体，情节恶劣的，处五日以上十日以下拘留；猥亵智力残疾人、精神病人、不满十四周岁的人或者有其他严重情节的，处十日以上十五日以下拘留。

第四十五条 有下列行为之一的，处五日以下拘留或者警告：

（一）虐待家庭成员，被虐待人要求处理的；

（二）遗弃没有独立生活能力的被扶养人的。

第四十六条 强买强卖商品，强迫他人提供服务或者强迫他人接受服务的，处五日以上十日以下拘留，并处二百元以上五百元以下罚款；情节较轻的，处五日以下拘留或者五百元以下罚款。

第四十七条　煽动民族仇恨、民族歧视，或者在出版物、计算机信息网络中刊载民族歧视、侮辱内容的，处十日以上十五日以下拘留，可以并处一千元以下罚款。

第四十八条　冒领、隐匿、毁弃、私自开拆或者非法检查他人邮件的，处五日以下拘留或者五百元以下罚款。

第四十九条　盗窃、诈骗、哄抢、抢夺、敲诈勒索或者故意损毁公私财物的，处五日以上十日以下拘留，可以并处五百元以下罚款；情节较重的，处十日以上十五日以下拘留，可以并处一千元以下罚款。

第四节　妨害社会管理的行为和处罚

第五十条　有下列行为之一的，处警告或者二百元以下罚款；情节严重的，处五日以上十日以下拘留，可以并处五百元以下罚款：

（一）拒不执行人民政府在紧急状态情况下依法发布的决定、命令的；

（二）阻碍国家机关工作人员依法执行职务的；

（三）阻碍执行紧急任务的消防车、救护车、工程抢险车、警车等车辆通行的；

（四）强行冲闯公安机关设置的警戒带、警戒区的。

阻碍人民警察依法执行职务的，从重处罚。

第五十一条　冒充国家机关工作人员或者以其他虚假身份招摇撞骗的，处五日以上十日以下拘留，可以并处五百元以下罚款；情节较轻的，处五日以下拘留或者五百元以下罚款。

冒充军警人员招摇撞骗的，从重处罚。

第五十二条　有下列行为之一的，处十日以上十五日以下拘留，可以并处一千元以下罚款；情节较轻的，处五日以上十日以下拘留，可以并处五百元以下罚款：

（一）伪造、变造或者买卖国家机关、人民团体、企业、事业单位或者其他组织的公文、证件、证明文件、印章的；

（二）买卖或者使用伪造、变造的国家机关、人民团体、企业、事业单位或者其他组织的公文、证件、证明文件的；

（三）伪造、变造、倒卖车票、船票、航空客票、文艺演出票、体育比赛入场券或者其他有价票证、凭证的；

（四）伪造、变造船舶户牌，买卖或者使用伪造、变造的船舶户牌，或者涂改船舶发动机号码的。

第五十三条 船舶擅自进入、停靠国家禁止、限制进入的水域或者岛屿的，对船舶负责人及有关责任人员处五百元以上一千元以下罚款；情节严重的，处五日以下拘留，并处五百元以上一千元以下罚款。

第五十四条 有下列行为之一的，处十日以上十五日以下拘留，并处五百元以上一千元以下罚款；情节较轻的，处五日以下拘留或者五百元以下罚款：

（一）违反国家规定，未经注册登记，以社会团体名义进行活动，被取缔后，仍进行活动的；

（二）被依法撤销登记的社会团体，仍以社会团体名义进行活动的；

（三）未经许可，擅自经营按照国家规定需要由公安机关许可的行业的。

有前款第三项行为的，予以取缔。

取得公安机关许可的经营者，违反国家有关管理规定，情节严重的，公安机关可以吊销许可证。

第五十五条 煽动、策划非法集会、游行、示威，不听劝阻的，处十日以上十五日以下拘留。

第五十六条 旅馆业的工作人员对住宿的旅客不按规定登记姓名、身份证件种类和号码的，或者明知住宿的旅客将危险物质带入旅馆，不予制止的，处二百元以上五百元以下罚款。

旅馆业的工作人员明知住宿的旅客是犯罪嫌疑人员或者被公安机关通缉的人员，不向公安机关报告的，处二百元以上五百元以下罚款；情节严重的，处五日以下拘留，可以并处五百元以下罚款。

第五十七条 房屋出租人将房屋出租给无身份证件的人居住的，或者不按规定登记承租人姓名、身份证件种类和号码的，处二百元以上五百元以下罚款。

房屋出租人明知承租人利用出租房屋进行犯罪活动，不向公安机关报告的，处二百元以上五百元以下罚款；情节严重的，处五日以下拘留，可以并处五百元以下罚款。

第五十八条 违反关于社会生活噪声污染防治的法律规定，制造噪声干扰他人正常生活的，处警告；警告后不改正的，处二百元以上五百元以下罚款。

第五十九条 有下列行为之一的，处五百元以上一千元以下罚款；情节严重的，处五日以上十日以下拘留，并处五百元以上一千元以下罚款：

（一）典当业工作人员承接典当的物品，不查验有关证明、不履行登记手续，或者明知是违法犯罪嫌疑人、赃物，不向公安机关报告的；

（二）违反国家规定，收购铁路、油田、供电、电信、矿山、水利、测量和城市公用设施等废旧专用器材的；

（三）收购公安机关通报寻查的赃物或者有赃物嫌疑的物品的；

（四）收购国家禁止收购的其他物品的。

第六十条 有下列行为之一的，处五日以上十日以下拘留，并处二百元以上五百元以下罚款：

（一）隐藏、转移、变卖或者损毁行政执法机关依法扣押、查封、冻结的财物的；

（二）伪造、隐匿、毁灭证据或者提供虚假证言、谎报案情，影响行政执法机关依法办案的；

（三）明知是赃物而窝藏、转移或者代为销售的；

（四）被依法执行管制、剥夺政治权利或者在缓刑、暂予监外执行中的罪犯或者被依法采取刑事强制措施的人，有违反法律、行政法规或者国务院有关部门的监督管理规定的行为。

第六十一条 协助组织或者运送他人偷越国（边）境的，处十日以上十五日以下拘留，并处一千元以上五千元以下罚款。

第六十二条 为偷越国（边）境人员提供条件的，处五日以上十日以下拘留，并处五百元以上二千元以下罚款。

偷越国（边）境的，处五日以下拘留或者五百元以下罚款。

第六十三条　有下列行为之一的，处警告或者二百元以下罚款；情节较重的，处五日以上十日以下拘留，并处二百元以上五百元以下罚款：

（一）刻划、涂污或者以其他方式故意损坏国家保护的文物、名胜古迹的；

（二）违反国家规定，在文物保护单位附近进行爆破、挖掘等活动，危及文物安全的。

第六十四条　有下列行为之一的，处五百元以上一千元以下罚款；情节严重的，处十日以上十五日以下拘留，并处五百元以上一千元以下罚款：

（一）偷开他人机动车的；

（二）未取得驾驶证驾驶或者偷开他人航空器、机动船舶的。

第六十五条　有下列行为之一的，处五日以上十日以下拘留；情节严重的，处十日以上十五日以下拘留，可以并处一千元以下罚款：

（一）故意破坏、污损他人坟墓或者毁坏、丢弃他人尸骨、骨灰的；

（二）在公共场所停放尸体或者因停放尸体影响他人正常生活、工作秩序，不听劝阻的。

第六十六条　卖淫、嫖娼的，处十日以上十五日以下拘留，可以并处五千元以下罚款；情节较轻的，处五日以下拘留或者五百元以下罚款。

在公共场所拉客招嫖的，处五日以下拘留或者五百元以下罚款。

第六十七条　引诱、容留、介绍他人卖淫的，处十日以上十五日以下拘留，可以并处五千元以下罚款；情节较轻的，处五日以下拘留或者五百元以下罚款。

第六十八条　制作、运输、复制、出售、出租淫秽的书刊、图片、影片、音像制品等淫秽物品或者利用计算机信息网络、电话以及其他通讯工具传播淫秽信息的，处十日以上十五日以下拘留，可以并处三千元以下罚款；情节较轻的，处五日以下拘留或者五百元以下罚款。

第六十九条　有下列行为之一的，处十日以上十五日以下拘留，并处五百元以上一千元以下罚款：

（一）组织播放淫秽音像的；

（二）组织或者进行淫秽表演的；

（三）参与聚众淫乱活动的。

明知他人从事前款活动，为其提供条件的，依照前款的规定处罚。

第七十条　以营利为目的，为赌博提供条件的，或者参与赌博赌资较大的，处五日以下拘留或者五百元以下罚款；情节严重的，处十日以上十五日以下拘留，并处五百元以上三千元以下罚款。

第七十一条　有下列行为之一的，处十日以上十五日以下拘留，可以并处三千元以下罚款；情节较轻的，处五日以下拘留或者五百元以下罚款：

（一）非法种植罂粟不满五百株或者其他少量毒品原植物的；

（二）非法买卖、运输、携带、持有少量未经灭活的罂粟等毒品原植物种子或者幼苗的；

（三）非法运输、买卖、储存、使用少量罂粟壳的。

有前款第一项行为，在成熟前自行铲除的，不予处罚。

第七十二条　有下列行为之一的，处十日以上十五日以下拘留，可以并处二千元以下罚款；情节较轻的，处五日以下拘留或者五百元以下罚款：

（一）非法持有鸦片不满二百克、海洛因或者甲基苯丙胺不满十克或者其他少量毒品的；

（二）向他人提供毒品的；

（三）吸食、注射毒品的；

（四）胁迫、欺骗医务人员开具麻醉药品、精神药品的。

第七十三条　教唆、引诱、欺骗他人吸食、注射毒品的，处十日以上十五日以下拘留，并处五百元以上二千元以下罚款。

第七十四条　旅馆业、饮食服务业、文化娱乐业、出租汽车业等单位的人员，在公安机关查处吸毒、赌博、卖淫、嫖娼活动时，为违法犯罪行为人通风报信的，处十日以上十五日以下拘留。

第七十五条 饲养动物，干扰他人正常生活的，处警告；警告后不改正的，或者放任动物恐吓他人的，处二百元以上五百元以下罚款。

驱使动物伤害他人的，依照本法第四十三条第一款的规定处罚。

第七十六条 有本法第六十七条、第六十八条、第七十条的行为，屡教不改的，可以按照国家规定采取强制性教育措施。

第四章　处罚程序

第一节　调　　查

第七十七条 公安机关对报案、控告、举报或者违反治安管理行为人主动投案，以及其他行政主管部门、司法机关移送的违反治安管理案件，应当及时受理，并进行登记。

第七十八条 公安机关受理报案、控告、举报、投案后，认为属于违反治安管理行为的，应当立即进行调查；认为不属于违反治安管理行为的，应当告知报案人、控告人、举报人、投案人，并说明理由。

第七十九条 公安机关及其人民警察对治安案件的调查，应当依法进行。严禁刑讯逼供或者采用威胁、引诱、欺骗等非法手段收集证据。

以非法手段收集的证据不得作为处罚的根据。

第八十条 公安机关及其人民警察在办理治安案件时，对涉及的国家秘密、商业秘密或者个人隐私，应当予以保密。

第八十一条 人民警察在办理治安案件过程中，遇有下列情形之一的，应当回避；违反治安管理行为人、被侵害人或者其法定代理人也有权要求他们回避：

（一）是本案当事人或者当事人的近亲属的；

（二）本人或者其近亲属与本案有利害关系的；

（三）与本案当事人有其他关系，可能影响案件公正处理的。

人民警察的回避，由其所属的公安机关决定；公安机关负责人的回避，由上一级公安机关决定。

第八十二条 需要传唤违反治安管理行为人接受调查的，经公安机关办案部门负责人批准，使用传唤证传唤。对现场发现的违反治安管理行为人，人民警察经出示工作证件，可以口头传唤，但应当在询问笔录中注明。

公安机关应当将传唤的原因和依据告知被传唤人。对无正当理由不接受传唤或者逃避传唤的人，可以强制传唤。

第八十三条 对违反治安管理行为人，公安机关传唤后应当及时询问查证，询问查证的时间不得超过八小时；情况复杂，依照本法规定可能适用行政拘留处罚的，询问查证的时间不得超过二十四小时。

公安机关应当及时将传唤的原因和处所通知被传唤人家属。

第八十四条 询问笔录应当交被询问人核对；对没有阅读能力的，应当向其宣读。记载有遗漏或者差错的，被询问人可以提出补充或者更正。被询问人确认笔录无误后，应当签名或者盖章，询问的人民警察也应当在笔录上签名。

被询问人要求就被询问事项自行提供书面材料的，应当准许；必要时，人民警察也可以要求被询问人自行书写。

询问不满十六周岁的违反治安管理行为人，应当通知其父母或者其他监护人到场。

第八十五条 人民警察询问被侵害人或者其他证人，可以到其所在单位或者住处进行；必要时，也可以通知其到公安机关提供证言。

人民警察在公安机关以外询问被侵害人或者其他证人，应当出示工作证件。

询问被侵害人或者其他证人，同时适用本法第八十四条的规定。

第八十六条 询问聋哑的违反治安管理行为人、被侵害人或者其他证人，应当有通晓手语的人提供帮助，并在笔录上注明。

询问不通晓当地通用的语言文字的违反治安管理行为人、被侵害人或者其他证人，应当配备翻译人员，并在笔录上注明。

第八十七条 公安机关对与违反治安管理行为有关的场所、物品、人身可以进行检查。检查时，人民警察不得少于二人，并应当出示工作证件和县级以上人民政府公安机关开具的检查证明文件。对确有必要立即进行检查的，人民警察经出示工作证件，可以当场检查，但检查公民住所应当出示县级以上人民政府公安机关开具的检查证明文件。

检查妇女的身体，应当由女性工作人员进行。

第八十八条 检查的情况应当制作检查笔录，由检查人、被检查人和见证人签名或者盖章；被检查人拒绝签名的，人民警察应当在笔录上注明。

第八十九条 公安机关办理治安案件，对与案件有关的需要作为证据的物品，可以扣押；对被侵害人或者善意第三人合法占有的财产，不得扣押，应当予以登记。对与案件无关的物品，不得扣押。

对扣押的物品，应当会同在场见证人和被扣押物品持有人查点清楚，当场开列清单一式二份，由调查人员、见证人和持有人签名或者盖章，一份交给持有人，另一份附卷备查。

对扣押的物品，应当妥善保管，不得挪作他用；对不宜长期保存的物品，按照有关规定处理。经查明与案件无关的，应当及时退还；经核实属于他人合法财产的，应当登记后立即退还；满六个月无人对该财产主张权利或者无法查清权利人的，应当公开拍卖或者按照国家有关规定处理，所得款项上缴国库。

第九十条 为了查明案情，需要解决案件中有争议的专门性问题的，应当指派或者聘请具有专门知识的人员进行鉴定；鉴定人鉴定后，应当写出鉴定意见，并且签名。

第二节 决 定

第九十一条 治安管理处罚由县级以上人民政府公安机关决定；其中警告、五百元以下的罚款可以由公安派出所决定。

第九十二条 对决定给予行政拘留处罚的人，在处罚前已经采取强制措施限制人身自由的时间，应当折抵。限制人身自由一日，折抵行政拘留一日。

第九十三条　公安机关查处治安案件，对没有本人陈述，但其他证据能够证明案件事实的，可以作出治安管理处罚决定。但是，只有本人陈述，没有其他证据证明的，不能作出治安管理处罚决定。

第九十四条　公安机关作出治安管理处罚决定前，应当告知违反治安管理行为人作出治安管理处罚的事实、理由及依据，并告知违反治安管理行为人依法享有的权利。

违反治安管理行为人有权陈述和申辩。公安机关必须充分听取违反治安管理行为人的意见，对违反治安管理行为人提出的事实、理由和证据，应当进行复核；违反治安管理行为人提出的事实、理由或者证据成立的，公安机关应当采纳。

公安机关不得因违反治安管理行为人的陈述、申辩而加重处罚。

第九十五条　治安案件调查结束后，公安机关应当根据不同情况，分别作出以下处理：

（一）确有依法应当给予治安管理处罚的违法行为的，根据情节轻重及具体情况，作出处罚决定；

（二）依法不予处罚的，或者违法事实不能成立的，作出不予处罚决定；

（三）违法行为已涉嫌犯罪的，移送主管机关依法追究刑事责任；

（四）发现违反治安管理行为人有其他违法行为的，在对违反治安管理行为作出处罚决定的同时，通知有关行政主管部门处理。

第九十六条　公安机关作出治安管理处罚决定的，应当制作治安管理处罚决定书。决定书应当载明下列内容：

（一）被处罚人的姓名、性别、年龄、身份证件的名称和号码、住址；

（二）违法事实和证据；

（三）处罚的种类和依据；

（四）处罚的执行方式和期限；

（五）对处罚决定不服，申请行政复议、提起行政诉讼的途径和期限；

（六）作出处罚决定的公安机关的名称和作出决定的日期。

决定书应当由作出处罚决定的公安机关加盖印章。

第九十七条 公安机关应当向被处罚人宣告治安管理处罚决定书，并当场交付被处罚人；无法当场向被处罚人宣告的，应当在二日内送达被处罚人。决定给予行政拘留处罚的，应当及时通知被处罚人的家属。

有被侵害人的，公安机关应当将决定书副本抄送被侵害人。

第九十八条 公安机关作出吊销许可证以及处二千元以上罚款的治安管理处罚决定前，应当告知违反治安管理行为人有权要求举行听证；违反治安管理行为人要求听证的，公安机关应当及时依法举行听证。

第九十九条 公安机关办理治安案件的期限，自受理之日起不得超过三十日；案情重大、复杂的，经上一级公安机关批准，可以延长三十日。

为了查明案情进行鉴定的期间，不计入办理治安案件的期限。

第一百条 违反治安管理行为事实清楚，证据确凿，处警告或者二百元以下罚款的，可以当场作出治安管理处罚决定。

第一百零一条 当场作出治安管理处罚决定的，人民警察应当向违反治安管理行为人出示工作证件，并填写处罚决定书。处罚决定书应当当场交付被处罚人；有被侵害人的，并将决定书副本抄送被侵害人。

前款规定的处罚决定书，应当载明被处罚人的姓名、违法行为、处罚依据、罚款数额、时间、地点以及公安机关名称，并由经办的人民警察签名或者盖章。

当场作出治安管理处罚决定的，经办的人民警察应当在二十四小时内报所属公安机关备案。

第一百零二条 被处罚人对治安管理处罚决定不服的，可以依法申请行政复议或者提起行政诉讼。

第三节 执 行

第一百零三条 对被决定给予行政拘留处罚的人，由作出决定的公安机关送达拘留所执行。

第一百零四条　受到罚款处罚的人应当自收到处罚决定书之日起十五日内，到指定的银行缴纳罚款。但是，有下列情形之一的，人民警察可以当场收缴罚款：

（一）被处五十元以下罚款，被处罚人对罚款无异议的；

（二）在边远、水上、交通不便地区，公安机关及其人民警察依照本法的规定作出罚款决定后，被处罚人向指定的银行缴纳罚款确有困难，经被处罚人提出的；

（三）被处罚人在当地没有固定住所，不当场收缴事后难以执行的。

第一百零五条　人民警察当场收缴的罚款，应当自收缴罚款之日起二日内，交至所属的公安机关；在水上、旅客列车上当场收缴的罚款，应当自抵岸或者到站之日起二日内，交至所属的公安机关；公安机关应当自收到罚款之日起二日内将罚款缴付指定的银行。

第一百零六条　人民警察当场收缴罚款的，应当向被处罚人出具省、自治区、直辖市人民政府财政部门统一制发的罚款收据；不出具统一制发的罚款收据的，被处罚人有权拒绝缴纳罚款。

第一百零七条　被处罚人不服行政拘留处罚决定，申请行政复议、提起行政诉讼的，可以向公安机关提出暂缓执行行政拘留的申请。公安机关认为暂缓执行行政拘留不致发生社会危险的，由被处罚人或者其近亲属提出符合本法第一百零八条规定条件的担保人，或者按每日行政拘留二百元的标准交纳保证金，行政拘留的处罚决定暂缓执行。

第一百零八条　担保人应当符合下列条件：

（一）与本案无牵连；

（二）享有政治权利，人身自由未受到限制；

（三）在当地有常住户口和固定住所；

（四）有能力履行担保义务。

第一百零九条　担保人应当保证被担保人不逃避行政拘留处罚的执行。

担保人不履行担保义务，致使被担保人逃避行政拘留处罚的执行的，由公安机关对其处三千元以下罚款。

第一百一十条 被决定给予行政拘留处罚的人交纳保证金，暂缓行政拘留后，逃避行政拘留处罚的执行的，保证金予以没收并上缴国库，已经作出的行政拘留决定仍应执行。

第一百一十一条 行政拘留的处罚决定被撤销，或者行政拘留处罚开始执行的，公安机关收取的保证金应当及时退还交纳人。

第五章　执法监督

第一百一十二条 公安机关及其人民警察应当依法、公正、严格、高效办理治安案件，文明执法，不得徇私舞弊。

第一百一十三条 公安机关及其人民警察办理治安案件，禁止对违反治安管理行为人打骂、虐待或者侮辱。

第一百一十四条 公安机关及其人民警察办理治安案件，应当自觉接受社会和公民的监督。

公安机关及其人民警察办理治安案件，不严格执法或者有违法违纪行为的，任何单位和个人都有权向公安机关或者人民检察院、行政监察机关检举、控告；收到检举、控告的机关，应当依据职责及时处理。

第一百一十五条 公安机关依法实施罚款处罚，应当依照有关法律、行政法规的规定，实行罚款决定与罚款收缴分离；收缴的罚款应当全部上缴国库。

第一百一十六条 人民警察办理治安案件，有下列行为之一的，依法给予行政处分；构成犯罪的，依法追究刑事责任：

（一）刑讯逼供、体罚、虐待、侮辱他人的；

（二）超过询问查证的时间限制人身自由的；

（三）不执行罚款决定与罚款收缴分离制度或者不按规定将罚没的财物上缴国库或者依法处理的；

（四）私分、侵占、挪用、故意损毁收缴、扣押的财物的；

（五）违反规定使用或者不及时返还被侵害人财物的；

（六）违反规定不及时退还保证金的；

（七）利用职务上的便利收受他人财物或者谋取其他利益的；

（八）当场收缴罚款不出具罚款收据或者不如实填写罚款数额的；

（九）接到要求制止违反治安管理行为的报警后，不及时出警的；

（十）在查处违反治安管理活动时，为违法犯罪行为人通风报信的；

（十一）有徇私舞弊、滥用职权，不依法履行法定职责的其他情形的。

办理治安案件的公安机关有前款所列行为的，对直接负责的主管人员和其他直接责任人员给予相应的行政处分。

第一百一十七条 公安机关及其人民警察违法行使职权，侵犯公民、法人和其他组织合法权益的，应当赔礼道歉；造成损害的，应当依法承担赔偿责任。

第六章 附 则

第一百一十八条 本法所称以上、以下、以内，包括本数。

第一百一十九条 本法自 2006 年 3 月 1 日起施行。1986 年 9 月 5 日公布、1994 年 5 月 12 日修订公布的《中华人民共和国治安管理处罚条例》同时废止。

互联网上网服务营业场所管理条例

(2002 年 9 月 29 日中华人民共和国国务院令第 363 号公布
根据 2011 年 1 月 8 日《国务院关于废止和修改部分行政法规的决
定》修订)

第一章　总　　则

　　第一条　为了加强对互联网上网服务营业场所的管理，规范经营者的
经营行为，维护公众和经营者的合法权益，保障互联网上网服务经营活动
健康发展，促进社会主义精神文明建设，制定本条例。

　　第二条　本条例所称互联网上网服务营业场所，是指通过计算机等装
置向公众提供互联网上网服务的网吧、电脑休闲室等营业性场所。

　　学校、图书馆等单位内部附设的为特定对象获取资料、信息提供上网
服务的场所，应当遵守有关法律、法规，不适用本条例。

　　第三条　互联网上网服务营业场所经营单位应当遵守有关法律、法规
的规定，加强行业自律，自觉接受政府有关部门依法实施的监督管理，为
上网消费者提供良好的服务。

　　互联网上网服务营业场所的上网消费者，应当遵守有关法律、法规的
规定，遵守社会公德，开展文明、健康的上网活动。

　　第四条　县级以上人民政府文化行政部门负责互联网上网服务营业场
所经营单位的设立审批，并负责对依法设立的互联网上网服务营业场所经
营单位经营活动的监督管理；公安机关负责对互联网上网服务营业场所经

营单位的信息网络安全、治安及消防安全的监督管理；工商行政管理部门负责对互联网上网服务营业场所经营单位登记注册和营业执照的管理，并依法查处无照经营活动；电信管理等其他有关部门在各自职责范围内，依照本条例和有关法律、行政法规的规定，对互联网上网服务营业场所经营单位分别实施有关监督管理。

第五条　文化行政部门、公安机关、工商行政管理部门和其他有关部门及其工作人员不得从事或者变相从事互联网上网服务经营活动，也不得参与或者变相参与互联网上网服务营业场所经营单位的经营活动。

第六条　国家鼓励公民、法人和其他组织对互联网上网服务营业场所经营单位的经营活动进行监督，并对有突出贡献的给予奖励。

第二章　设　　立

第七条　国家对互联网上网服务营业场所经营单位的经营活动实行许可制度。未经许可，任何组织和个人不得设立互联网上网服务营业场所，不得从事互联网上网服务经营活动。

第八条　设立互联网上网服务营业场所经营单位，应当采用企业的组织形式，并具备下列条件：

（一）有企业的名称、住所、组织机构和章程；

（二）有与其经营活动相适应的资金；

（三）有与其经营活动相适应并符合国家规定的消防安全条件的营业场所；

（四）有健全、完善的信息网络安全管理制度和安全技术措施；

（五）有固定的网络地址和与其经营活动相适应的计算机等装置及附属设备；

（六）有与其经营活动相适应并取得从业资格的安全管理人员、经营管理人员、专业技术人员；

（七）法律、行政法规和国务院有关部门规定的其他条件。

互联网上网服务营业场所的最低营业面积、计算机等装置及附属设备数量、单机面积的标准，由国务院文化行政部门规定。

审批设立互联网上网服务营业场所经营单位，除依照本条第一款、第二款规定的条件外，还应当符合国务院文化行政部门和省、自治区、直辖市人民政府文化行政部门规定的互联网上网服务营业场所经营单位的总量和布局要求。

第九条 中学、小学校园周围 200 米范围内和居民住宅楼（院）内不得设立互联网上网服务营业场所。

第十条 设立互联网上网服务营业场所经营单位，应当向县级以上地方人民政府文化行政部门提出申请，并提交下列文件：

（一）名称预先核准通知书和章程；

（二）法定代表人或者主要负责人的身份证明材料；

（三）资金信用证明；

（四）营业场所产权证明或者租赁意向书；

（五）依法需要提交的其他文件。

第十一条 文化行政部门应当自收到设立申请之日起 20 个工作日内作出决定；经审查，符合条件的，发给同意筹建的批准文件。

申请人完成筹建后，持同意筹建的批准文件到同级公安机关申请信息网络安全和消防安全审核。公安机关应当自收到申请之日起 20 个工作日内作出决定；经实地检查并审核合格的，发给批准文件。

申请人持公安机关批准文件向文化行政部门申请最终审核。文化行政部门应当自收到申请之日起 15 个工作日内依据本条例第八条的规定作出决定；经实地检查并审核合格的，发给《网络文化经营许可证》。

对申请人的申请，文化行政部门经审查不符合条件的，或者公安机关经审核不合格的，应当分别向申请人书面说明理由。

申请人持《网络文化经营许可证》到工商行政管理部门申请登记注册，依法领取营业执照后，方可开业。

第十二条 互联网上网服务营业场所经营单位不得涂改、出租、出借或者以其他方式转让《网络文化经营许可证》。

第十三条　互联网上网服务营业场所经营单位变更营业场所地址或者对营业场所进行改建、扩建，变更计算机数量或者其他重要事项的，应当经原审核机关同意。

互联网上网服务营业场所经营单位变更名称、住所、法定代表人或者主要负责人、注册资本、网络地址或者终止经营活动的，应当依法到工商行政管理部门办理变更登记或者注销登记，并到文化行政部门、公安机关办理有关手续或者备案。

第三章　经　　营

第十四条　互联网上网服务营业场所经营单位和上网消费者不得利用互联网上网服务营业场所制作、下载、复制、查阅、发布、传播或者以其他方式使用含有下列内容的信息：

（一）反对宪法确定的基本原则的；

（二）危害国家统一、主权和领土完整的；

（三）泄露国家秘密，危害国家安全或者损害国家荣誉和利益的；

（四）煽动民族仇恨、民族歧视，破坏民族团结，或者侵害民族风俗、习惯的；

（五）破坏国家宗教政策，宣扬邪教、迷信的；

（六）散布谣言，扰乱社会秩序，破坏社会稳定的；

（七）宣传淫秽、赌博、暴力或者教唆犯罪的；

（八）侮辱或者诽谤他人，侵害他人合法权益的；

（九）危害社会公德或者民族优秀文化传统的；

（十）含有法律、行政法规禁止的其他内容的。

第十五条　互联网上网服务营业场所经营单位和上网消费者不得进行下列危害信息网络安全的活动：

（一）故意制作或者传播计算机病毒以及其他破坏性程序的；

（二）非法侵入计算机信息系统或者破坏计算机信息系统功能、数据

和应用程序的;

（三）进行法律、行政法规禁止的其他活动的。

第十六条 互联网上网服务营业场所经营单位应当通过依法取得经营许可证的互联网接入服务提供者接入互联网，不得采取其他方式接入互联网。

互联网上网服务营业场所经营单位提供上网消费者使用的计算机必须通过局域网的方式接入互联网，不得直接接入互联网。

第十七条 互联网上网服务营业场所经营单位不得经营非网络游戏。

第十八条 互联网上网服务营业场所经营单位和上网消费者不得利用网络游戏或者其他方式进行赌博或者变相赌博活动。

第十九条 互联网上网服务营业场所经营单位应当实施经营管理技术措施，建立场内巡查制度，发现上网消费者有本条例第十四条、第十五条、第十八条所列行为或者有其他违法行为的，应当立即予以制止并向文化行政部门、公安机关举报。

第二十条 互联网上网服务营业场所经营单位应当在营业场所的显著位置悬挂《网络文化经营许可证》和营业执照。

第二十一条 互联网上网服务营业场所经营单位不得接纳未成年人进入营业场所。

互联网上网服务营业场所经营单位应当在营业场所入口处的显著位置悬挂未成年人禁入标志。

第二十二条 互联网上网服务营业场所每日营业时间限于 8 时至 24 时。

第二十三条 互联网上网服务营业场所经营单位应当对上网消费者的身份证等有效证件进行核对、登记，并记录有关上网信息。登记内容和记录备份保存时间不得少于 60 日，并在文化行政部门、公安机关依法查询时予以提供。登记内容和记录备份在保存期内不得修改或者删除。

第二十四条 互联网上网服务营业场所经营单位应当依法履行信息网络安全、治安和消防安全职责，并遵守下列规定：

（一）禁止明火照明和吸烟并悬挂禁止吸烟标志；

（二）禁止带入和存放易燃、易爆物品；

（三）不得安装固定的封闭门窗栅栏；

（四）营业期间禁止封堵或者锁闭门窗、安全疏散通道和安全出口；

（五）不得擅自停止实施安全技术措施。

第四章　罚　　则

第二十五条　文化行政部门、公安机关、工商行政管理部门或者其他有关部门及其工作人员，利用职务上的便利收受他人财物或者其他好处，违法批准不符合法定设立条件的互联网上网服务营业场所经营单位，或者不依法履行监督职责，或者发现违法行为不予依法查处，触犯刑律的，对直接负责的主管人员和其他直接责任人员依照刑法关于受贿罪、滥用职权罪、玩忽职守罪或者其他罪的规定，依法追究刑事责任；尚不够刑事处罚的，依法给予降级、撤职或者开除的行政处分。

第二十六条　文化行政部门、公安机关、工商行政管理部门或者其他有关部门的工作人员，从事或者变相从事互联网上网服务经营活动的，参与或者变相参与互联网上网服务营业场所经营单位的经营活动的，依法给予降级、撤职或者开除的行政处分。

文化行政部门、公安机关、工商行政管理部门或者其他有关部门有前款所列行为的，对直接负责的主管人员和其他直接责任人员依照前款规定依法给予行政处分。

第二十七条　违反本条例的规定，擅自设立互联网上网服务营业场所，或者擅自从事互联网上网服务经营活动的，由工商行政管理部门或者由工商行政管理部门会同公安机关依法予以取缔，查封其从事违法经营活动的场所，扣押从事违法经营活动的专用工具、设备；触犯刑律的，依照刑法关于非法经营罪的规定，依法追究刑事责任；尚不够刑事处罚的，由工商行政管理部门没收违法所得及其从事违法经营活动的专用工具、设备；违法经营额 1 万元以上的，并处违法经营额 5 倍以上 10 倍以下的罚款；违法经营额不足 1 万元的，并处 1 万元以上 5 万元以下的罚款。

第二十八条 互联网上网服务营业场所经营单位违反本条例的规定，涂改、出租、出借或者以其他方式转让《网络文化经营许可证》，触犯刑律的，依照刑法关于伪造、变造、买卖国家机关公文、证件、印章罪的规定，依法追究刑事责任；尚不够刑事处罚的，由文化行政部门吊销《网络文化经营许可证》，没收违法所得；违法经营额 5000 元以上的，并处违法经营额 2 倍以上 5 倍以下的罚款；违法经营额不足 5000 元的，并处 5000 元以上 1 万元以下的罚款。

第二十九条 互联网上网服务营业场所经营单位违反本条例的规定，利用营业场所制作、下载、复制、查阅、发布、传播或者以其他方式使用含有本条例第十四条规定禁止含有的内容的信息，触犯刑律的，依法追究刑事责任；尚不够刑事处罚的，由公安机关给予警告，没收违法所得；违法经营额 1 万元以上的，并处违法经营额 2 倍以上 5 倍以下的罚款；违法经营额不足 1 万元的，并处 1 万元以上 2 万元以下的罚款；情节严重的，责令停业整顿，直至由文化行政部门吊销《网络文化经营许可证》。

上网消费者有前款违法行为，触犯刑律的，依法追究刑事责任；尚不够刑事处罚的，由公安机关依照治安管理处罚法的规定给予处罚。

第三十条 互联网上网服务营业场所经营单位违反本条例的规定，有下列行为之一的，由文化行政部门给予警告，可以并处 15000 元以下的罚款；情节严重的，责令停业整顿，直至吊销《网络文化经营许可证》：

（一）在规定的营业时间以外营业的；

（二）接纳未成年人进入营业场所的；

（三）经营非网络游戏的；

（四）擅自停止实施经营管理技术措施的；

（五）未悬挂《网络文化经营许可证》或者未成年人禁入标志的。

第三十一条 互联网上网服务营业场所经营单位违反本条例的规定，有下列行为之一的，由文化行政部门、公安机关依据各自职权给予警告，可以并处 15000 元以下的罚款；情节严重的，责令停业整顿，直至由文化行政部门吊销《网络文化经营许可证》：

（一）向上网消费者提供的计算机未通过局域网的方式接入互联网的；

（二）未建立场内巡查制度，或者发现上网消费者的违法行为未予制止并向文化行政部门、公安机关举报的；

（三）未按规定核对、登记上网消费者的有效身份证件或者记录有关上网信息的；

（四）未按规定时间保存登记内容、记录备份，或者在保存期内修改、删除登记内容、记录备份的；

（五）变更名称、住所、法定代表人或者主要负责人、注册资本、网络地址或者终止经营活动，未向文化行政部门、公安机关办理有关手续或者备案的。

第三十二条　互联网上网服务营业场所经营单位违反本条例的规定，有下列行为之一的，由公安机关给予警告，可以并处 15000 元以下的罚款；情节严重的，责令停业整顿，直至由文化行政部门吊销《网络文化经营许可证》：

（一）利用明火照明或者发现吸烟不予制止，或者未悬挂禁止吸烟标志的；

（二）允许带入或者存放易燃、易爆物品的；

（三）在营业场所安装固定的封闭门窗栅栏的；

（四）营业期间封堵或者锁闭门窗、安全疏散通道或者安全出口的；

（五）擅自停止实施安全技术措施的。

第三十三条　违反国家有关信息网络安全、治安管理、消防管理、工商行政管理、电信管理等规定，触犯刑律的，依法追究刑事责任；尚不够刑事处罚的，由公安机关、工商行政管理部门、电信管理机构依法给予处罚；情节严重的，由原发证机关吊销许可证件。

第三十四条　互联网上网服务营业场所经营单位违反本条例的规定，被处以吊销《网络文化经营许可证》行政处罚的，应当依法到工商行政管理部门办理变更登记或者注销登记；逾期未办理的，由工商行政管理部门吊销营业执照。

第三十五条　互联网上网服务营业场所经营单位违反本条例的规定，

被吊销《网络文化经营许可证》的，自被吊销《网络文化经营许可证》之日起 5 年内，其法定代表人或者主要负责人不得担任互联网上网服务营业场所经营单位的法定代表人或者主要负责人。

擅自设立的互联网上网服务营业场所经营单位被依法取缔的，自被取缔之日起 5 年内，其主要负责人不得担任互联网上网服务营业场所经营单位的法定代表人或者主要负责人。

第三十六条 依照本条例的规定实施罚款的行政处罚，应当依照有关法律、行政法规的规定，实行罚款决定与罚款收缴分离；收缴的罚款和违法所得必须全部上缴国库。

第五章　附　　则

第三十七条 本条例自 2002 年 11 月 15 日起施行。2001 年 4 月 3 日信息产业部、公安部、文化部、国家工商行政管理局发布的《互联网上网服务营业场所管理办法》同时废止。

参考书目

1. 康树华主编：《预防未成年人犯罪与法制教育全书》，西苑出版社 1999 年版。

2. 周道鸾、张军主编：《刑法罪名精释》，人民法院出版社 2003 年 10 月第 2 版。

3. 刘玉民主编：《妇女儿童权益保护》，中国民主法制出版社 2014 年版。

4. 刘玉民主编：《学生权益保护》，中国民主法制出版社 2014 年版。

5. 褚宏启著：《学校法律问题分析》，法律出版社 1998 年版。

6. 李克、宋才发主编：《家有少年——犯罪预防》，人民法院出版社 2005 年版。

7. 李克、宋才发主编：《家有少年——家庭保护》，人民法院出版社 2005 年版。

8. 李克、宋才发主编：《家有少年——自我保护》，人民法院出版社 2005 年版。

9. 李克、宋才发主编：《家有少年——司法保护》，人民法院出版社 2005 年版。

10. 李克、宋才发主编：《家有少年——社会保护》，人民法院出版社 2005 年版。

11. 北京市未成年人保护委员会、共青团北京市委编：《未成年人自我保护读本——星光青春保护行动》，世界知识出版社 1998 年版。

12. 王奉德著：《心理自助医生：正确调整自己的心态》，中国档案出版社 2011 年版。

13. 肖建国著：《防伤害，防罪错——青少年自我保护实例析》，浙江人民出版社 2003 年版。

14. 杨柯编著：《少男少女自我保护手册》，湖南人民出版社 2012 年版。

15. 赵宏主编：《呵护灿烂星光青春自我防范——未成年人自我保护常识》，华文出版社 1999 年版。

16. 康树华、陈春华主编：《青春自护：未成年人自我保护读本》，新世纪出版社 2001 年版。

17. 王丽萍、李燕、李霞、刘鲁平编著：《成长的权利》，山东人民出版社 2002 年版。

18. 林桂如著：《女法官手记——儿童成长与法》，福建人民出版社 2004 年版。